JN397532

ダンゼン得する

知りたいことがパッとわかる

会社の数字がよくわかる本

税理士 平井孝代

ソーテック社

本書の内容には、正確を期するよう万全の努力を払いましたが、記述内容に誤り、誤植などがありましても、その責任は負いかねますのでご了承ください。

＊本書の内容は、特に明記した場合をのぞき、2020年6月1日現在の法令等に基づいています。

Cover Design…Yoshiko Shimizu (smz')

はじめに

こんなときには、会社のこの数字を見る！

「会社の数字に強くなりたい」「この会社の数字を読めるようになりたい」そんなことを考えたことはありますか？　会社で起こったことを数字で表してまとめた「決算書」を見るにはコツがいります。細かい数字が並んでいますが、どこをどう見たらいいのかコツを押さえてしまうとあっさりわかるようになります。

まずは何を知りたいのかを絞る！

自転車にはじめて乗ったとき、怖くてどうやって乗ったらいいのかわからなかったことを覚えていますか？　乗り方のコツをつかむまでみんな練習しましたよね。

それとまったく同じで、会社の数字を読むにはコツさえつかんでしまえば怖くなくなります。どこを見たらいいのかわかれば、それほど大変なものではありません。

会社の数字に強くなるためには、まずは何を知りたいのかを絞ることです。ここは必ず見る。ここは必要に応じて見る。そんな見方をするものなのです。そこから見えてくるのが会社の数字です。

本書で取り上げている会社の数字の早見表は、次頁を参照してください。

● 会社の数字がわかる書類

❶ 損益計算書　　❷ 貸借対照表　　❸ キャッシュフロー計算書

● 必要に応じて見る数字

- 働いている会社を知りたかったら
  ⇒ 本書でご紹介するすべての指標のバランスを見ておきましょう。
- これから取引したい会社の支払い能力を見るには
  ⇒ ❶ 手元資金の流動性　❷ 流動比率　❸ 営業キャッシュフロー

- 仕入先や下請け企業の安定性を見るには
  ⇒ ❶ 手元資金の流動性　❷ 流動比率　❸ 自己資本比率
- 金融機関から融資を受けるためには
  ⇒ ❶ 有利子負債月商比率　❷ 債務償還年数　❸ 有利子負債依存度
- 割安の会社に出資したいと思ったら
  ⇒ ❶ PBR　❷ PER
- これから就職したいと思った会社の安定性を知りたかったら
  ⇒ ❶ 手元資金の流動性　❷ 流動比率　❸ 自己資本比率

　2019年11月に中国から発生したパンデミックによって、世界の金融市場が不安定になったのは、経済危機が原因です。「人と接触しない」「外出しない」「物が売れない」「手元にある商品は不良在庫になり廃棄処分」こんなときだからこそ、会社の数字を理解しておく必要があります。
　ぜひ、本書をビジネスや投資、そして日常生活にお役立てください。

平 井 孝 代

これだけは知っておきたい会社の数字早見表

指標	意味	求め方	どうなっていたらいいのか	ヒント	解説頁
損益計算書					
売上（売上高）	どれだけ売れたか		過去と比較して上がっていればいい	利益につながっているか	51頁
粗利（売上総利益）	どんな利益がどれだけ出たのか	売上 − 原価	多ければ多いほどいい	多くても品質低下をしないのが前提	55頁
営業利益		粗利 − 販管費	多ければ多いほどいい	本業でどれだけ稼げるか	67頁
経常利益		営業利益 − 営業外損益	多ければ多いほどいい	普通に営業していてどうか（一番見たい！）	75頁
税引前当期純利益		経常利益 − 特別損益	多ければ多いほどいい	法人税等を支払う前の利益	48頁
当期純利益		税引前当期純利益 − 法人税及び住民税	多ければ多いほどいい	会社の今年の最終利益	49頁
粗利率（売上総利益率）	どんな利益がどれだけの比率で出たのか	粗利 ÷ 売上	多ければ多いほどいい	多すぎて品質低下をしないのが前提	80頁
原価率		原価 ÷ 売上	少ないほうがいい	粗利と相関関係にある	81頁
営業利益率		営業利益 ÷ 売上	多ければ多いほどいい	本業での利益率	88頁
経常利益率		経常利益 ÷ 売上	多ければ多いほどいい	普通に営業しての利益率（一番見たい！）	92頁
当期純利益率		当期純利益 ÷ 売上	多ければ多いほどいい	今年の最終利益率、ROEとROA	96頁

指標	意味	求め方	どうなっていたらいいのか	ヒント	解説頁
貸借対照表					
手元資金の流動性	突然資金ショートする危険性を見る	（現金預金等 ＋ すぐに換金できる資産）÷ 1カ月の売上（月商）	手元の資金は最低でも月商の1.5カ月分、できれば2カ月分ほしい	会社の超短期の安定性、支払能力	115頁
流動比率	資金ショートする危険性	流動資産 ÷ 流動負債	目安は120％、理想は150％	短期の安定性・支払能力	119頁
自己資本比率	返さなくていい割合	自己資本 ÷ 総資本	目安は40％	中長期の安定性	124頁
レバレッジ比率	ハイリスクハイリターン	総資本 ÷ 自己資本	適度なレバレッジが理想	自己資本比率の逆数 ROE	145頁
総資本回転率	総資本に対してどれだけ売れたか	売上 ÷ 総資本	たくさん回転していたほうがいい	ROEとROA	149頁
ROE	いくら元手を使って儲けたか	当期純利益 ÷ 自己資本 × 100（％）	高ければ高いほどいいというわけではない	ROAとともに投資効率を見る	140頁
ROA	総資産の運用利回り	当期純利益 ÷ 総資産 × 100（％）	業種によってさまざま	ROEとともに投資効率を見る	158頁
キャッシュフロー計算書					
営業活動によるキャッシュフロー	営業で資金がどうか	税引前当期純利益から計算	プラスがいい		184頁
投資活動によるキャッシュフロー	換金したらプラス	投資の増減を見る	投資したらマイナス		197頁
財務活動によるキャッシュフロー	借りたらプラス	借入の増減を見る	返済できたらマイナス		178頁
棚卸資産回転率	売上は、期末在庫が何回売れた分か	売上 ÷ 棚卸資産	高いといい	適正在庫を知る	202頁
棚卸資産回転期間	仕入れて売れるまで何日かかるか	棚卸資産 ÷ 1日あたりの売上	短いほうがいい	適正在庫を知る	212頁
固定長期適合率	不動産を買っても資金はショートしないかどうか	固定資産 ÷（固定負債 ＋ 自己資本）	高くても80％まで。できれば50％くらいに抑えたい	長期的に見て安全かどうか	215頁
有利子負債月商比率	金融機関から借りる目安	（長・短期借入金＋社債）÷（売上÷12カ月）	通常月商の3～6カ月分		219頁
債務償還年数	借金の返済能力	有利子負債 ÷ 営業キャッシュフロー	7年以内。できれば5年以内		223頁
有利子負債依存度	有利子負債の割合	有利子負債残高 ÷ 総資産×100％	多いと危険	レバレッジかけすぎは危険	226頁
PBR	純資産に対して株価は割安か	株価 ÷ 1株あたりの純資産価額	低いと割安	人気がない株は低いがこれだけで判断しない	230頁
PER	利益に対して株価は割安か	株価 ÷ 1株あたりの当期純利益	低いと割安	人気がない株は低いがこれだけで判断しない	234頁

目 次

会社の数字がひと目で
わかるようになります！

第 1 章　何のために会社の数字を読むのか

01 会社の目的は利益を出すこと

見る立場によって見たいポイントが変わる 会社の数字 ……………… 16

02 お客様に商品の価値を提供して、利益を出す

顧客 の支払い能力を会社の数字から読む ……………… 19

03 仕入先の選別の重要性

仕入先 の状態が安定しているか、決算書から読む ……………… 22

04 自社の業績を上げるために

役員 は会社の数字を見て経営を考える ……………… 25

05 お給料がもらえない会社では生活に困る

従業員は会社の数字を見て、自社の安定性を考える ……………… 28

06 貸したお金を返してもらえるかどうか

債権者 は融資先の返済能力を会社の数字から読む 31

07 この会社の株を買ったら儲かるか

株主 はその株価が割安か、決算書から読む 34

08 損益計算書 ＋ 貸借対照表 ＋ キャッシュフロー計算書 ⇒ 決算書

決算書 ってどんなしくみ？ 37

09 簿記の知識はなくても大丈夫！

会社の数字を読むのに 簿記 の知識は必要か？ 40

10 経営判断する時間 ＞ 経理にかける時間

会社の数字を速やかに経営に生かす方法 42

第2章 損益計算書を読もう

01 損益計算書を見てどんな利益が出ているか理解しよう

　　　損益計算書 は4回までの野球の試合で考える ………… 46

02 まずはこちらの攻撃（売上）を見る

　　　1回の表 売上 があったら、会社にお金は入るの? …… 51

03 次に敵の攻撃（原価）を見る

　　　1回の裏❶ 売上 原価 粗利 の考え方 …………………… 55

04 原価は直接計算できない

　　　1回の裏❷ 原価 の計算のしかた …………………………… 58

05 ここ（販管費）をしっかり守り抜くと利益が出る?!

　　　2回❶ 販売費及び一般管理費 営業利益 の考え方 …… 67

06 長く使うものは使用できる期間で償却する

　　　2回❷ 販管費の 減価償却費 を知っておこう …………… 70

07 営業外収益と営業外費用を含めた利益が本当の勝利

　　　3回 本業以外の収支を含めて利益
　　　（ 経常利益 ）がどれくらい出るのか? ……………………… 75

第 3 章　損益計算書の利益率と経費率

01 損益計算書の「利益率」で「会社の収益性」を比較する

　　**粗利率 (売上総利益率) と 原価率
　　で比較する** 80

02 利益率が上がっても資金が足りなくなることがある

　　**粗利率 (売上総利益率) を
　　上げるためにはどうする?** 84

03 同業種平均と比較して、営業利益率を把握しよう

　　**営業利益率 は事業の改善ポイントを
　　教えてくれる** 88

04 経常利益を出すために、営業外収益も収入源にする

　　損益計算書で一番重要なのは 経常利益率 92

05 「利益」が赤字の場合には「損失」という表現に変わる

　　**最終的には 当期純利益率 を
　　黒字に持っていく** 96

第 4 章 貸借対照表で見る会社の健康状態

01 損益計算ではわからない情報を貸借対照表で見る

貸借対照表 は会社の健康状態がわかるもの 100

02 貸借対照表は早いもの順に並んでいる

貸借対照表 を見て、資金の調達と運用状態の
バランスを考えよう 105

03 貸借対照表は最新のものと過去のものとを比較する

貸借対照表 はその日の状態を表している 110

04 貸借対照表を見た瞬間に確認したい項目

手元資金の流動性 を見れば、
会社の安定性がわかる 115

05 貸借対照表で2番目に確認したい流動比率

流動比率 を見れば、短期の安定性がわかる 119

06 貸借対照表で3番目に確認したいのは中長期の安定性

自己資本比率 を見れば、
中長期の安定性がわかる 124

07 安定した経営のためにできること！

　　$\boxed{\text{自己資本比率}}$ が高くなると経営は安定する 128

08 経営の安定性がわかったら、投資効率を確認したい

　　$\boxed{\text{投資効率}}$ ってどんなもの? 136

09 投資した資金が効率よく利益に結びついているか?

　　$\boxed{\text{ROE}}$ で投資効率を見る 140

10 ROEの3要素 ❶　てこの原理を使うとROEは急上昇

　　$\boxed{\text{レバレッジ比率}}$ が高ければ $\boxed{\text{ROE}}$ も高くなる 145

11 ROEの3要素 ❷　この売上を上げるためにどのくらいの資金を使ったのか

　　$\boxed{\text{総資本回転率}}$ で見る会社の力量 149

12 ROEの3要素 ❸　どんなに総資本回転率が高くても、赤字ならROEはマイナス

　　$\boxed{\text{当期純利益率}}$ の影響 153

13 どのくらい効率的な資産の運用ができているか?

　　$\boxed{\text{ROA}}$ で見るのは総資産の運用利回り 158

14 資産を持ちすぎるとROAは少なくなる

　　$\boxed{\text{ROA}}$ を高くする工夫 163

第 5 章　キャッシュフロー計算書で感じとる

01 利益を出した結果、資金は増えましたか?

資金の流れをキャッシュフロー計算書でつかみとる ……… 168

02 損益計算書の「わからない」を一挙に解決

キャッシュフロー計算書は3つに分けて考える ……… 174

03 キャッシュフロー計算書を見るポイント

キャッシュフロー計算書は全部がプラスならいいのか? ……… 180

04 利益が出ているけれど、実際に事業活動で資金は増えているの?

営業キャッシュフローがプラスであることが重要 …… 184

05 赤字で倒産しなくても、支払いができずに倒産

上級者向 キャッシュフロー計算書にはこんな調整方法がある ……… 190

06 積極的な事業展開のために必要な支出

投資活動のキャッシュフローのマイナスが、未来の可能性を拡げてくれる ……… 197

第6章 押さえておきたい そのほかの会社の指標

01 会社の指標はいろいろあるけれど

棚卸資産回転率 を使って在庫が適正かどうか考えます ……………………………… 202

02 在庫は早く販売できたほうが効率的

手元の在庫は何日で販売できるのか、棚卸資産回転期間 で確認する ……………… 212

03 会社の身の丈にあった投資をする基準は?

固定資産を購入するかどうかは 固定長期適合率 で判断する ………………………… 215

04 売上が伸びている会社は融資が通りやすい

返済能力を判断する ❶ 有利子負債月商比率 ………… 219

05 今の業績で、全力で借入金を返済したら何年かかるでしょうか

返済能力を判断する ❷ 債務償還年数 ………………… 223

06 どのくらいの割合で借金に依存しているのか

返済能力を判断する ❸ 有利子負債依存度 …………… 226

07 会社の株価が高いか安いか貸借対照表で判断する

PBR で会社の純資産に比べて株価が割安かどうかを見る 230

08 同じ株価なら、利益を出す力が大きい会社がいい

PER で利益をたくさん出す力のある会社かどうか見る 234

第7章 上場企業の決算書をのぞいてみよう

01 決算書を見たいと思ったらどうしたらいいの?

ユニクロの決算書を見てみよう 242

02 張りつけてグラフにして楽に見る

5期分の決算書を見やすく加工してみよう 252

索　引 266

第1章 何のために会社の数字を読むのか

　人は目標を持てば、それにしたがった行動をすることができます。目標地点を明らかにすることによって、余計な回り道をしないですむようになります。

今、会社の数字を読みたいと思っている理由は何でしょうか？

　まずはそこをはっきりさせましょう。膨大な量のデータをすべて読むのはアナリストでも何日もかかってしまう作業です。

　この章では会社の数字は読む人の立場で見たいポイントがどう変わるのかということをお話ししていきます。この章の目標は次の2つです。

● この章の目標

> ❶ 目的が違えば見るべきポイントも当然変わることを知ること
> ❷ どんな人がどんな目的を持って決算書を読んだらいいのかわかるようになること

　会社の数字を1から、すべてを漠然と読もうとしてはいけません。**読みたいところ、読みたいポイントだけを見る**ことができれば、それが楽して読むことになるのです。全部読まなくていいことがわかれば、簿記の勉強から入る必要はないですね。

● 会社の数字で自分が見たいポイントを決めること

> ❶ 会社を発展させたい　　⇒ 収益性
> ❷ 会社と取引したい　　　⇒ 安定性
> ❸ 会社にお金を貸したい　⇒ 返済能力
> ❹ 会社に投資をしたい　　⇒ 割安感

01 会社の目的は利益を出すこと
見る立場によって見たいポイントが変わる 会社の数字

商売の基本は「継続して利益を出す」こと

　商売の基本は、「仕入れた商品を仕入れ値より高く売る」ことです。そして、「継続して利益を出す」ことです。お客様に購入した商品を利用して喜んでもらうことで、継続して利益が出るようになります。喜んでもらえれば継続して購入したくなりますから、リピートの購入も増えて継続して売れるようになり、口コミも増えていきます。このように、すべてはつながっているのです。

自分がどの立場に立って見るかによって、会社の見方は変わる

　もし会社に資金がない状況が続くと、さまざまな支払いができなくなります。結果として、その会社に関連して働く人たちは生活できなくなってしまいます。このように会社の周りにはたくさんの「関係者」がいて、それぞれの役割を担っています。この人たちもそれぞれの立場で生活していかなくてはいけませんから、それぞれが利益を出すことでつながっています。そのため、会社と利害関係が発生します。
　では会社の「関係者」って誰のことでしょうか？

● 会社の「関係者」

① 商品を買ってくれる「顧客」
② 商品を提供してくれる「仕入先」
③ 会社で働く「役員」

④ 会社で働く「従業員」や「家族」
⑤ 会社にお金を貸してくれる「債権者」
⑥ 会社に出資してくれる「株主」

　会社にかかわっている関係者は、小さな会社では③～⑥のいずれかが同一人物であることも多いです。会社の目的や形態によっては、すべてが同じ人であることもあります。とはいっても下図のように、**自分が今どの立場に立って見ているかによって、会社の見方を変えるべき**です。それぞれの人たちが役割を果たさないでいたら、会社は成り立ちません。

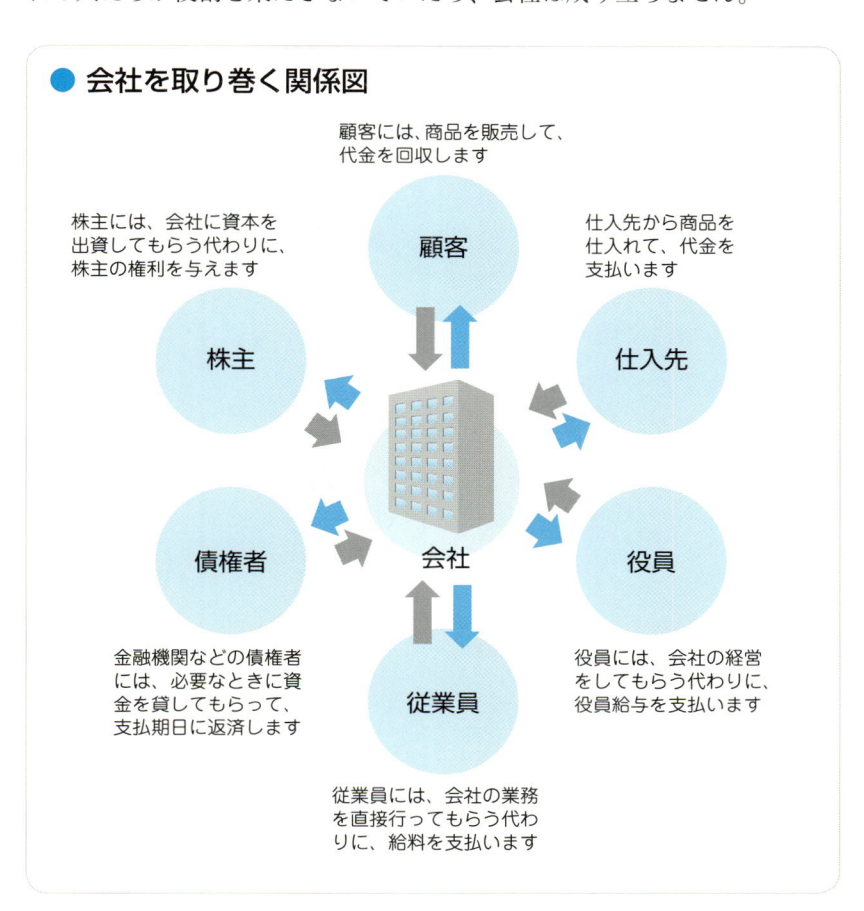

● **会社を取り巻く関係図**

顧客には、商品を販売して、代金を回収します

仕入先から商品を仕入れて、代金を支払います

株主には、会社に資本を出資してもらう代わりに、株主の権利を与えます

役員には、会社の経営をしてもらう代わりに、役員給与を支払います

金融機関などの債権者には、必要なときに資金を貸してもらって、支払期日に返済します

従業員には、会社の業務を直接行ってもらう代わりに、給料を支払います

顧客／仕入先／株主／役員／債権者／従業員／会社

会社の数字が読めれば、
会社を取り巻く状況は劇的に変わる

　会社の数字を知りたいときは「決算書」を読みましょう。この「決算書」の数字は見る人の立場によって見るべきポイントが変わります。**それぞれの立場に立って会社の数字を的確に読むことができたら、そして決算書を簡単に読むポイントがわかって改善策を的確に講じることができたら、会社を取り巻く状況は劇的に改善します。**

　次節から、顧客、仕入先、役員、従業員、債権者、株主、それぞれの立場で、何のために「会社の数字」を見るのか、お話ししていきます。

会社の数字を読むならここを見る

☑ **会社の数字は見る立場によってポイントを変えて見る**
- 損益計算書 ⇒ 利益が出ているか　　　　　　　　　46頁
- 貸借対照表 ⇒ 資金をどう運用しているか　　　　　100頁
- キャッシュフロー計算書 ⇒ 資金の流れはどうか　　168頁

02 お客様に商品の価値を提供して、利益を出す
顧客 の支払い能力を会社の数字から読む

会社にとって一番大切なお客様とは

　顧客というのはお客様のことです。顧客はその会社の商品の価値を認めてお金を出して買ってくれます。商品がよくないと判断したら買ってくれません。顧客は商品の価値を認めてくれるばかりでなく、理解者でもあります。いい点も悪い点も実際に利用する人が一番理解しています。

　また、エンドユーザーである顧客は、その会社のファンという人もいます。この会社のブランドが好きだからという理由で使ってくれるわけですから、会社にとって一番の理解者であり支援者になります。会社は誠実に、顧客を裏切らない価値のある商品の提供を続けることで、顧客との信頼関係が増して絆が深まっていくのです。

　会社のブランドや商品のファンになってくれた顧客とは絆が深まり、リピートして購入してくれるようになります。そうです。会社のファンになってくれる顧客こそが、会社にとって一番大切なお客様なのです。

商品の代金をちゃんと支払ってくれる顧客かどうかをチェックする

　会社が顧客と取引するにあたって最もリスクが少ないのは、商品の引き渡し時に代金を受け取る方法です。ところが一般的に、商品の引き渡し時にその場で代金を受け取らないで、月末締めで請求書を発行して、翌月末に振り込んでもらう「**掛け**」で販売する商慣習があります。業種によっては現金販売をせずに、ほぼ全額掛けで販売することもあります。

　こんなふうに掛けで販売する行為は、本来であれば商品の引き渡しをす

るときに現金を受け取るはずなのに、代金を後払いで受け取るわけですから、お金を貸したのと同じようなものです。ですから、その顧客がちゃんと期日に支払ってくれることが前提になります。見ず知らずの人にお金を貸すような人は、どこにもいませんよね。

　では、まったく知らない相手が突然やってきて、高額の商品を掛けで購入したいと取引を持ちかけてきたらどうしますか？　その人（会社）が、きちんと代金を支払える状態でなかったら一大事です。

　どんなに商品をたくさん買ってくれたとしても、代金をきちんと支払ってくれない人に商品を売ってしまったら赤字になります。赤字は絶対に避けないといけませんから、リスクを減らすためには事前に顧客の支払い能力を判断する必要があるのです。

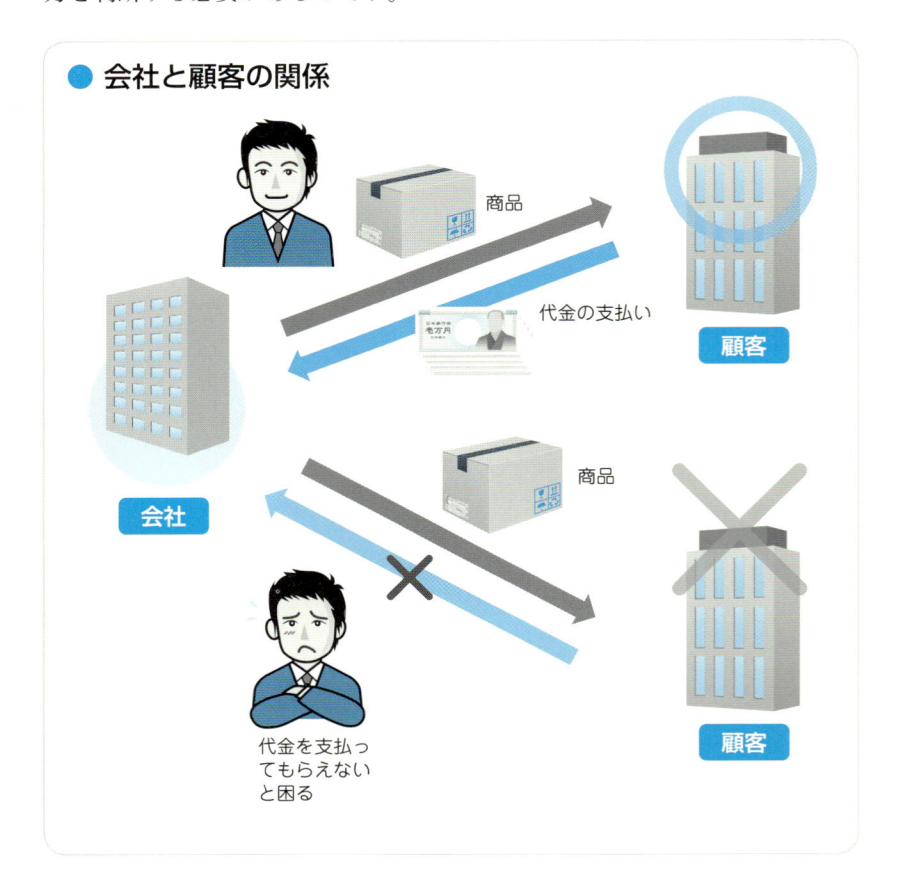

● 会社と顧客の関係

顧客が会社なら、その会社の数字を読めばわかる

　顧客が会社であれば、代金をきちんと支払えるかどうかは、相手の会社の数字を読むことで判断できます。クレジットカードをつくるときに、収入を聞かれたり過去に滞納がないか調査をされたりするのと同じです。**支払い能力があるか、信用力がある相手かどうか、「会社の数字＝決算書」を読んで判断する**のです。

　そして、相手の状況によって取引のしかたを変えることです。きちんと支払える状態の相手とそうでない相手とでは、同じ条件で取引することはできません。取引する相手ごとにリスクは異なるので、条件が整った取引ができるのは同じ条件の取引先だけです。

　もしも会社の数字をきちんと読めないために、支払い能力のない顧客に掛けで商品を売って損失を出したとしても、それは自己責任です。

　取引開始時に取引先の会社の数字を読むというのは、とても重要なことなのです。

顧客の会社の数字を読むならここを見る

☑ **支払い能力があるかどうか**

- 経常利益（率）　　　　　　　　　　　75頁、92頁
- 当期純利益（率）　　　　　　　　　　　　96頁
- 手元資金の流動性　　　　　　　　　　　115頁
- 流動比率　　　　　　　　　　　　　　　119頁
- 営業キャッシュフロー　　　　　　　　　184頁

03 仕入先の選別の重要性

仕入先 の状態が安定しているか、決算書から読む

別の仕入先を確保することも経営判断

　仕入先や下請企業は、自社とともに顧客に価値を提供する同志のような関係です。仕入先から優良な商品を仕入れたり下請け企業から高品質な技術の提供を受けて、自社の商品やサービスを顧客に販売して利益を出すのが基本原理ですから、自社にとってどの業者と取引をするかが大きなポイントになります。

仕入先の会社の数字を定期的にチェックする

　最初から優良な技術を持っていなくても、取引をしていくうちに技術力が向上して優良な下請け先に育っていくことがあったり、取引先の成長を見るのも経営の醍醐味です。

　ですが、優良な商品を提供してくれる仕入先が突然倒産したら大変なことになります。もしも、自社の主力商品を扱っている仕入先業者が倒産することになったら、商品の調達が継続してできずに主力商品の販売ができなくなるからです。そんなリスクを回避するためには、仕入先の会社の数字を読むことが有効です。

　仕入先の会社の数字を読んで、倒産する危険性が少ないと判断できれば、それで問題ありません。しかし危ない状態になっていたら、同じ商品の仕入れが行えるルートをほかに確保することも、自社を守るためにはどうしても必要なことなのです。

取引開始時だけでなく
定期的なチェックが必要

　仕入先との取引には、商品そのものを仕入れる場合と、材料を仕入先に事前に支給して加工してもらい、技術の提供をしてもらうというやり方があります。仮に材料の提供をしたあとに仕入先が倒産してしまったとしたら、その材料代だけでも大きな損害を受けるかもしれません。
　ですから、仕入先の決算内容を確認するというのは非常に重要なのです。**取引開始時だけでなく、定期的に決算書の開示を求めて、安定した取引を行える相手かどうか判断することが、自社を守ることにつながる**のです。

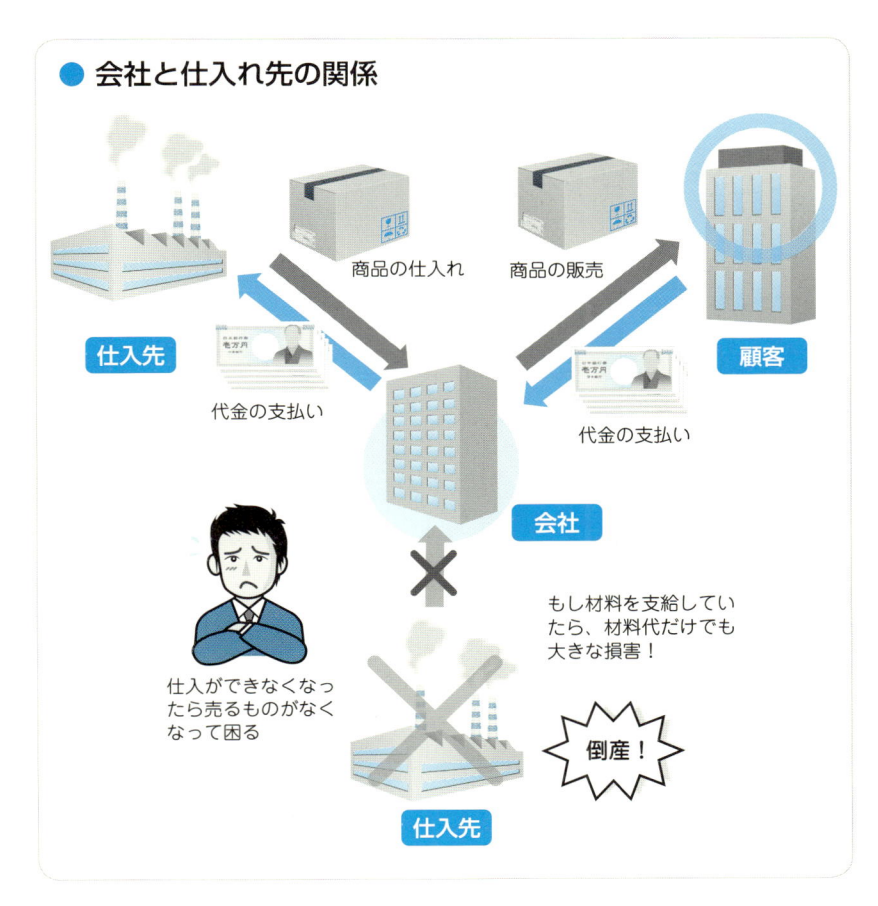

● 会社と仕入れ先の関係

仕入先 → 商品の仕入れ → 会社 → 商品の販売 → 顧客
代金の支払い／代金の支払い

仕入ができなくなったら売るものがなくなって困る

もし材料を支給していたら、材料代だけでも大きな損害！

倒産！
仕入先

自社の会社の数字をチェックされてもいい経営をする

　立場を逆にして考えると、新たな取引先と取引を開始するときに、決算書の提出を求められることがあるということです。そのことを十分に理解したうえで、いつ何時決算書の提示を求められても問題のないように、慎重に経営を行うことです。**経営がしっかり行われていれば、決算書に記載している内容がしっかりしてくるので会社の信用力は上がり、いい条件で取引できる可能性が増える**というメリットがあります。

仕入先の数字を読むならここを見る

☑ 安定性があるかどうか

- 粗利（率）　　　　　　　　　　55頁、80頁
- 経常利益（率）　　　　　　　　75頁、92頁
- 手元資金の流動性　　　　　　　115頁
- 流動比率　　　　　　　　　　　119頁
- 自己資本比率　　　　　　　　　124頁
- 営業キャッシュフロー　　　　　184頁

04 自社の業績を上げるために
役員 は会社の数字を見て経営を考える

正しく経営判断するための材料が会社の数字

　会社の代表取締役、取締役といった役職のついた「役員」は、会社の運営の指揮を執る人たちです。役員は、会社の運営に関して責任と権限があります。小さな会社の場合には代表者が株主を兼任していたりして、自分の会社のお金なのだから自由にしていいのだと勘違いしてしまうことがあります。実は役員の責任は重大なのです。

　役員は自社の数字を読んで、きちんと利益を出してお金が回っているかどうかを判断し、今後どう事業展開させるのかを考えるのが、最も重要な業務です。役員が会社の数字を読んで、先々のことを正しく判断できない会社は非常に危険です。

経営者や役員になるなら、会社の数字が読めるのは必須

　経営者になると決めたり、会社の役員になることになったら、何はともあれ会社の数字だけは読めるようにしておきましょう。**経営者が会社の数字を読んで会社のお金の流れを理解するのは、経営の強化の第一歩**です。

　会社の数字が読めないまま代表者個人の利益ばかりを追求してずるずると経営を行ってしまうと、最悪の場合は経営が破たんしてしまいます。会社の数字を読むことは決して難しいことではありません。**数字が苦手なら、使っていいお金がいくらあるかを判断することくらいでも十分**です。使っていいお金がいくらなのかがわかって、きちんと予算を組んで実行すれば余分な支出をしなくなるので、安定した経営ができるようになります。

監査役になったら、
会社の数字のどこを読む？

　また、「役員」の中でも**「監査役」と呼ばれる人たちは取締役の業務を監査するのが仕事**です。取締役がしっかりと本来の責務を果たしているかどうかを監査するのが仕事ですから、責任は重大です。

　では監査役になったら、どこに視点を定めて会社の数字を読んだらいいのでしょうか？　取締役が問題のある行動をしていると、何らかの形で会社の数字に現れます。**監査役といえども取締役の行動をすべて見ていることは不可能ですから、会社の数字を読むことで「何かがおかしい」と気づく力を持つことがポイント**です。自分は名ばかりの監査役だから何もやらなくていいと思っていても、実際には責任問題に発展してしまうこともあるのです。

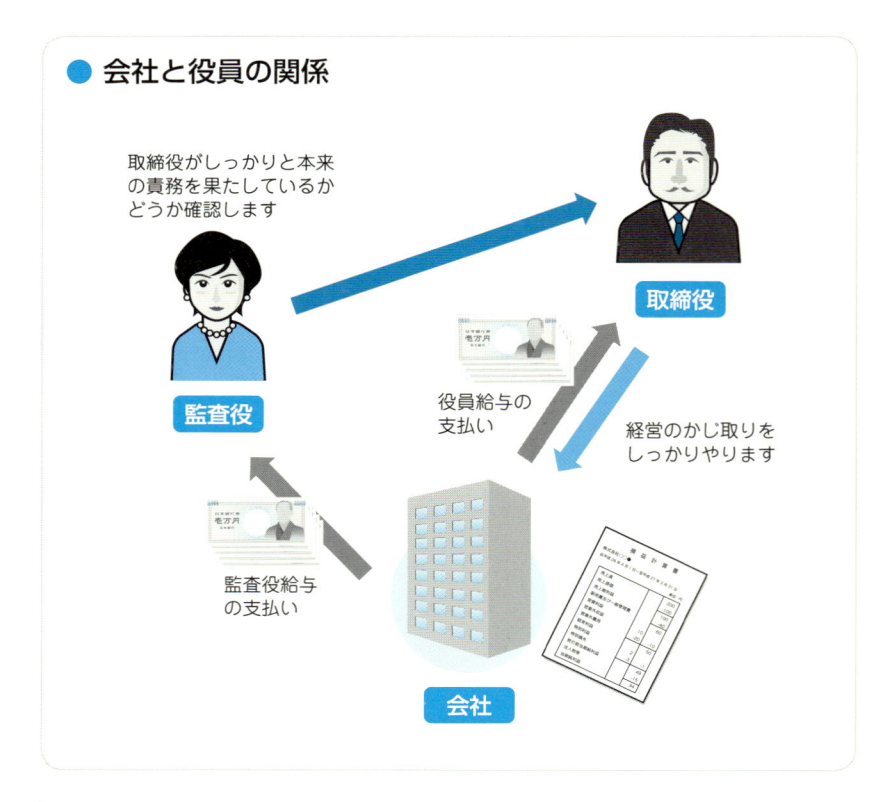

● **会社と役員の関係**

取締役がしっかりと本来の責務を果たしているかどうか確認します

監査役

役員給与の支払い

取締役

経営のかじ取りをしっかりやります

監査役給与の支払い

会社

小さい会社の「監査役」や「会計監査役」を役員として設置するかどうかは、会社の判断にゆだねられています。ひと言で監査役といっても、会社によって役目が異なるので、自社の監査役の役目が何かは、就任する前に確認しておきましょう。

使っていい資金を把握すること

　会社を健全に運営するために真っ先に考えなくてはいけないことは、資金を効果的に使っているかどうかです。余分に資金を使いすぎてしまったら、会社は回っていきません。手元にあるお金と使っていい資金は違います。決算書を見れば使える資金がどれだけあるのかわかるので、利用しない手はありません。役員は会社の運営を任されているわけですから、しっかり会社の数字を読んで、使っていい資金がどれだけあるのか常に把握しておくことが大切なのです。

役員が会社の数字を読むならここを見る

☑ **使っていいお金がいくらあるか**

● 粗利（率）	55頁、80頁
● 経常利益（率）	75頁、92頁
● 当期純利益(率)	96頁
● 手元資金の流動性	115頁
● 流動比率	119頁
● 自己資本比率	124頁
● 営業キャッシュフロー	184頁
● 固定長期適合率	215頁
● 有利子負債依存度	226頁
● ROE	140頁
● ROA	158頁

05 お給料がもらえない会社では生活に困る

従業員は会社の数字を見て、自社の安定性を考える

従業員も会社の数字を読んで、状況を把握しよう

　従業員は経営の決定権がないので、会社の数字を読む必要はないのでしょうか？　そんなことはありません。従業員は、会社が利益を出すために直接働く人です。決算内容が開示されている会社であれば、従業員が会社の数字を見て、会社全体の状況を把握することで、それぞれが現場で直接いい対応ができるようになります。これは、業績をよくするために非常に有効な方法です。

　小さい会社は決算書の開示をしないところも多いですが、従業員に経営の内容をオープンにすることで、どうやって利益を出していくのか、経営者の右腕になって考えてくれる頼もしい存在を育成する機会に恵まれることにもなります。

利益を上げるために、従業員が会社の数字を読めると真剣になる

　従業員が自社の数字を読めるということは、働いている会社が自分たちにきちんと給料を払えるだけの利益を出しているかどうか、資金がきちんと回っているかどうかを、しっかりジャッジできるということです。そしてお給料に見あった功績を残さないといけないということを、会社の数字を読むことで理解できるのです。これは、**上司から販売のノルマを与えられているだけでは理解できるものではありません。会社の数字を読むことでどのくらい販売しなくてはならないか実感できるようになる**ので、より真剣な取り組みとなるのです。

● 会社と従業員の関係

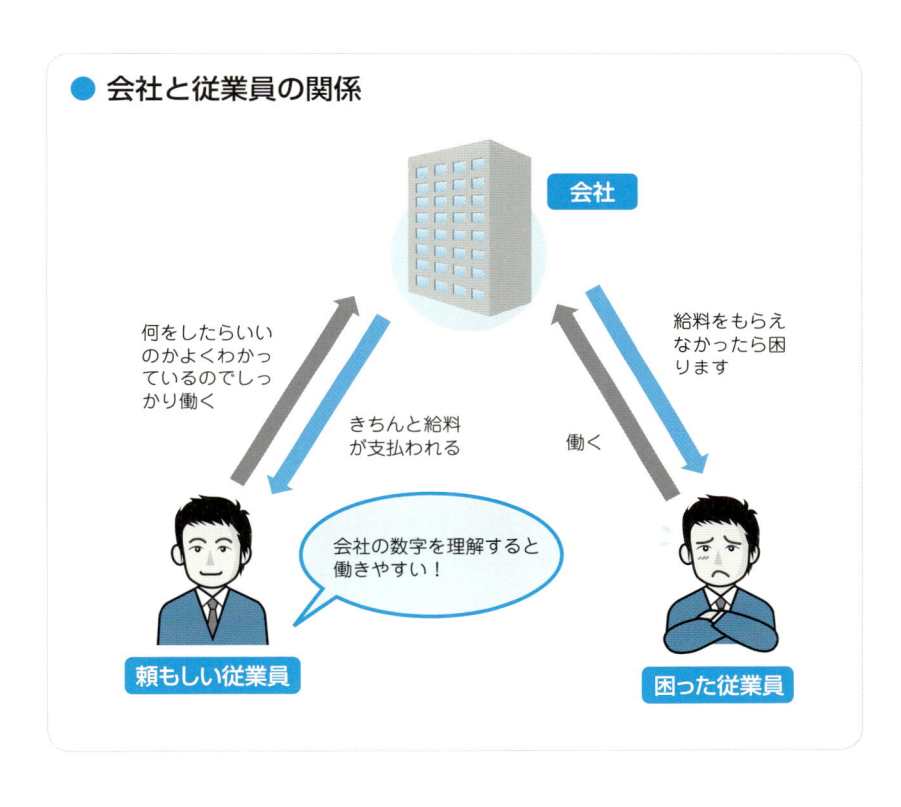

```
何をしたらいい                          給料をもらえ
のかよくわかっ                          なかったら困
ているのでしっ                          ります
かり働く

        きちんと給料              働く
        が支払われる

    頼もしい従業員              困った従業員

   会社の数字を理解すると
   働きやすい！
```

転職したい会社の決算書が読めれば、身を守れる

　また、これから転職活動をしようとするなら、勤めたいと思った会社の決算内容を知る努力をすべきです。公開非公開を問わずに調べる手段はあるので、しっかり調べてから転職活動をしましょう。そんなふうに自分自身の身をしっかり守ることは家族を守るために必要なことです。会社の数字が読める従業員は会社の利益に貢献してくれると期待されるので、喜んで採用してもらえるのではないでしょうか。

　せっかく転職しても、すぐに倒産してしまっては元も子もありません。しっかり決算書を読んで、転職したい会社の安定性を確認しておきましょう。

家族が会社の数字を読めたら

　役員や従業員の「家族」はどうでしょうか？　会社とは直接関係はありませんが、自分の家族が働いている職場のことがわかったら安心して仕事に送り出せるはずです。

　いきなり勤務先が倒産するということもある時代です。決算書が開示されているなら、しっかりと状況を判断しておけば、万が一倒産ということになった場合でも、準備ができていれば負担はかなり違ってきます。家族が会社の数字を読めたら、より仕事に専念できるようになります。そして、大切な家族の身を守ることにもなるのです。

従業員が会社の数字を読むならここを見る

☑ **会社の安定性があるかどうか**

- 粗利（率）　　　　　　　　　　55頁、80頁
- 経常利益（率）　　　　　　　　75頁、92頁
- 手元資金の流動性　　　　　　　115頁
- 流動比率　　　　　　　　　　　119頁
- 自己資本比率　　　　　　　　　124頁
- 営業キャッシュフロー　　　　　184頁

06 貸したお金を返してもらえるかどうか
債権者 は融資先の返済能力を会社の数字から読む

金融機関や保証協会は、融資先のジャッジに使う

　ここでいう会社の「債権者」というのは、会社にお金を貸してくれる金融機関や、その会社が発行している社債にお金を出した社債権者と呼ばれる人たちです。債権者は会社にお金を貸して金利を受け取るのが目的ですが、万が一会社が倒産することになれば、利息どころか貸したお金そのものも回収できなくなります。そういうことがないように、金融機関や社債権者は会社の決算書をよく見て、返済してもらえると判断してからお金を貸します。

　社債は市場性があるからまだいいのですが、銀行をはじめとする金融機関や保証協会は、融資先が倒産してしまったら大変なので、慎重に判断します。

「企業の格付け」がよければ、融資を受けやすくなる

　少し難しい話ですが、銀行は融資先の決算書を読んで「企業の格付け」を行っています。この格付けは、安全な順に大きく分けて、次の5個（細かく分けると10個）のランクに債務者を区分しています。

---

① 正常先　　　：業績が良好で、財務内容にも問題ない
② 要注意先　　：借入金の返済や利息の支払いが遅れているなど、貸出条件に問題がある
③ 破たん懸念先：経営難でいずれ経営破たんの危険性が高い
④ 実質破たん先：深刻な経営難で、実質的に経営破たんしている
⑤ 破たん先　　：法的に経営破たんしている

銀行を一企業として見たとき、貸倒れリスクの高い会社への融資割合が高いと、その銀行そのものが危険だと判断されてしまいます。そのため**実質的に経営が破たんしている会社には、銀行はお金を貸したくても貸すことができません。**

　銀行などの金融機関には金融庁の検査が定期的に入ります。これまでは検査のときに融資先の査定が甘いと、この債務者区分の変更を求められてきましたが、2014年3月からは融資先の中小企業が健全かどうかの判断を銀行側の自己査定に委ねることになりました。つまり金融機関の判断によって、緩やかに格付けしてもらえる可能性が出てきたのです。

　とはいえ、いくら格付けが緩やかになったといっても、銀行も一民間企業です。貸したお金が貸し倒れてしまっては自社（銀行）の存続が危なくなるので、そう甘い格付けは期待できません。

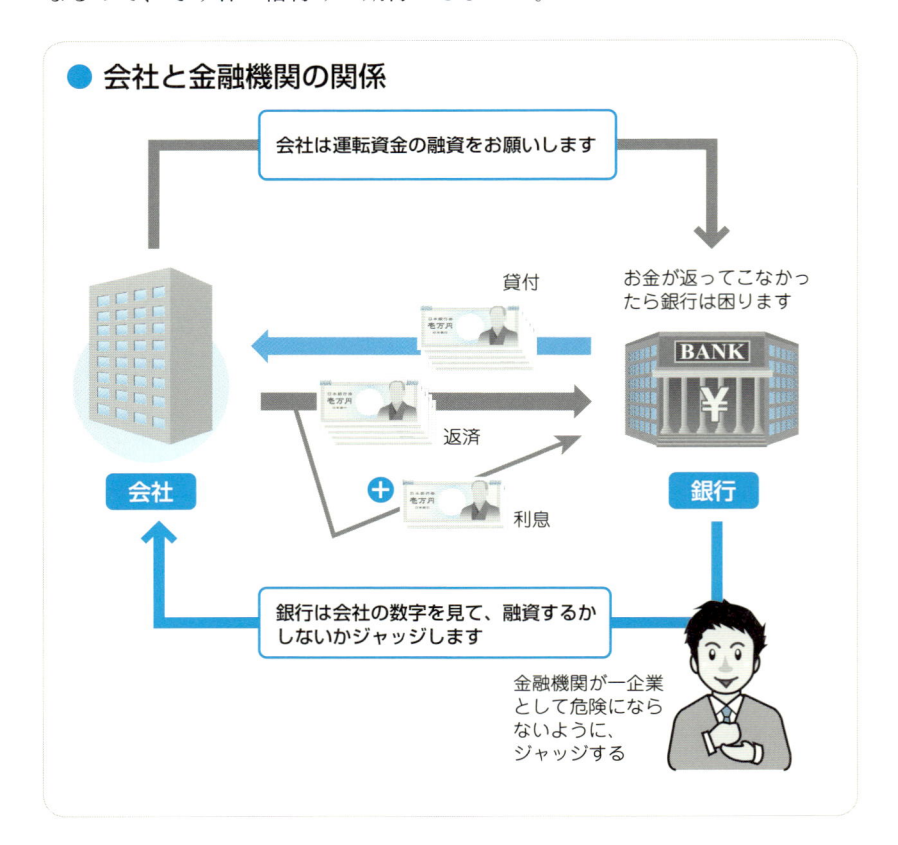

● **会社と金融機関の関係**

会社は運転資金の融資をお願いします

貸付

お金が返ってこなかったら銀行は困ります

返済

＋

利息

会社

銀行

銀行は会社の数字を見て、融資するかしないかジャッジします

金融機関が一企業として危険にならないように、ジャッジする

融資を受けたあとの経営を
しっかりやることが大切

　融資を受けた会社は、通帳に残高がたくさんあるとつい使いすぎてしまうことがあります。ですが、最低限手元に残しておかなくてはいけないお金がどのくらいなのかを知っていれば、使いすぎることはありません。

　利益が出ていれば、法人税や消費税といった納税資金があとから必要になります。手元にある資金は絶対に使い切ることのないように、余裕を持たせなくてはいけません。

　決算書を見て、返済能力があると判断できる会社にお金を貸すのが銀行の仕事です。

　最初は融資してくれた金融機関でも、目を覆いたくなるような金回りの悪い方法で経営をしているところに、何度も貸してくれるはずはないということは覚えておきましょう。

債務者は会社の数字のここを見られている

☑ **返済能力があるかどうか**

- 粗利（率）　　　　　　　　　　　55頁、80頁
- 経常利益（率）　　　　　　　　　75頁、92頁
- 当期純利益(率)　　　　　　　　　　　96頁
- 手元資金の流動性　　　　　　　　　　115頁
- 流動比率　　　　　　　　　　　　　　119頁
- 自己資本比率　　　　　　　　　　　　124頁
- 営業キャッシュフロー　　　　　　　　184頁
- 固定長期適合率　　　　　　　　　　　215頁
- 有利子負債依存度　　　　　　　　　　226頁

07 この会社の株を買ったら儲かるか

株主 はその株価が割安か、決算書から読む

株を売買する際の判断材料になる

　会社の関係者の中で、決算書を読んで会社の状況を最も知りたいと思って利用しているのは、株主かもしれません。上場している会社の株式は、証券取引所で値段がついて売買されます。株はどういう目的で売買されるのかというと、安く買って高く売り、儲けるためです。

　株式を会社の実質的な価値よりも安く買うことができれば、つまり決算書を読んで会社の価値がわかるようになれば、今の価格が割高なのか割安なのか、買い時か売り時かの判断材料が増えるわけです。ですから一歩踏み込んだ取引ができることになるのです。

株式投資のリスクをかぎりなく「0」にする

　堅実な株式投資は、財産形成するための選択として重要な役割を果たすものなのですが、たまに「株式投資はギャンブルみたいだ」という人もいます。なぜそう感じるのかというと、実は決算書が読めないからなのです。**もし簡単に決算書が読めて、自分の目を通して会社の実質的な価値を理解したうえで取引をすれば、リスクは「0」にはならないにしても確実に減少します。**

　株価チャートだけを使ってデイトレードをするのは、ギャンブルに近いものがあります。本来、株式投資というのはこれから伸びる会社に対して資本提供をすることにあります。会社の業績が今後伸びるかどうかは、会社の数字を読むとわかります。投資家が株主になるかどうかの判断をするために開示された決算情報ですから、大いに読んで役立てましょう。

● 会社と株主の関係

出資
株式を3,000円で購入

出資
❶ 5,000円の価値がある株式を3,000円で購入

会社

会社の数字が読めない人

会社の決算内容が読めないと、出資したお金が返ってこない状態になってもわからない

❷ 株式を5,000円で売却

会社の数字が読める人

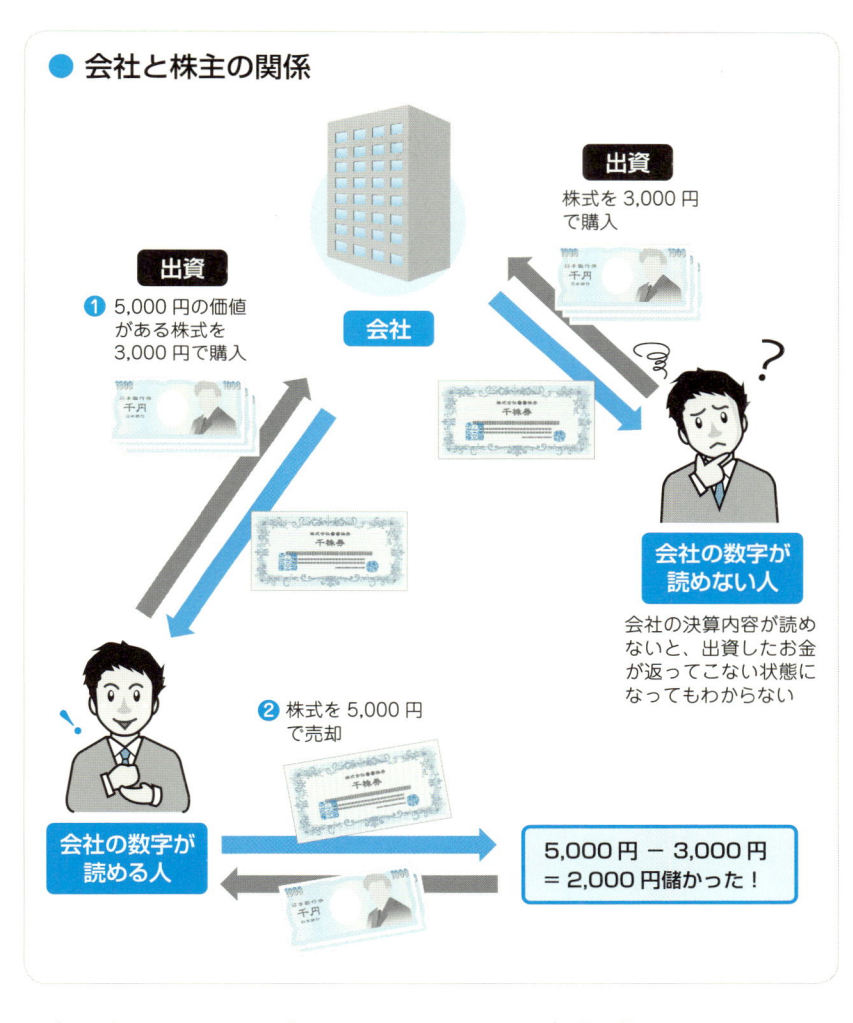

5,000円 − 3,000円
＝ 2,000円儲かった！

どの銀行にお金を預けるのが安全か判断する

　今、お金を銀行に預けても金利は1年間で1％もつきません。100万円預けても数百円しか金利はつかず、おまけに預金を受け取る前に、20％を超える税金が徴収されてしまいます。郵便局の定期貯金をしても、昔のように10年も預ければ倍になるということはなくなりました。

35

そればかりか、金融機関が経営破たんしたら、預金保険制度で保護される預金は1人あたり1,000万円までですから、金融機関にお金を預けることにもリスクはあります。ですから**銀行にお金を預けているだけでも、本来は毎期その銀行の決算状態を知っておくべき**なのです。

上場していない会社に投資しているなら、なおさらチェックする

では、上場していない会社の株主はどうでしょうか？　株式は未公開で株式市場に出回っていないので、簡単に売却することもできません。会社が清算（会社を解散すること）しても、出資したお金が返ってこないかもしれないのです。つまり、実際には価値がなくなってしまうかもしれないのです。もしも今その会社が解散したらどれだけの価値があるのかを知っておくことが大切です。自分が出資して自分が経営している会社であればなおさらです。

それでは、どうしたら会社の価値がわかるのでしょうか？

株主は、決算書を読むことで、経営成績と安定性、収益性、そして万が一解散したときに返してもらえる会社の価値がわかるようになるのです。

株主として会社の数字を読むポイント

●投資価値のある会社かどうか

● 粗利（率）	55頁、80頁	● 営業キャッシュフロー	184頁
● 経常利益（率）	75頁、92頁	● ROE	140頁
● 当期純利益(率)	96頁	● ROA	158頁
● 手元資金の流動性	115頁	● PER	234頁
● 流動比率	119頁	● PBE	230頁
● 自己資本比率	124頁		

08 損益計算書＋貸借対照表＋キャッシュフロー計算書⇒決算書

決算書ってどんなしくみ？

決算書って何だ？

　会社で起こったすべての出来事を数字で記録したものが帳簿で、帳簿を3つにまとめたものが決算書だと考えるとわかりやすいです。

　決算書は、税金の申告をするために税務署に提出するばかりでなく、資金を調達するために金融機関に提出したり、許可が必要な業種の場合にはその許可を受けた都道府県に提出することもあります。

　上場会社の場合は必ずホームページにIR情報とか決算報告といったページが設けられていて、そのページを見ると会社の決算状況がわかるようになっています。上場していない会社も、会社法上、官報に掲載したりして公告する義務がありますが、罰則規定がなく、現実的には広告していない会社が多いのも現状です。そのため上場していない会社の決算内容は、帝国データバンク、四季報非上場版、東京商工リサーチなどの民間の資料を使って調べないとわからないことが多く、その内容が現在の状況と一致しているわけではないところが問題なのです。

決算書のしくみを身につけよう

　では、決算書はどんなしくみになっているのでしょうか？　**会社は、通常1年間の決算ごとに会計期間を区切って決算書を作成します。決算書は、会社で1年間に起こった出来事を、取引1つずつ仕訳して積み重ねてつくったもの**です。

　決算書は、損益計算書と貸借対照表、キャッシュフロー計算書から成り立っています。

● **決算書の概略**

❶ 損益計算書	どんな収入があって、どんな経費がかかって**どんな利益が出ているか**を表していて、比較的わかりやすい表です
❷ 貸借対照表	決算時点で**どんなお金を元手に、どう運用されているか**を一覧にした表です。貸借対照表は損益計算書よりわかりにくいですが、損益計算書以上に重要なので必ず読めるようにしましょう
❸ キャッシュフロー計算書	上場していない会社では、作成義務はありません。大変わかりにくい書類なので省略されることも多いですが、損益計算書だけでは把握できない**お金の流れをつかむために必要な書類**ですから、役立ちます

簡単な取引から決算書のイメージを見てみよう

　たとえばお財布の中にある100円を資本にして、100円で買ってきたリンゴを販売して200円の代金を受け取ったら、そこから決算書が作成できます。

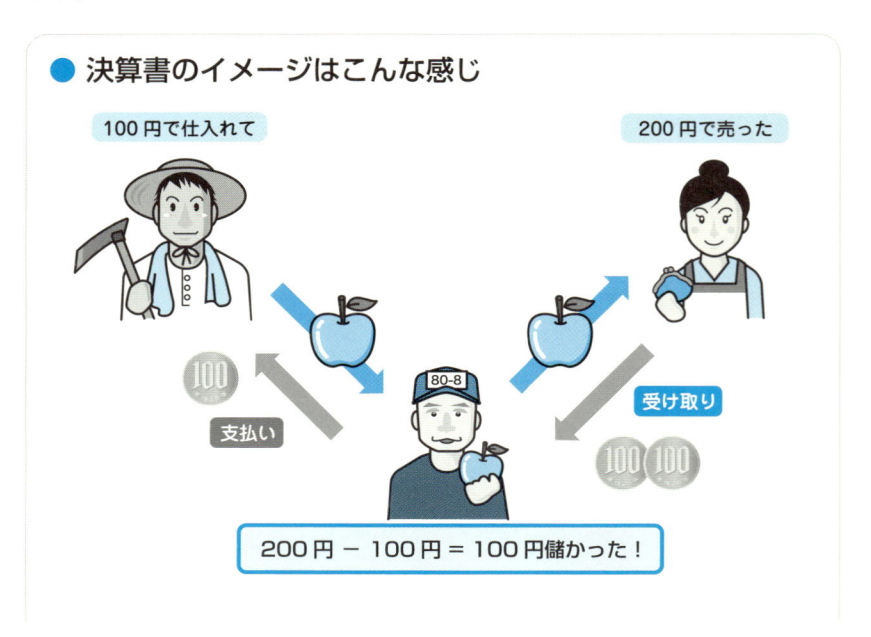

● **決算書のイメージはこんな感じ**

100円で仕入れて

200円で売った

支払い

受け取り

200円 − 100円 = 100円儲かった！

❶ 損益計算書

経費	100円	売上	200円
利益	100円		

❶ 損益計算書では、決算期間の収益（売上）200円から費用（経費）100円を引くと利益が100円出ていることがわかります。

❷ 貸借対照表

現金	200円	資本金	100円
		利益	100円

❷ 貸借対照表では、決算期末時点の現金200円が、もともとあった資本金100円と当期の利益100円で成り立っていることがわかります。

❸ キャッシュフロー計算書

営業キャッシュフロー	100円
期首現金	100円
期末現金	**200円**

❸ キャッシュフロー計算書では、決算期間のお金の動きを表していて、最初にいくらあって、いくらお金が増減して、最後にいくらになったのかがわかります。

決算書を知るポイント

- 決算書は会社に起こったすべての出来事を数字にしてまとめたもの
- 決算書は、「利益を見る損益計算書」「会社の状態を見る貸借対照表」「お金の出入りを見るキャッシュフロー計算書」で構成される
- 3つの決算書は、それぞれ見るポイントが違う

09 簿記の知識はなくても大丈夫！
会社の数字を読むのに 簿記 の知識は必要か？

簿記の知識はなくても大丈夫！

　会社の数字がわかるようになりたいと思ったときに、簿記の入門書を買ってきて1から勉強する必要はありません。簿記を勉強しても時間がかかるばかりで、会社の状態を理解するために直接必要な数字の知識は身につきません。簿記の勉強は、会社の数字が読めるようになってから、具体的にどうやってその数字をつくるのか、その知識が必要になってからで十分です。

会社の数字を読むために知っておきたい5つのこと

　会社の数字を読むために最低限必要な簿記の知識があるとすれば、決算書類は右と左に分けて整理したものだということだけです。子どもがおこづかい帳をつけるようなイメージをしてください。

会社の数字を読むために知っておきたい5つのポイント

① 入ってきた金額を左側に書く
② 出ていった金額を右側に書く
③ 入ってきた金額から出ていった金額を引くと、お財布に入っている日々の実際の現金の残高と一致する
④ 実際の現金の残高と一致しなかったら、記入が間違っているか漏れがあるかのどちらか
⑤ 入金の合計と出金の合計が決算書につながる

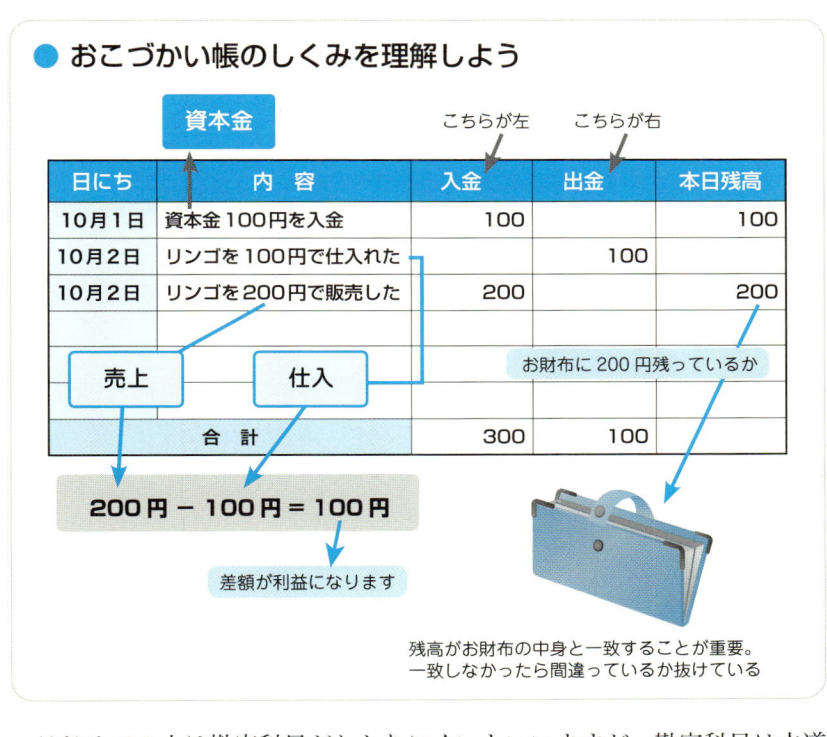

● おこづかい帳のしくみを理解しよう

日にち	内　容	入金	出金	本日残高
10月1日	資本金100円を入金	100		100
10月2日	リンゴを100円で仕入れた		100	
10月2日	リンゴを200円で販売した	200		200
				お財布に200円残っているか
	合　計	300	100	

資本金　こちらが左　こちらが右

売上　仕入

200円 − 100円 = 100円

差額が利益になります

残高がお財布の中身と一致することが重要。
一致しなかったら間違っているか抜けている

　はじめての人は勘定科目がわかりにくいといいますが、勘定科目は水道代や電気代を「水道光熱費」というように、ひと言で内容がわかる名称を使っていることを理解しておけば大丈夫です。

簿記の知識がなくても、会社の数字はつくれる

　簿記を難しいと感じるのは、細かいところからしっかり学ぼうとするからです。**実際に、経営者が経営判断をするために直接簿記の知識を最初から使うことはないので、軽く押さえておくだけで十分**です。また、何の数字を把握したいのかによって記帳の目的は変わります。パソコンのない時代と違い、今は会社の目的ごとに柔軟な帳簿のつくり方をすることも可能になりました。

　まずは何を知りたいのか目的を明確にして、その目的に応じて会社の数字を整理しましょう。そのために、本書でお話しする会社の指標をひととおり簡単に押さえるところからはじめてみてください。

10　経営判断する時間 ＞ 経理にかける時間
会社の数字を速やかに経営に生かす方法

経営判断に必要なのはタイミング！

経理を丁寧にやることは素晴らしいことです。しかし数字を計算するのに何週間も何カ月間もかかっていたらどうなるでしょうか？　せっかく価値のある決算書をつくっても、時間をかけすぎて遅くなってしまったら、一番大事な経営の判断をするタイミングで使えません。

速やかに数字が見られるように
経理業務のルールづくりをしておこう

毎月の月次決算の業務は、翌月の月はじめから5日程度でできるように、社内でルールを決めておくようにします。ルールづくりがうまくいかないのなら、それは、経理の仕事は経理担当者がやる業務だと思い込んでいるためです。経理担当者だけが書類に関係するのではなく、毎日実際に現場で営業している人たちがどのくらい連携できるかが、適切な決算書を早くつくるポイントです。**会社の数字は経理担当者だけがかかわるものではないので、現場の担当者ベースで簡単に処理できるシステムを構築する**ようにします。

請求書がそろってからでは遅すぎる

過去の数字を正確に把握するためには、仕入先などからの請求書が来るのを待ってから決算の締めを行います。すべての請求書がそろうのは、翌月の半ば以降になることがほとんどです。請求書がそろってから業績把握

をしていると、数字を分析できるのはどんなに早くても翌月の20日以降になってしまいます。これは、経理を担当者だけがするものだという誤った認識があるために起こります。手書きの帳簿の時代の名残です。せっかく数字を把握できてもひと月もすぎてしまっていては遅すぎます。すぐに活かせる会社の数字づくりを心がけましょう。

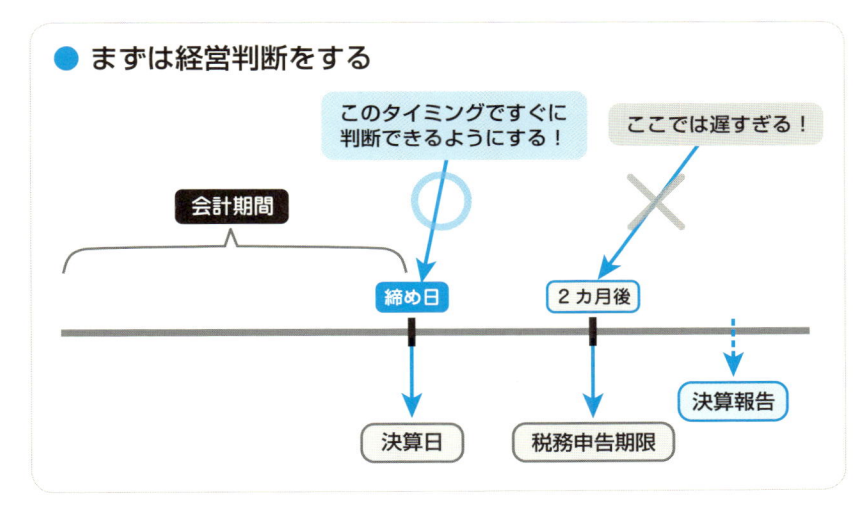

● まずは経営判断をする

このタイミングですぐに判断できるようにする！ ○ 締め日 → 決算日

ここでは遅すぎる！ × 2カ月後 → 税務申告期限

会計期間

決算報告

月2回の締めでタイムリーな業績把握が可能になる

タイムリーに業績把握するためには、毎月締めの処理を2回行うことです。月末締めの会社なら次のようになります。

● タイムリーに業績を把握する方法

① 月初に前月分の会計の仮締め日をつくって、月次決算を行って経営判断に使います。
　※請求書がまだ届かないものについては、現場担当者から納品書を集計したものを提出してもらいます。
② 月の後半に請求書類（前月分）がそろった段階で、①の修正をかけて正確な決算書に直します。

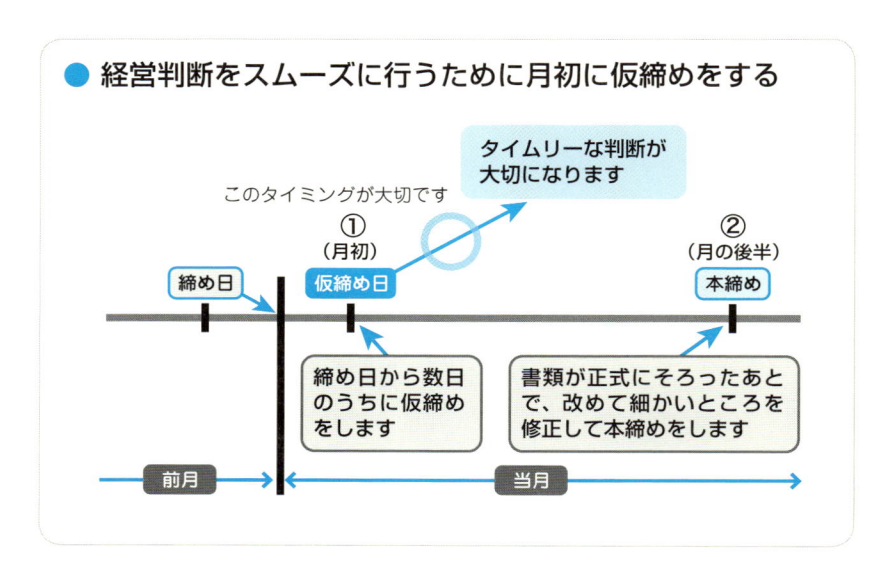

● 経営判断をスムーズに行うために月初に仮締めをする

```
                    このタイミングが大切です    タイムリーな判断が
                                              大切になります
                         ①                        ②
                       (月初)                   (月の後半)
    締め日              仮締め日                   本締め
─────┼──────────────────┼──────────────────────────┼─────
                     ↑                          ↑
              締め日から数日           書類が正式にそろったあと
              のうちに仮締め           で、改めて細かいところを
              をします                 修正して本締めをします

   ←─ 前月 ─→   ←───────────── 当月 ─────────────→
```

　この2段階決算が定着すると、会社の数字をタイムリーに把握できるため、何かの問題が発生したときにも速やかに対応することができます。会社の数字をしっかり読めるようになったら、この方法がいいことが実感できます。

　それでは実際に、次章から会社の数字の読み方を見ていきましょう。

会社の数字を読むために知っておきたい5つのポイント

①遅すぎる決算書は価値が半減
②タイムリーに業績把握をする
③当月はじめに前月分の仮締めを行う
④税務申告は正確で正しく計算されていることが要件なので締め日から2カ月後（原則）申告の期限がある
⑤税務申告に使った決算書で経営の判断をすれば細かい数字が把握できるが、これでは遅すぎる
　⇒ 締め日から数日中に経営判断する

第2章 損益計算書を読もう

　野球の試合なら、1点取れれば、そのあとしっかり守りきることで試合には勝てます。会社もまったく同じです。売上はたくさんなくてもいいのです。少しの売上で、儲けがたくさんあるのが理想です。会社が儲かっているかどうかは損益計算書を見るとわかります。ひと言で儲かるといっても段階があります。

　この章では、損益計算書に計上される儲け、つまり各段階の利益についてお話ししていきます。この章の目標は、次の2つです。

● この章の目標

> ❶ 損益計算書をパッと見て、どのくらい売れていて、**どんな利益がどのくらいあるのか**がわかるようになること
> ❷「この会社は営業利益がすごく出ているな」とか「経常赤字が続いたら大変だな」ということがすぐにわかること

　どんなにたくさん売上があっても、利益が出ていなければ会社はやっていけません。経費があまりかからなければ、売上が少ししかなくても利益は出ます。ですから、次の3点を損益計算書で見るのです。

● 損益計算書で見ること

> ❶ しっかり売っているのか
> ❷ 使いすぎていないのか
> ❸ どんな利益が出ているか

01 損益計算書を見てどんな利益が出ているか理解しよう

損益計算書 は４回までの野球の試合で考える

１番カンタンな読み方を覚えよう

　野球の試合を途中から観戦したとき、スコアボードを見れば一瞬で状況がわかります。得点差や勝ち負けの状況判断をするのにかかせないのがスコアボードです。自分のチームが入れた得点、相手のチームが入れた得点が掲示されているので、勝っているのか負けているのか、今何点差なのか、ひと目でわかります。

❶ 損益計算書はスコアボードのようにカンタンに読む

　「**損益計算書**」は、実はスコアボードの役割を果たしています。どんなに自分のチームが得点を入れたとしても、それ以上に相手のチームが得点していたら負けです。ここでいう負けは「**赤字**」ということです。ところが、自分のチームが１点しか得点できなかったとしても、相手に１点も取られなければ勝てるのです。つまり「**黒字**」になります。これが「**利益**」です。**売上が出ていればいいということではなく、どれだけ勝ったか負けたかが大切**なのです。

> 損益計算書は、スコアボードのように簡単に読むもの、そして次の戦略に生かすもの

● 損益計算書はスコアボードのようなもの

たとえば野球なら……

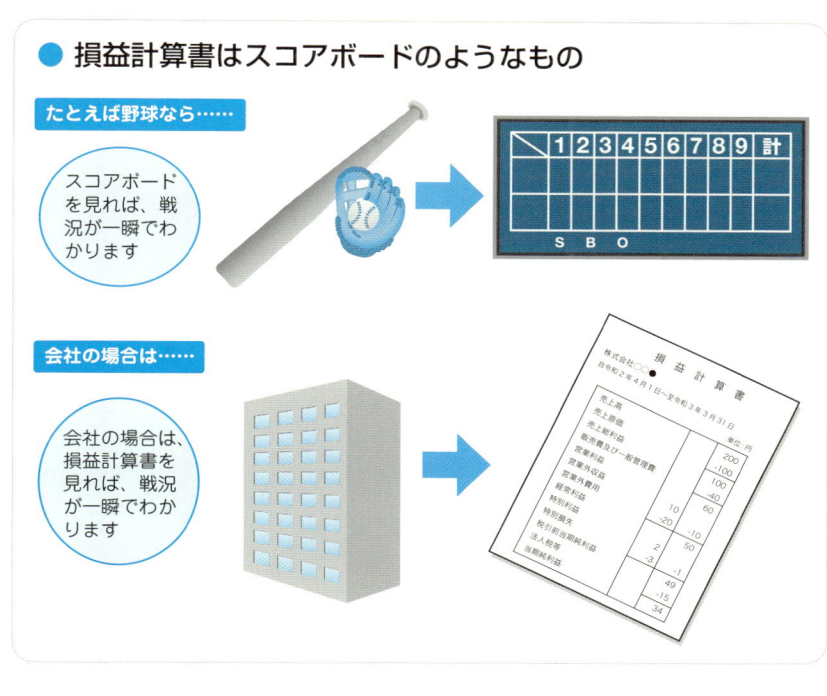

スコアボードを見れば、戦況が一瞬でわかります

会社の場合は……

会社の場合は、損益計算書を見れば、戦況が一瞬でわかります

❷ 損益計算書は見るべきところだけ見る！

　スポーツの試合にドラマがあるように、会社の数字にもストーリーがあります。**損益計算書は、ちょっとしたコツでスコアボード並みに見やすくなります。そのまますべての数字を見ようと考えるのではなく、見るべき場所を決めて見るようにします。**そうすると、現場にいなくても数字を見ているだけでかなりのことがわかってきます。数字を見て会社の過去を知り、未来のストーリーが描けるようになったら素晴らしいですね！

　ちなみに、攻撃ばかりに力を注いで守りが手薄になってしまったら、試合の結果は悲惨なものになります。敵は容赦なく全力で攻撃してきます。攻撃と守りのバランスで勝敗が決まるのです。ですから、損益計算書で攻撃と守りのバランスをしっかり見ていきましょう。

　損益計算書は、野球でいったら4回の表裏までで1試合と考えてください。4回のあとに延長戦があるというイメージです。見方としては、それぞれの回で見たいものが次のように変わります。

≪1回の表裏で見るもの、見えるもの ⇒ 粗利

表 まずはこちらの攻撃（売上）を見ます。
裏 次に敵の攻撃（原価）を見ます。
⇒ 差し引き（売上 − 原価）すると、どのくらい勝っているのか（粗利）がわかります。

≪2回の表裏で見るもの、見えるもの ⇒ 営業利益

表 ここでは攻撃はしないで、粗利に対する敵の攻撃（販管費：販売費及び一般管理費）を見ます。
裏 その攻撃（販管費）がどのくらいのボリュームでどのくらい打撃を受けたか（営業利益）を見ます。
⇒ 差し引き（粗利 − 販管費）すると、どのくらい勝っているのか（営業利益）がわかります。

≪3回の表裏で見るもの、見えるもの ⇒ 経常利益

表 試合の中で一番気にしなくてはいけないのが、この回の利益の状態です。2回の結果を受けて3回の表のこちらの攻撃（営業外収益）を見ます。
裏 次に敵の攻撃（営業外費用）を見ます。
⇒ 差し引き［営業利益 ＋（営業外収益 − 営業外費用）］すると、どのくらい勝っているのか（経常利益）がわかります。

≪4回の表裏で見るもの、見えるもの ⇒ 税引前当期純利益

4回は特殊で、場合によっては4回はないこともあります。3回までの結果を受けて、特別なことがあった場合に得点が入ります（税引前当期純利益）。

表 こちらの攻撃（特別利益）ができるか見ます。
裏 敵の攻撃（特別損失）を見ます。
⇒ 差し引き［経常利益 ＋（特別利益 − 特別損失）］すると、どのくらい勝っているのか（税引前当期純利益）がわかります。

戦った結果は思惑どおりでしたか？　思った結果と違っていたら原因がどこにあるのかを考えて次の試合に活かしましょう。

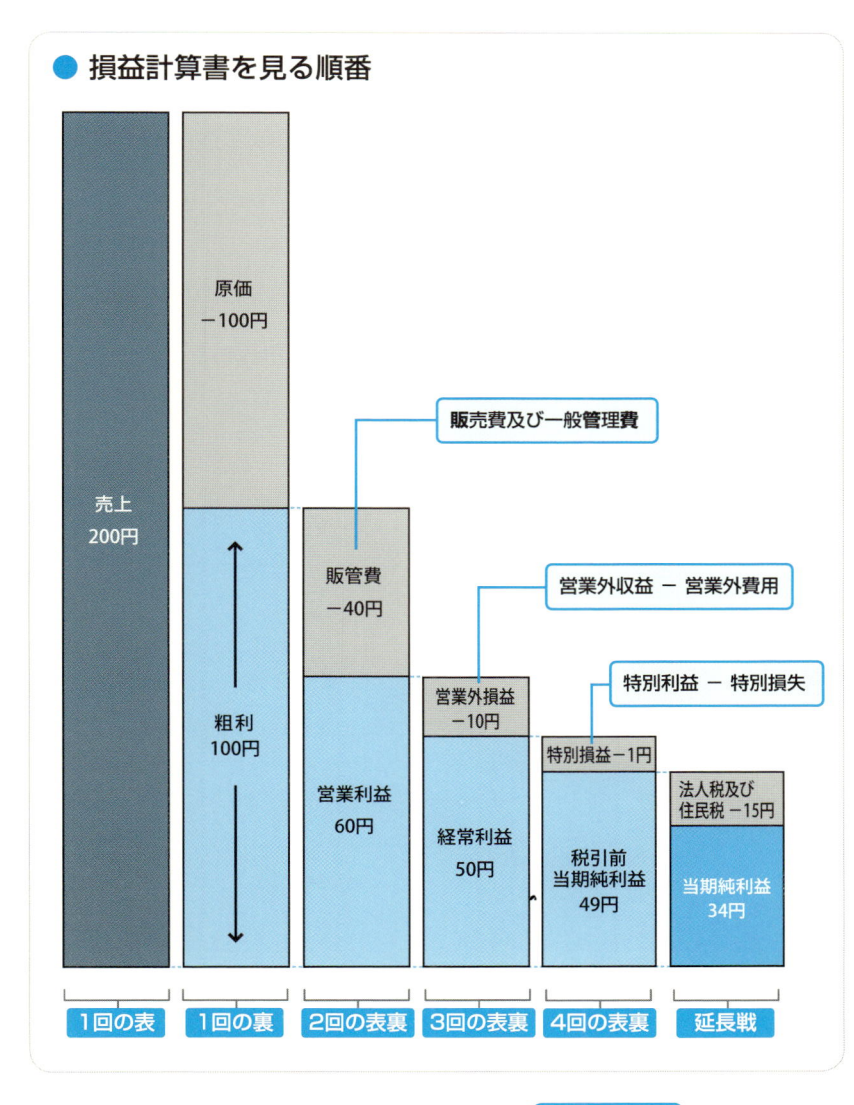

● 損益計算書を見る順番

売上 200円	原価 -100円 / 粗利 100円	販管費 -40円 / 営業利益 60円	営業外損益 -10円 / 経常利益 50円	特別損益 -1円 / 税引前当期純利益 49円	法人税及び住民税 -15円 / 当期純利益 34円
1回の表	1回の裏	2回の表裏	3回の表裏	4回の表裏	延長戦

- 販売費及一般管理費
- 営業外収益 − 営業外費用
- 特別利益 − 特別損失

≪延長戦で見るもの、見えるもの ⇒ 当期純利益

延長戦　「法人税及び住民税」という攻撃を受けて、ゲームセットになります。
　⇒ すべてを差し引き（税引前当期純利益 − 法人税及び住民税）すると、試合の結果（当期純利益）がわかります。

49

● 損益計算書は4回までの試合で考える

	表（攻撃）	裏（守り）	どのくらい勝っているか（負けているか）
1回	売上	原価	粗利（売上総利益）
2回		販管費	営業利益（営業損失）
3回	営業外収益	営業外費用	経常利益（経常損失）
4回	特別利益	特別損失	税引前当期純利益（税引前当期純損失）
延長戦		法人税及び住民税	当期純利益（当期純損失）

▽ 損益計算書で表示するとこうなる

1回	表	売上高（売上）	200円
	裏	売上原価（原価）	−100円
2回	表	売上総利益（粗利）	100円
	裏	販売費及び一般管理費（販管費）	−40円
		営業利益（営業損失）	**60円**
3回	表	営業外収益	10円
	裏	営業外費用	−20円
		経常利益（経常損失）	**50円**
4回	表	特別利益	2円
	裏	特別損失	−3円
		税引前当期純利益（税引前当期純損失）	**49円**
延長戦	裏	法人税及び住民税	−15円
		当期純利益（当期純損失）	**34円**

損益計算書を知るポイント

- 2回は、攻撃をしないでしっかり守る
- 各回の利益の状況を見る
- 営業利益（または営業損失）という名前で表示される

02 まずはこちらの攻撃（売上）を見る

1回の表　売上があったら、会社にお金は入るの？

売上が立つ（計上される）のはいつのタイミング？

野球の試合では、まず❶ヒットを打って、❷打者がホームベースに戻ってくると得点になります。では、会社で売上が立つ（計上する）タイミングはいつでしょうか？

売上が立つ ＝ ヒットを打つ
売掛金の回収 ＝ ホームに戻って得点

　会社で売上が計上されるタイミングは、「商品を引き渡したとき」です。商品引き渡し時に、損益計算書に売上を計上します。この段階では売上が立った（商品が売れた）だけで、まだ商品の代金（売掛金）が回収されたわけではありません。

　売上代金を回収していなくて会社にお金がなくても、消費税や法人税などの税金を支払わなくてはいけません。ただヒットを打っただけで、まだホームベースを踏んでいないのに得点が計上されてしまうようなものです。これでは会社は回っていきません。

　売掛金の回収まで完了しないと一連の取引は終了しないので、「損益（利益や損失）」と「資金の増減」は違います。**売上の計上時期と代金の回収時期にタイムラグがあることで、「損益計算書上の利益」と「実際のお金の増減」とに差が生じます。** これが、決算書がわかりにくい理由のひとつです。

　損益計算書は、あくまでも利益がどう出ているかを見るための計算書で、資金の増減とは無関係な書類なのです。

公平性を保つために必要な決めごと

　本当は、商品代金を回収したときに売上を計上すれば、わかりやすいはずです。ところが、通常、売上の計上は商品を引き渡したときに行うことになっています。なぜ、このような決めごとがあるのかというと、売上の計上時期をいつにするのか、会社ごとにバラバラだと、正しい利益が計算できなくなるからです。また、複数の会社の決算書を比較するにしてもやりにくくなるばかりか、税金の計算をするうえで会社間の公平が保たれなくなってしまうので、このような基準が設けられています。

年商はいくらですか？　と聞かれてわかるのは売上だけ

　会社の規模を尋ねるときに、「年商はいくらですか？」とか、「従業員数はどのくらいですか？」といった聞き方をすることがあります。

　「年商」というのは会社の１年間の「売上」のことです。売上がどれだけたくさんあっても、相手からの攻撃がそれを超えていては何もなりませんし、代金を回収できているかどうかもわからないのです。つまり会社の年商だけ聞いたところで、本当のことは何もわからないわけです。

　売上からさまざまな経費を使ったあとに残るのが「利益」です。その逆に、**売上から経費を引いてマイナス（赤字）になった分が「損失」**です。会社に利益が出ているということは、試合に勝っている状態です。自分のチームの得点がどんなにたくさん入っていても、相手の得点と点差がわからなければ試合の勝ち負けはわかりませんよね。つまり、たくさん売れただけでは安心できないのです。

　年商と利益の意味がごちゃ混ぜになってしまうと、売上を尋ねても利益が出ているかどうかを尋ねないという現象が起きてしまいます。たくさん売れることはいいことなのですが、「年商」は売上がいくらなのかというだけで、実際の会社の状態は損益計算書を読まないとわからないのです。その程度のものなので、**年商を聞いてわかるのは事業の規模だけ**だということをしっかりと理解しておきましょう。そうすれば、よくある売上アップのためのセミナーの誘い文句にある、「１年で年商１千万円達成！」とかいう言葉に踊らされたりすることもなくなりますね。

「売上の計上」と「売上代金の受け取り」にはタイムラグがある

損益計算書には出てきませんが、売上に関連することで、場合によっては売上よりも重要なのが、先ほどからお話ししている「売上代金を回収したかどうか」ということです。**売上は非常に重要ですが、それにも増して売上代金の回収が重要**ということは、売上代金の回収が野球でいえばホームインにあたるからです。

たとえば、ヒットを3本打ってランナーをためても、もしかしたら点を取らないうちにスリーアウトになってしまうかもしれません。これは商品をせっかく売ったのに、代金が回収できなかったということです。

一番理想的なのは、ホームランで確実に点を取ってしまうことです。商品の引き渡しまでに代金を回収するのです。つまり、**商品の受け渡しまでに現金をもらうことで、売上代金を確実に回収するわけです。**

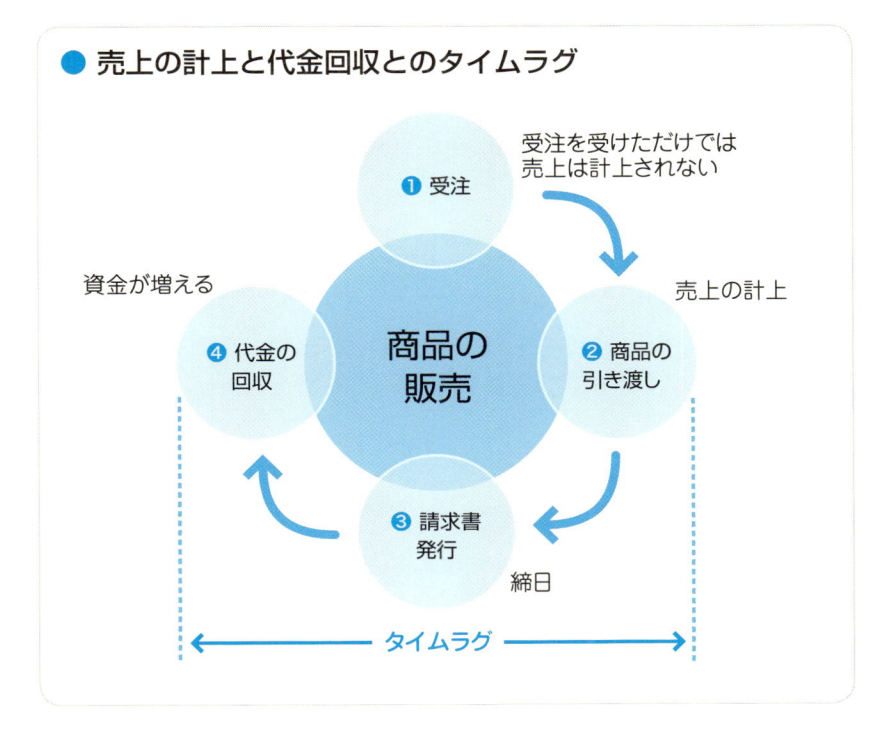

● 売上の計上と代金回収とのタイムラグ

❶ 受注 → 受注を受けただけでは売上は計上されない
❷ 商品の引き渡し → 売上の計上
❸ 請求書発行 → 締日
❹ 代金の回収 → 資金が増える

商品の販売

タイムラグ

代金を確実に回収する3つのパターン

≪❶ 現金販売

　商品の引き渡し時にその場で代金を回収する現金販売は、商品を売る立場でも買う立場でも、最も間違いがない決済方法です。

≪❷ 代金前払い（カード決済を含む）

　通信販売でよく使われる方法で、代金を前払いか、カード決済したあとでないと商品を発送しない方法です。販売する立場で資金面を考えると、この方法が最も理想的です。

≪❸ 代金引き換え（通信販売の場合）

　通信販売でよく使われる方法で、商品が顧客に届いたときに運送会社が販売会社に代わって代金を回収する方法です。運送会社が商品を引き渡すと同時に代金を受け取る確実な決済方法の1つです。

　多くの通信販売業者が、代金の銀行振込などによる前払いや代引きで販売しているのは、売上代金が回収不能になること、すなわち「貸し倒れ」を防ぐためです。代金の不払いが発生すると、その代金回収のために時間と費用が余分にかかって大きな損害になるので、できるかぎり避けなくてはなりません。

　そのために、新商品やサービスを発売するときには、代金回収方法をどうするのかをまず最初に決定することが重要なのです。**できるだけ売上を増やすと同時に、回収に時間がかかる売掛金は増やさないようにするのがセオリー**です。

売上 を知るポイント

- 売上が計上されてからお金が増えるまで、受注から代金の回収までのタイムラグがある
- 代金の回収が早くできる売上を増やそう！

03 次に敵の攻撃（原価）を見る

1回の裏❶ 売上 原価 粗利 の考え方

原価を見れば粗利（売上総利益）がわかる

1回の表 では、売上を計上するタイミングを確認しました。ここでは、売上（売上高）に対する原価（売上原価）、そしてどれだけ儲かったかがわかる粗利を理解しましょう。

売上と原価は対になっている

実は、売上と仕入れは対になっているわけではありません。中には対になっているケースもありますが、基本的には対ではありません。売上と対になっているのは原価です。**商品が売れて（売上）はじめて原価が計上されます。** つまり、売れた商品の分だけ原価が計上されるのです。**売上から原価を引いて出た利益を粗利といいます。**

● 粗利の求め方

> 粗利 ＝ 売上 － 原価

商品は、仕入れとその支払い、販売とその代金の回収の4つのタイミングがあります。現金仕入れなら、仕入れとその支払いの時期は一致していて、現金販売なら販売とその代金の回収の時期が一致します。損益計算書では、商品を販売したときに、**売れた金額が「売上」となり、販売した商品の仕入れ分だけが「原価」となり、その差額が「粗利」となります。** そのため売上が「0」なら、たくさん仕入れていても、原価は「0」となるのです（次頁参照）。

≪CASE 1≫ 売上がなければ、仕入れの代金が出ていくだけ

今日（1日目）、1個100円のリンゴを仕入れて1つも売れなかったとしたら、売上も原価もありません。この段階では、在庫が1個増えて、仕入れの代金を支払ったら、その分だけ資金が減ったことになります。

1日目の粗利の計算

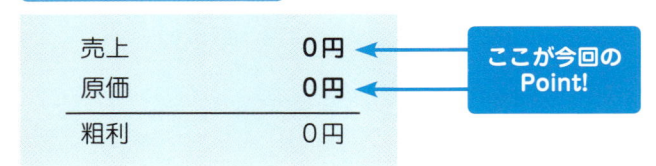

売上	0円
原価	0円
粗利	0円

← ここが今回のPoint!

≪CASE 2≫ 売上が立って、はじめて粗利が求められる

では、このリンゴ1個が翌日（2日目）200円で売れた場合、粗利はどうなりますか？　原価は売れた1個分だけ、昨日仕入れたリンゴ1個の値段で計上します。100円になります。倉庫の中にあった在庫がなくなって原価になったのです。

2日目の粗利の計算

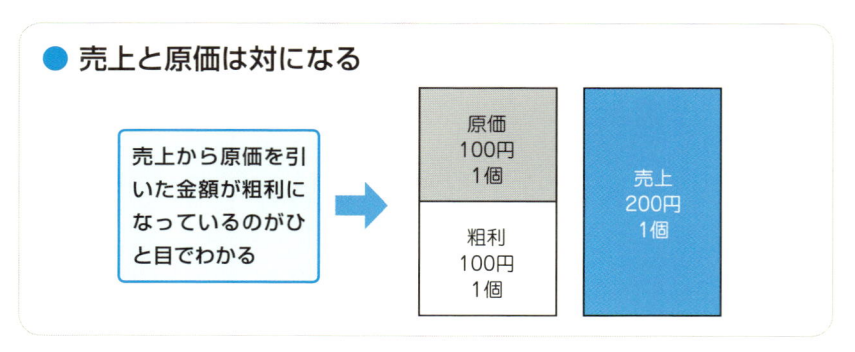

売上	200円
原価	▲100円
粗利	100円

← ここが今回のPoint!

● 売上と原価は対になる

売上から原価を引いた金額が粗利になっているのがひと目でわかる

→

原価 100円 1個	売上 200円 1個
粗利 100円 1個	

CASE 1 のように、商品を仕入れただけでは経費にはなりません。商品を所有しているだけではなく、CASE 2 のように商品を売ってはじめて売上として計上され、原価が発生するという考え方をします。

　なぜこのような処理のしかたをするのかというと、売れたものとその原価を対応させないと利益が出ているのかどうかがわからなくなってしまうからです。仕入れたもの全部がそのまま原価になってしまったら、本当は儲かっていても利益が出ません。そうなると儲かっているかどうか知りたいのに損益計算書ではわからないということになってしまうのです。利益が出ているかどうかがわからないばかりでなく、税金の計算をするときにも困ったことになるのです。

　実際の原価の計算は、売れたからその分を原価に持ってくるという方法で計算するわけではありません。実は、原価の計算方法には一定のルールがあるのです。次節で、原価の計算方法を詳しくお話ししていきます。

売上 原価 粗利 を知るポイント

- 売上から原価を引いたものが、粗利
- 商品を仕入れても、販売しなければ売上も原価も発生しない！
  では何が起きるのか？ ⇒ 在庫が増える ⇒ 資金が減る
  資金が増えるのは、売上代金を回収したとき！
- 商品が売れてはじめて原価も計上される
  ⇒ 粗利が計上される！
- 売れた分だけの原価と粗利が計上される

04 原価は直接計算できない

1回の裏② 原価 の計算のしかた

原価は期間で考える

ここでは 1回の裏① で理解した考え方をもとに、実際にはどのように計算するのか見ていきます。

原価の計算のしかたを理解する

≪CASE 3 売れた分だけ原価を計上する

3日目に1個100円で10個仕入れて1,000円支払いましたが、その日は販売せず、さらに4日目に1個100円で10個仕入れて1,000円支払いました。そしてそのうちの15個が3,000円で売れて5個残りました。

4日目の粗利の計算

売上	3,000円
原価	▲ 1,500円
粗利	1,500円

← ここが今回のPoint!

商品が売れたときにはじめて原価を計上できます。 ということは、商品が売れたときに、売上に対応する原価の計算をしなくてはなりません。リンゴだけを売っているのであれば、 CASE 1 〜 CASE 3 のような方法で原価の計上ができます。しかし現実的には、オレンジやメロンなど、ほかの果物も豊富に扱っていて、しかも仕入れ値もその都度違います。さらに、実際には1日分だけで損益計算をするわけでもありません。すると、

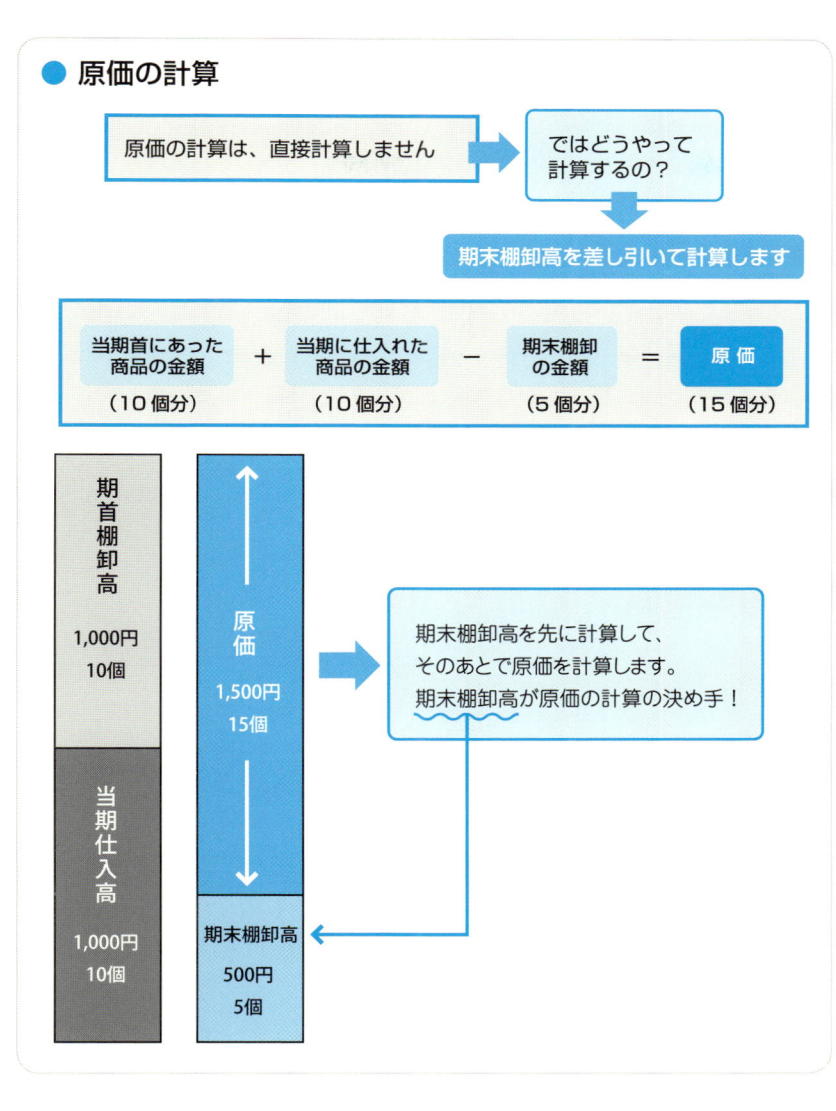

● 原価の計算

原価の計算は、直接計算しません → ではどうやって計算するの？
↓
期末棚卸高を差し引いて計算します

| 当期首にあった商品の金額 | ＋ | 当期に仕入れた商品の金額 | − | 期末棚卸の金額 | ＝ | 原 価 |
| (10個分) | | (10個分) | | (5個分) | | (15個分) |

期首棚卸高
1,000円
10個

当期仕入高
1,000円
10個

原価
1,500円
15個

期末棚卸高
500円
5個

期末棚卸高を先に計算して、そのあとで原価を計算します。期末棚卸高が原価の計算の決め手！

　商品が売れたときにその都度売上に対応する原価を集計して計算するのも無理が出ます。そのため、売上に対応する原価をその都度集計して計算するようなことはしません。
　ではどう計算するのかというと、上図のように**ざっくりと、仕入れた物の中から期末に残っている在庫を引くという方法で「原価」を計算します。**

原価を個別に計算するのと全体から在庫を引いて計算するのとでは、全体から在庫を引いて計算するほうが楽だという理由で、こういう計算方法になりました。

ここで使う大切な数字が「**期末棚卸高**」です。

詳しくはこのあと見ていきますが、**期末棚卸高の計算方法は、期末に残っている商品の数量に単価を掛けて計算する**ことを覚えておいてください。

● 期末棚卸高の求め方

> 期末棚卸高 ＝ ❶ 期末在庫の数量 × ❷ 期末在庫の単価

では、❶、❷の求め方を見ていきましょう。

❶ 期末在庫の数量の求め方
～期末に実地棚卸をして数量を把握する～

決算期には、「たなおろし」（棚卸）といって会社の中にあるまだ売れていない在庫すべてを洗い出す作業を行います。何が何個残っているかを数える作業です。そのとき残っている在庫が「**期末在庫**」です。

小さな会社なら、社内総出で棚卸をすることもあります。そして実際に保有している在庫の数量の確認をして、期末棚卸高の計算の基礎にします。

原価の計算に影響する「棚卸」という作業は、どのくらい利益が出たかという「粗利」の計算に直接かかわることになるので、非常に重要な業務なのです。

≪ CASE 3 の原価の計算例

3日目に10個仕入れて、4日目にも10個仕入れて、15個売れて5個残っていました。

原価の計算方法は、3日目と4日目に仕入れた金額の合計額から、4日目の営業終了後の在庫の金額を差し引いて計算します。

4日目の原価の計算

期首商品棚卸高	1,000円（10個）	単価100円 ← 3日目の営業終了時の在庫
当期商品仕入高	1,000円（10個）	単価100円 ← 4日目に仕入れた金額
期末商品棚卸高 ▲	500円（ 5個）	**単価100円** ← 4日目の営業終了時の在庫
原価	1,500円（15個）	単価100円 ← 4日目の原価の金額

❷ 期末在庫の単価の求め方

　棚卸をして実際に持っている数量がわかったら、期末棚卸高の計算のもうひとつの要素「単価」を把握します。単価の計算方法はいろいろあります。

● 期末棚卸高の計算

期末棚卸高 ＝ 数量 × 単価

- 期末棚卸高は実地棚卸によって数量を把握します
- 単価がいくらなのかを把握します

→ 単価の計算はどうするの？

→ いろいろな評価方法がある

　ここでは代表的な「単価」計算の考え方を3つ紹介しておきます。

① **先入先出法** 先に仕入れたものから先に売るという考え方で、期末棚卸の単価を計算する方法
② **後入先出法** あとから仕入れたものを先に売るという考え方で、期末棚卸の単価を計算する方法
③ **平均法** 取得した平均単価で、期末棚卸の単価を計算する方法

　次頁で、この3つの単価計算方法をもう少し詳しく見ておきましょう。

● 期末棚卸高の単価を計算する評価方法の例

❶ 先入先出による単価で計算する「先入先出法」

先に仕入れたものを先に売る方法です。つまりあとから仕入れた新しいものが期末棚卸高として残っていることになります。

最初に買ったリンゴ　あとから買ったリンゴ　→　残っているのはあとから買ったリンゴ

❷ 後入先出による単価で計算する「後入先出法」

あとから仕入れたものを先に売る方法です。つまり先に仕入れた古いものが期末棚卸高として残っていることになります。

最初に買ったリンゴ　あとから買ったリンゴ　→　残っているのは最初に買ったリンゴ

❸ 平均単価を使う方法「平均法」

$$\frac{仕入れた金額}{仕入れた数量} = 平均単価$$

グレーの絵の具が入ったコップに、青い絵の具を入れると混ざりあうようなイメージです。または、熱湯が入ったお風呂に水を入れると温度がちょうどよくなるのと同じように、平均化された単価を使う方法です。

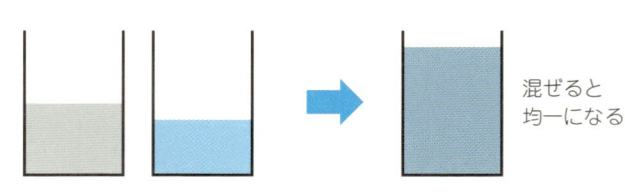

混ぜると均一になる

≪CASE 4≫ 仕入単価が違う場合

　5日目に台風の影響でリンゴの値段が上がってしまいました。昨日まで1個100円（グレーのリンゴ）で仕入れていたのに、今日は1個400円（青いリンゴ）になっています。10個のリンゴを4,000円で仕入れて、10個が5,000円で売れて5個残ったとしたらどうやって原価を計算しますか？

　問題は、4日目までの仕入単価と5日目の仕入単価が違うところです。

　つまり、仕入れ価格が違うリンゴが混ざっているときに1個あたりの期末棚卸高の値段をどう計算するのかということです。

　この場合の計算を見てみましょう。

　① **先入先出法**　先に仕入れたリンゴから順に販売しているとすると、期末棚卸高として残っているリンゴはあとから（5日目）仕入れたものになります。

　この場合の期末棚卸高の計算は「400円 × 5個 ＝ 2,000円」となります。

5日目の原価の計算

期首商品棚卸高	500円（ 5個）	単価100円	← 4日目の営業終了時の在庫
当期商品仕入高	4,000円（10個）	単価400円	← 5日目に仕入れた金額
期末商品棚卸高	▲2,000円（ 5個）	**単価400円**	← 5日目の営業終了時の在庫
原価	2,500円（10個）	単価250円	← 5日目の原価の金額

その結果、粗利は下記のようになります。

5日目の粗利の計算

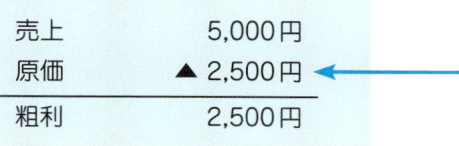

売上	5,000円
原価	▲2,500円
粗利	2,500円

1個400円

残っているのは
1個400円のリンゴ

② **後入先出法** 今日仕入れた新しいリンゴを先に販売しているとすると、昨日仕入れた単価100円のものが期末棚卸高として計上されます。この方法で単価を計算してみましょう。

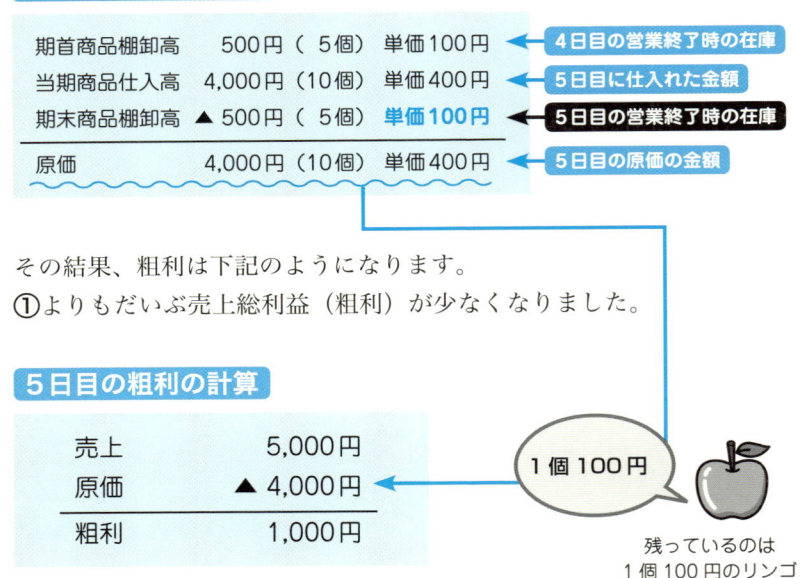

5日目の原価の計算

期首商品棚卸高	500円（5個）	単価100円	← 4日目の営業終了時の在庫
当期商品仕入高	4,000円（10個）	単価400円	← 5日目に仕入れた金額
期末商品棚卸高	▲500円（5個）	**単価100円**	← 5日目の営業終了時の在庫
原価	4,000円（10個）	単価400円	← 5日目の原価の金額

その結果、粗利は下記のようになります。
①よりもだいぶ売上総利益（粗利）が少なくなりました。

5日目の粗利の計算

売上	5,000円
原価	▲4,000円
粗利	1,000円

1個100円

残っているのは
1個100円のリンゴ

③ **平均法** 最後に、いつ仕入れたリンゴが先に売れたのかではなく、平均単価を使って原価を計上する方法で計算してみましょう。

単価の計算

（500円 ＋ 4,000円）÷（5個 ＋ 10個） ＝ 300円
（昨日の在庫＋今日仕入れた金額）÷（昨日の棚卸数量＋今日仕入れた数量）＝ 平均単価

　平均法は仕入れ単価が平均でいくらになるかを計算して使います。このケースでは昨日の在庫の500円と今日仕入れた4,000円をあわせた4,500円が15個分になるので、4,500円を15個で割った平均単価300円を使って期末棚卸高を計算します。そして原価は右頁のようになります。

5日目の原価の計算

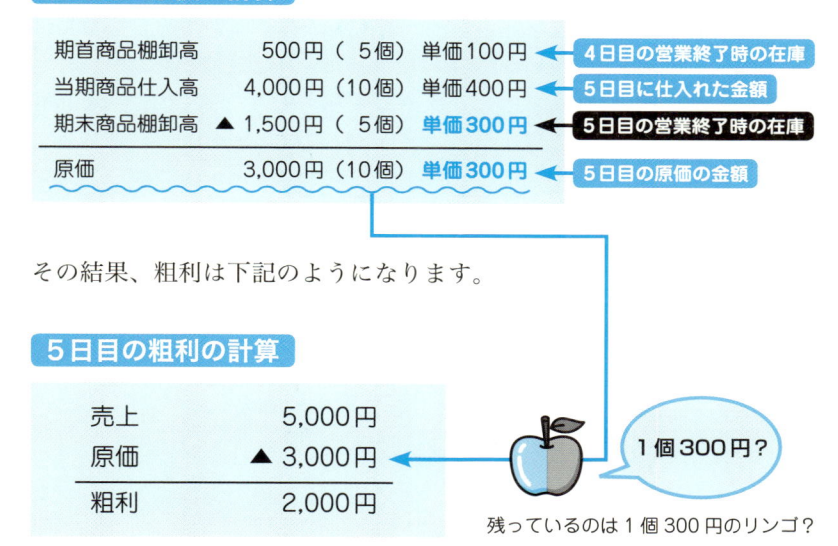

期首商品棚卸高	500円（5個）	単価100円	← 4日目の営業終了時の在庫
当期商品仕入高	4,000円（10個）	単価400円	← 5日目に仕入れた金額
期末商品棚卸高	▲1,500円（5個）	単価300円	← 5日目の営業終了時の在庫
原価	3,000円（10個）	単価300円	← 5日目の原価の金額

その結果、粗利は下記のようになります。

5日目の粗利の計算

売上	5,000円
原価	▲3,000円
粗利	2,000円

1個300円？

残っているのは1個300円のリンゴ？

　単価の計算方法をどうするかによって、粗利がだいぶ変わりました。この単価の計算方法は、会社が決めた評価方法を税務署に届け出をして使います。実際の商品の動きに近い評価方法を選択すると、実際の動きに近い数字が出るのでわかりやすくなります。

　原価の計算のもとになる棚卸資産の評価方法を会社の意思で決定するということは、選択した方法によって粗利が変わるということです。

　粗利は、① **先入先出法** では2,500円、② **後入先出法** では1,000円、③ **平均法** では2,000円となっています。どの評価方法を使うかで原価と粗利が変わるというのは、細かいことのようですが決算書を読むうえで必要な基礎知識なのです。**どの棚卸資産の評価基準、評価方法を会社が採用しているか、評価のしかたによって粗利が違ってくるということを知っていると、会社の数字に対する理解が深まります。**

　製造業の場合は、製造原価の計算が必要になってくるのでもっと込み入ってきますが、卸売り、小売業の考え方が基本にあります。

　リンゴを仕入れて売るだけではなくて、リンゴを仕入れて、加工してアップルパイをつくったりするのが製造業です。アップルパイにするまでには、

リンゴ以外に小麦粉やバター、砂糖などの材料が必要ですし、加工する人の人件費や焼くときの光熱費もかかります。これらの費用を全部あわせて1個あたりの製造原価を計算するので、製造業の計算は複雑になります。

とはいっても、材料も製品もこの `先入先出法` `後入先出法` `平均法` といった考え方を基本に使うことに変わりはありません。

この `先入先出法` `後入先出法` `平均法` 以外にも、`個別法` や `売価還元法` といった評価方法があるということだけ、知っておいてください。

小さい会社では事務負担を軽くする「最終仕入原価法」が便利

実際には、仕入れ単価を出すのに何法を使っているのでしょうか？

小さな会社では先にお話しした方法ではなく、処理を簡略化するために最後に仕入れた単価を使った、「**最終仕入原価法**」を使うことが多いのです。この方法なら最後に仕入れたときの伝票に記載されている単価を使って棚卸資産の計算をすることができるので、経理担当がいないような小さな会社で、なるべく簡単に計算しようと考えたら、この方法が一番便利です。

「原価」の計算 を知るポイント

- どの評価方法を採用するかは、会社の戦略によって変わる
- 棚卸資産の評価方法で何を使っているかによって原価が変わる
  ⇒ その結果、粗利も変わる
- 小さな会社では最終仕入原価法が便利

05 ここ（販管費）をしっかり守り抜くと利益が出る?!

2回① 販売費及び一般管理費 営業利益 の考え方

販管費（販売費及び一般管理）を引き締めると営業利益が出る

　粗利が確認できたら、2回の表と裏はこちらからの攻撃はありません。ここではとにかく会社をしっかり守りましょう。そして通常の営業でどのくらい利益が出ているか営業利益で確認します。営業利益がきちんと出るかどうかは販管費で決まります。

「販管費」は「営業利益」を求める重要な数字

　販管費というのは「販売費及び一般管理費」の略です。商品を販売するためにかかる費用や、会社を運営するためにかかる費用が販管費です。新しい商品を開発する費用なども販管費に入ります。さまざまな費用が販管費の中に混ざっているので、販管費は、まず全部でいくらかかったのかをザクッと確認してから、気になる費用を細かく調べるようにします。
　粗利から、販管費を引いて出る利益が「営業利益」です。
　営業利益とは、営業をして出た利益のことです。つまり、本業でどれだけ儲けたかを見るのが「営業利益」です。

● 営業利益の求め方

営業利益　＝　粗利　－　販管費

「販売費」と「一般管理費」を理解しよう

　販管費のうち、商品を販売するためにかかった費用を「販売費」といいます。商品を販売するためにかかる人件費、商品の広告宣伝のための費用、商品を発送する費用も販売費です。販売した領収書に貼る収入印紙代も租税公課として販売費に入ります。

　また、**役員や事務員のお給料、事務所の家賃や水道光熱費のように、直接、販売には関係しなくても必要な費用を総称して「一般管理費」**といいます。

　これらの費用は、「販管費」として処理されます。

≪販管費で注意しなくてはいけないこと

　それは、意識して出費を抑えないと使いすぎてしまう傾向にあるということです。そもそも必要なかった費用が、いつの間にか膨れ上がってしまうこともよくあります。**予算を考えて、販管費の内容を意識して定期的にチェックし、その支出が会社の「利益を出す」という目的のために働いているかしっかり見つめます。**支出しなかったらどうなっていたか、支出の効果を見ながらバランスを取るのが理想です。

　販管費の内訳を見ると、一覧になってたくさんの費用が表示されます。どの費用がどのくらいかかっているか、前年と比べてどのくらい増減しているのか、その原因は何なのか、同じ規模の同業他社と比べて自社の販管費がどうなのか、しっかり比較しましょう。過大にかかっている費用があったら、その目的の確認と成果がどのくらい出ているのか、今後成果が出る見込みがあるのかといったポイントを押さえたうえでチェックします。利益を出すために支出していてもその支出に見あった行動をしなければ宝の持ち腐れです。必要な支出とその使い方を、販管費を見つめてしっかり検証します。

≪販管費の中にある「通信費」を例にとって検証してみよう

　通信費は、今まで使っていたものをそのまま同じように使っていて不自由していないかもしれません。それでも現在の通信費は、昔と比べて過大になっています。固定電話の代金がしっかりかかっていて、加えて携帯電話代やWi-Fi回線などの使用料がかかっています。この支出は絶対に減ら

ないものなのか？　という視点で考えます。

　同じ効果でも、電話の使い方は、今の使い方が時代にあった最も合理的な方法なのかどうか、検討する価値は十分あります。今最適なものでも、2年も経たないうちに最適でなくなっているのがあたりまえですからね。

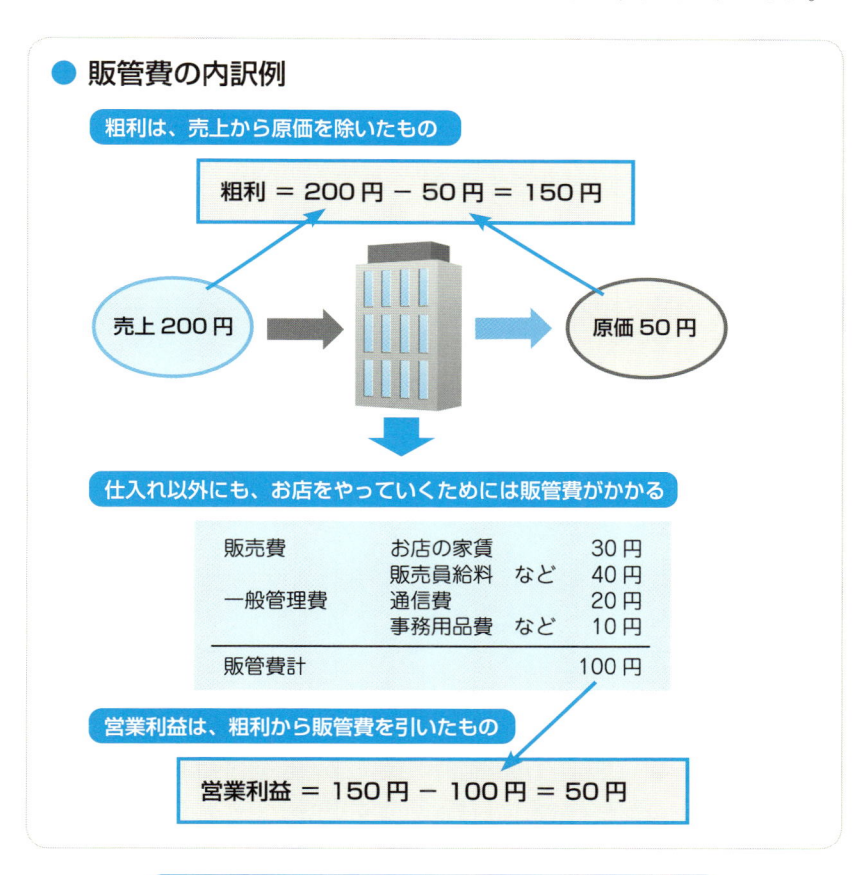

● **販管費の内訳例**

粗利は、売上から原価を除いたもの

$$粗利 = 200円 - 50円 = 150円$$

売上 200円　→　原価 50円

仕入れ以外にも、お店をやっていくためには販管費がかかる

販売費	お店の家賃		30円
	販売員給料	など	40円
一般管理費	通信費		20円
	事務用品費	など	10円
販管費計			100円

営業利益は、粗利から販管費を引いたもの

$$営業利益 = 150円 - 100円 = 50円$$

販管費　営業利益　を知るポイント

- 2回の表では攻撃はしないで、裏でしっかり守る
- 営業をしていてどれだけ利益が出るのか、2回の表裏で見る
- 営業利益を出すために無駄な支出がないかどうか検討する

06 長く使うものは使用できる期間で償却する

2回② 販管費の 減価償却費 を知っておこう

利用する期間で費用になる減価償却費

　売上と原価を対応させるのと同じ考え方なのですが、高額のものを取得して何年も長期間にわたって使用する場合は、支出したときの費用ではなく使う期間に分けて、減価償却費として費用を計上することになっています。そんな「減価償却費」はいろいろある販管費の中でも、支出したときと費用になるときとで金額が大きく違う、変わった性格をした費用です。

減価償却の考え方

　たとえば100万円で車を購入したら、普通は何年も使います。車は、1度使ったら価値がなくなってしまうということはありません。そういった長く使える資産を購入したときに、一括で費用に計上してしまうと、何年も利用するという実態との整合性が取れなくなってしまいます。そのため、利用する期間で費用配分することにしたのです。売上と原価のように直接対応関係はありませんが、**この車は支出した金額を利用する期間に対応させて減価償却という形で経費にしていきます。**

減価償却の決めごと ❶〈償却期間〉

　減価償却する資産の種類、利用できる期間（耐用年数）、償却方法については、省令で定められています。なかでも耐用年数はその資産の素材や性質によって細かく決められているのです。たとえば車の耐用年数は、乗用車は6年、貨物自動車は5年、ダンプ式の貨物自動車は4年と、実際に

利用できる期間をもとに細かく耐用年数が決まっています。

　省令で規定されているため、ときどき改正もあります。たとえばパソコンなら、昔は何年も使っていたので耐用年数は6年でしたが、今は安価で性能のよいものに頻繁に買い換えられるようになったため、4年に変更されています。

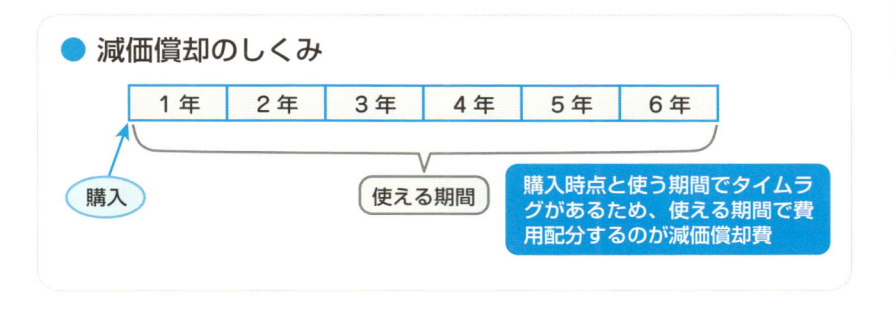

● 減価償却のしくみ

| 1年 | 2年 | 3年 | 4年 | 5年 | 6年 |

購入　使える期間

購入時点と使う期間でタイムラグがあるため、使える期間で費用配分するのが減価償却費

減価償却の決めごと ❷〈償却方法〉

　減価償却の方法については、「**定額法**」「**定率法**」などが代表的です。税務署に届け出ることで償却方法を決定したり、変更したりすることが可能です。

　ここで1つ知っておくと便利なのが、**会社の場合には税務署に届け出た償却方法を使って計算した「償却限度額の範囲で減価償却費の計上をする」**ということです。範囲内でいいということは、使っていなければゼロでもかまわないということです。極端なことをいうと、当期は使っていないので減価償却しないという選択もあるのです。償却しなかった場合には、そのあとの残りの期間の償却は今までどおりの償却となるので、償却限度額が増えるということはなく、償却する期間が長引くことになります。

　どんな償却方法を選択していたとしても、償却しないとか一定額まで償却するとかいうことができてしまうので、注意が必要です。**原価以上に、管理者の意思決定によって利益が変わってくる項目**なのです。資産を取得したときに、毎期の償却限度額がわかるわけですから、減価償却費を計上すると利益が出ないなんていうことのないように、償却限度額いっぱいに償却を行って、きちんとした利益を出すことを前提に、販管費全体の支出を考えなくてはいけないのです。

71

償却限度額の計算のしかたを理解する

≪❶ 定額法

　定額法は毎年の償却額が一定額になる償却方法です。費用配分が毎年均等になるのでわかりやすい償却方法です。具体的には、償却限度額は取得価額に定額法の償却率を乗じて計算します（下記参照）。

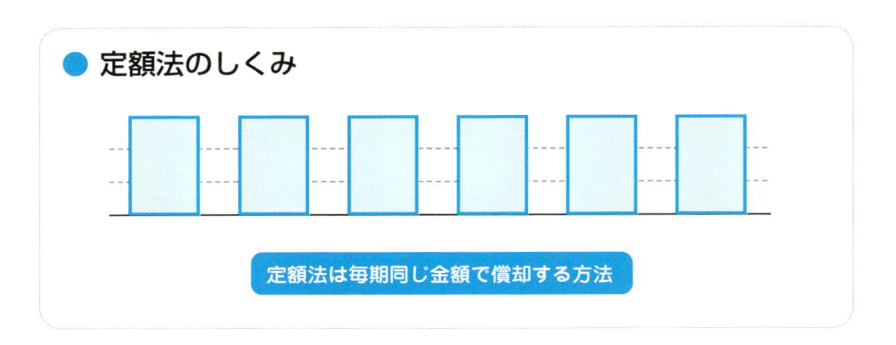

● **定額法のしくみ**

定額法は毎期同じ金額で償却する方法

定額法の計算例

　先ほどの100万円の車の場合、新品の乗用車の耐用年数は6年と決まっているので、定額法の償却限度額の計算は次のようになります。

100万円 × 0.167※（定額法償却率）× $\frac{12}{12}$（当期利用した月数）
　　　　　　　　　　　　　　　　　　　　　　　　＝16万7,000円

※ 定額法償却率：この場合6年で償却するので「1 ÷ 6 = 0.167」となります。

　5年間は毎年16万7,000円ずつ償却していき、6年目は残りが1円になるまで償却できます。**最後に1円残すのは、資産を帳簿に記録しておくため**です。

≪❷ 定率法

　定率法は初年度に一番償却限度額がたくさん計上されて、毎年償却限度額が少なくなっていく方法です。技術革新が速くてすぐに陳腐化しやすい

資産に適しています。定率法の償却限度額の計算は、期首の簿価（未償却残高）に毎期一定の定率法償却率を使って計算します（下記参照）。毎期償却を行っていると期首の簿価はだんだん少なくなっていくので、1年目より2年目、2年目より3年目と、だんだん償却限度額が少なくなっていきます。

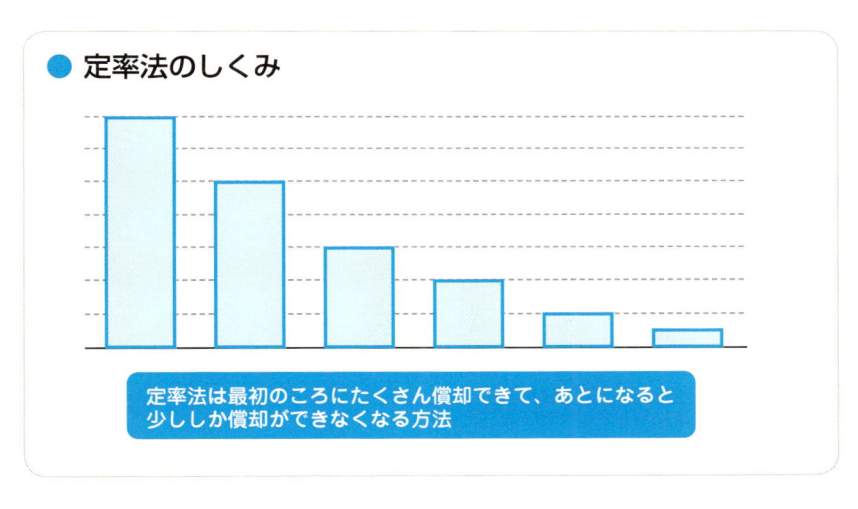

● **定率法のしくみ**

定率法は最初のころにたくさん償却できて、あとになると少ししか償却ができなくなる方法

定率法の計算例

1年目
償却限度額 100万円 × 0.333 × $\frac{12}{12}$ = 33万3,000円
　　　　　　　　　　　（定率法償却率）（当期利用月数）

※ 定率法償却率：定額法償却率の200%となるので、
　　　　　　　「（1÷6年）× 200% = 0.333」となります。

期末簿価 100万円 － 33万3,000円 = 66万7,000円

2年目
償却限度額 66万7,000円 × 0.333 × $\frac{12}{12}$ = 22万2,111円
　　　　　　　　　　　　　（定率法償却率）（当期利用月数）

期末簿価 66万7,000円 － 22万2,111円 = 44万4,889円

定額法と定率法の使い分け方

　定額法を利用すると、毎期の減価償却費の金額が一定になります。定率法は定額法よりも早く償却が行われるため、設備投資の効果がすぐに出て利益が多く見込める場合は定率法を選択したほうが節税になって有利だと考えられます。しかし、創業時などで早く利益を計上したいときには定額法を採用したほうがいいかもしれません。どんな償却方法を使っても、長い目で見ると償却できる金額は一緒です。**償却方法によって違うのは、償却する時期が早いか遅いかということだけ**です。

会社の減価償却は個人事業のものとは違う

　誤解があるといけないので付け加えておきますが、個人で事業をしている人が確定申告を行う場合は、会社と違って減価償却するかどうかを選ぶことはできません。個人の減価償却は、会社の減価償却とは違うということだけは押さえておいてください。

減価償却費 を知るポイント

- **定額法でも定率法でも、そのほかの償却方法でも早いか遅いかの差で償却できる金額の合計額は同じ**
  - ⇒ 定額法よりも定率法のほうが、早期に償却するから節税ができる
  - ⇒ 定率法よりも定額法のほうが、当初の償却額が少ないので早く利益を出したいときに有利
- **会社の場合はどの償却方法を使うか届け出ることで選択ができる**
  - ⇒ 個人事業ではできない
- **法人は償却限度額の範囲で償却が可能**
  - ⇒ 個人事業では償却限度額まで必ず償却する

07 営業外収益と営業外費用を含めた利益が本当の勝利

3回 本業以外の収支を含めて利益（経常利益）がどれくらい出るのか？

損益計算書の1番のポイント

　何か特別なことがあって、華やかな席で豪華なものを食べることがあっても、日常生活で何年もカップラーメンばかりを食べる生活をしていたら栄養失調で倒れるかもしれません。その逆で普段からちゃんとしたものを食べていれば、1食2食食べなくてもおなかがすくだけで、体調を崩すまでには至らないものです。

　普段の状態がとても大事なのは会社も同じで、「当期純利益」がたくさん出ていると一見いい状態に見えますが、それが実は何か特別なことが起こった結果だとしたら、普通の状態では大赤字かもしれません。会社の普段の状態は「経常利益」で確認しましょう。

「営業外」の項目は「経常利益」を求める重要な数字

　本業以外の業務で、毎期発生している収支を計上するのが「営業外」の項目です。

　手元の資金を銀行で運用した利息収入や、よその会社に出資をして受け取った配当金、本業以外で不動産の賃貸収入があれば、これらは「営業外収益」になります。また、お金を借りて支払利息を払ったら「営業外費用」になります。

● **本業以外の収入にはどんなものがある？**

> ① 運転資金を預けている口座の受取利息や配当金
> ② 本業以外の不動産の賃貸収入
> 　　　　　　　　　　：

　もちろんたくさん当期純利益が出るのはいいことです。ですが、その利益の源泉がどこから来たものなのかがもっと大切だということです。**経常利益がしっかり出ていれば、普通に営業しているかぎり「本業＋本業以外の収入」で、利益がちゃんと出るはず**です。だとすると、翌期の利益も期待できることになります。「だから経常利益をしっかり出した会社がいい！」損益計算書の経常利益を、こんな見方ができたらまず合格です。

● **経常利益の求め方**

> 経常利益 ＝ 営業利益 ＋ 営業外収益 － 営業外費用

営業外費用の注意点：利息の支払いと借入金の元本の返済は要注意

　営業外費用には、「支払利息」が入ります。利息の支払いと借金の返済はたいてい同じ預金口座から一緒に引き落とされますが、**借金の返済分は費用にはなりません。利息分だけしか費用にならないというところがポイント**になります。

　「借入金」に関して間違えやすいのが、資金を借りて預金の残高が増えたとしても、収入にはならないし、その逆で返済して資金が全然なくても返済額は費用にはならないということです。これは利益が出ているのにお金がない原因のひとつです。

　銀行に支払っている金額のうち、営業外費用になるのは借入金の支払利息だけで、借入金の返済の元本部分は営業外費用には反映しないということです。そのため、利益が出ているのに資金が足りないということが起きます。その場合、その利益では返済原資として足りないということになり、

● 利益が出ていても資金が足りなくなることがある

売上	1,000
原価	−400
粗利	600
販管費	−400
営業利益	200
営業外損益	−100
経常利益	100
特別損益	50
税引前当期純利益	150
法人税及び住民税	−40
当期純利益	110

当期純利益が110円出ていても、借入金を200円返済しなくてはならないとすると、資金が足りません。その場合は、追加してお金を借りなくてはいけないこともあります

追加してお金を借りなくてはいけないこともあります。

営業外収益で儲けを出している会社もあります

　がんばって本業で売上を増やそうとして、それまで以上に経費をかけてしまうことがあります。売上を伸ばそうとして、かえって経費を増やしてしまうパターンです。そんなときでも営業外収益は力強い味方になります。

　営業外収益というのは、本業による収益ではありませんが、会社の利益に大変重要な役割を果たしてくれる可能性があります。本業では利幅が薄くてほとんど営業利益を出すことができなくてどうにもならない会社が、本業に関連する会社への紹介手数料を定期的に得ていたり、空きスペースを利用した家賃収入といった付随収入を得ることで、営業外収益でしっかり利益を出すこともできるのです。

　決して本業ではない営業外収益ですが、あなどらずに発想の転換や創意工夫をすることで、本業を超える利益を出すことも十分に可能なのです。

　ですから営業利益が出ていないからといってあきらめるのではなく、チャンスの芽をしっかりと伸ばしていく工夫をすることが大切なのです。

● 営業利益がゼロでも営業外収益のおかげで税引前当期純利益の計上は可能になる

損益計算書

原価	400	売上	1,000
販管費	600		
営業外費用	200	営業外収益	500
特別損失	100		
当期純利益	300	特別利益	100

営業利益ゼロ
[売上 －（原価 ＋ 販管費）]

営業外損益 300
営業外収益 － 営業外費用

```
売上                1,000
  原価                400
  粗利                600
  販管費              600
  営業利益              0
営業外損益            300
  経常利益            300
特別損益               0
  税引前当期純利益    300
```

営業利益ゼロでも

営業外損益
（営業外収益 － 営業外費用）
がそのまま税引前当期純利益に

営業外収益　営業外費用　経常利益 を知るポイント

- 営業利益に営業外収益を足して営業外費用を引いたものが、経常利益
- 本業以外にどれだけ利益が出せるかで勝敗が変わることもある
- 借入金の支払利息は営業外費用
- 借入金の元本の返済は営業外費用には入らない

第3章 損益計算書の利益率と経費率

　損益計算書の数字を見て利益の状態を判断するためには、判断基準があると便利です。判断基準になるのは、同業他社の数字や過去の自社の数字です。そのときに数字を直接比較するよりも、見やすい「利益率」を使うと非常に便利です。

　この章では損益計算を比較するために、どんな「率」をどう使うのかということをお話ししていきます。この章の目標は次の2つです。

● この章の目標

> ❶ 損益計算書の利益率を使って比較すること
> ❷ 損益計算書のどの利益率がどうなっていればいいのかがわかること

　同業他社と比較して利益率がどうなのかがわかって、利益率が悪いのなら同じところまで改善する余地があるということです。利益率が他社と比較して劣っていたら、その理由を考えましょう。そのためのベースになるのが利益率です。

● 決算書で比較検討するためには「利益率」を使うこと

> ❶ 粗利率
> ❷ 営業利益率
> ❸ 経常利益率
> ❹ 当期純利益率

01 損益計算書の「利益率」で「会社の収益性」を比較する

粗利率（売上総利益率）と原価率で比較する

利益率の中で1番最初に見るのが「粗利率」

　会社の損益計算書はバッターの打率と同じように「利益率」を見ます。売上に対して出る利益の率を、「粗利率」を使って比較します。1,000円の売上に対して、経費がゼロなら1,000円の利益が出るので、粗利率は100％になります。1,000円の売上に対して321円の粗利が出ていたら、粗利率は32.1％ということです。

　この1,000円の売上で321円の粗利の会社と、700円の売上で300円の粗利の会社とを比較したいと思っても、パッと比較できるものではありません。そんなときに使うのが粗利率です。

　粗利率を使うことで数字がより鮮明に見えてきて、決算書を比較したり検討することが簡単にできるようになります。

❶ まずは、粗利率で比較する

　損益計算書でどんな利益がどのくらい出ているのかがわかったら、過去と比べてどうだったのか、他社と比べてどうなのかを比較してみましょう。

　決算書を業界平均データと比較したり自社の過去のデータと比べたりすることで、自社の問題点や目標など、いろいろなことがわかります。ただ**決算書の数字をそのまま使って比較しようと思ってもわかりにくいため、粗利率を使って、売上に対してどのくらいの割合で利益が出ているのかを比較します。**売上総利益率を使うと、売上が違う同業他社との比較や自社の過去のデータとの比較が簡単にできるようになります。

　損益計算書の利益率で一番最初に見たいのは「粗利率」です。**粗利率は、売上に対して粗利がどのくらいの割合で出ているかを見る率**です。

● 粗利率（売上総利益率）の求め方

$$粗利率 = \frac{粗利}{売上} \times 100（\%）$$

　たとえば、A社から600円で仕入れて1,000円で販売すると粗利が400円になるので、粗利率は400円 ÷ 1,000円 × 100% ＝ 40%となります。同じ商品をB社から550円で仕入れられたら、粗利は1,000円 － 550円 ＝ 450円となるので、粗利率は450円 ÷ 1,000円 × 100% ＝ 45%となり、5%アップします。単純に、A社から仕入れるよりB社から仕入れたほうが粗利率が大きくなります。**基本的には粗利率は大きければ大きいほどよい**のです。

❷ 粗利率と相関関係にある原価率

　粗利率と原価率は表裏一体です。簡単にいってしまうと、粗利率が20%なら原価率は80%となって、足すと100%になるような関係です。**「原価率」は「原価」を「売上」で割って計算します。**

● 原価率の求め方

$$原価率 = \frac{原価}{売上} \times 100（\%）$$

「粗利」は「売上」から「原価」を引いて計算します。

● 売上と粗利、原価の関係

売上 ＝ 原価 ＋ 粗利 ➡ 原価率 ＋ 粗利率 ＝ 100%

　要するに、**原価率と粗利率を足すと100%になる**のです（次頁図参照）。

原価率は低ければ低いほどいい、そして粗利率は高ければ高いほどいいのです。

　では原価率が低ければ低いほどいい（＝ 粗利率は高ければ高いほどいい）というのなら、それだけを追い求めればよいのでしょうか？　原価率を抑えた結果、商品の品質が下がったり、同じ商品であってもマイナス要因がついてしまうとしたら、答えはそう簡単ではありません。

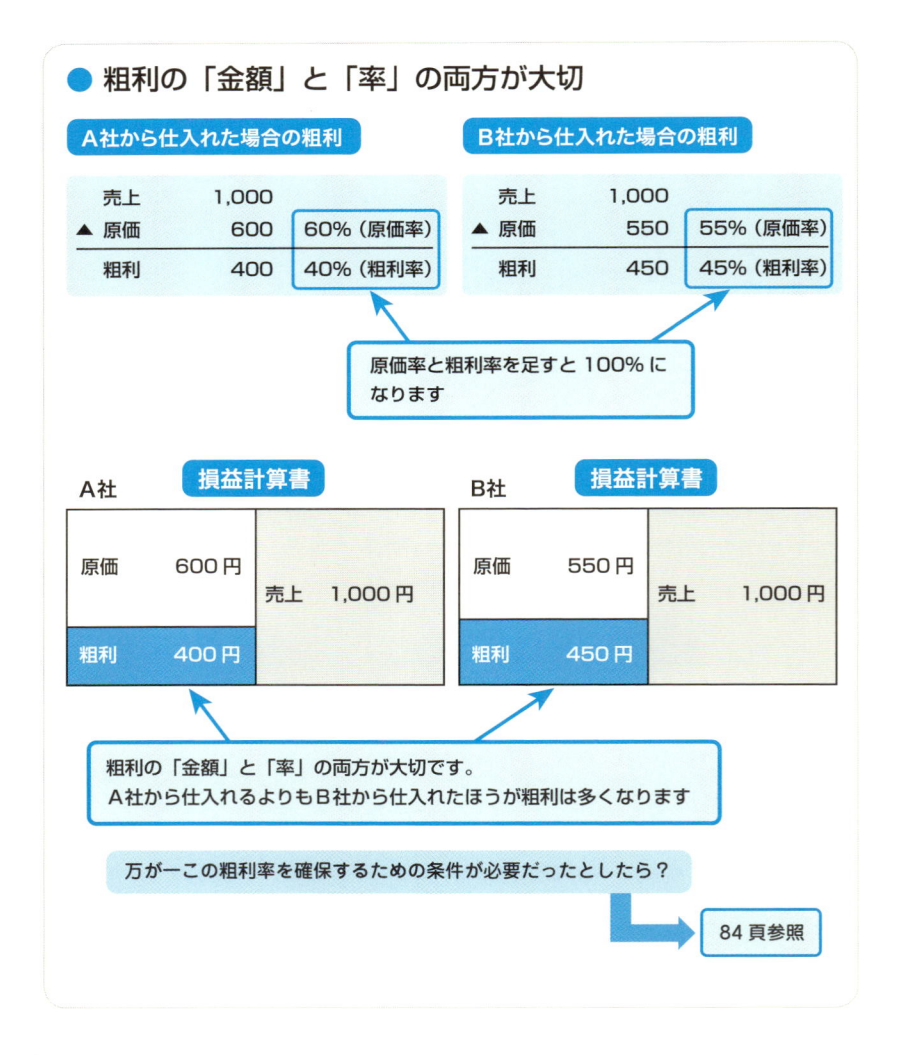

● 粗利の「金額」と「率」の両方が大切

A社から仕入れた場合の粗利

売上	1,000	
▲ 原価	600	60%（原価率）
粗利	400	40%（粗利率）

B社から仕入れた場合の粗利

売上	1,000	
▲ 原価	550	55%（原価率）
粗利	450	45%（粗利率）

原価率と粗利率を足すと100%になります

A社　損益計算書

| 原価 | 600円 | 売上 | 1,000円 |
| 粗利 | 400円 | | |

B社　損益計算書

| 原価 | 550円 | 売上 | 1,000円 |
| 粗利 | 450円 | | |

粗利の「金額」と「率」の両方が大切です。
A社から仕入れるよりもB社から仕入れたほうが粗利は多くなります

万が一この粗利率を確保するための条件が必要だったとしたら？
→ 84頁参照

売上を増やすよりも粗利率を
上げる工夫を優先させる

　今よりももっと利益を出そうと思ったら、たいてい売上を上げることを最初に考えます。

　しかし粗利率を増やす工夫をすれば、無理をして売上を増やさなくても利益を増やすことができます。たとえば100万円の売上で粗利率が1%なら、粗利は1万円です。利益を2万円に増やそうと思ったら、倍の売上が必要になります。ですが、工夫をして経費を削ることで粗利率を倍の2%にすれば、同じ効果が得られるわけです。もちろん経費を削るにはそれなりの工夫が必要ですが、売上を上げて維持するよりも、経費を削減するほうが簡単なことが多いのも事実です。

　ですから、**まずは粗利率を上げるための工夫をして、その次に売上を増やす努力をするという順番を守ることが大切**なのです。

粗利率（売上総利益率）　原価率 を知るポイント

- **金額だけでなく、利益率で比較する**
  - ⇒ 粗利率は高ければ高いほうがいい
- **利益を増やしたかったら粗利率が増やせないかを考える**
  - ⇒ 利益を増やすには売上を「❶ 増やす」「❷ 粗利率」を増やす
    どちらを使うかは自由ですが、経費を抑えて粗利率を増やすと、確実に利益が出る
- **粗利率と原価率は相関関係にある**
  - ⇒ 原価率が上がった結果、粗利率は下がる
    原価率が下がった結果、粗利率は上がる

02 利益率が上がっても資金が足りなくなることがある
粗利率（売上総利益率）を上げるためにはどうする？

まず最初に考えるポイント

　同じ商品を仕入れるのであれば、安く入手したほうがいいと誰でも思います。安定的に安く供給できて販売できればそれが一番です。企業努力でそれが可能であればもちろんそうするべきですが、そううまくいかないのが現実です。

商品を安く仕入れれば粗利率（売上総利益率）は上がるけど……

　1,000円で販売するリンゴをA社から600円で仕入れるのをやめてB社から550円で仕入れると粗利率は5％改善されます。ですが仕入れ単価が安くなっても1箱10個単位で仕入れるのが条件だったとしたらどうなるでしょうか？

　1個1,000円で売るので、確かに粗利率は5％増えて粗利も1個あたり50円増加します。販売数量が3個だとしたら、粗利は150円増加します。損益計算書のうえでは利益が増えてよかったということになります。

　粗利が増加したのはよかったのですが、それだけで本当にいいのか検証してみましょう。10個単位で仕入れて、3個売れたとするとまだ在庫が7個あります。550円×7＝3,850円分の在庫があって、代金も支払わないといけません。損益計算書上は1,350円（3,000円 － 1,650円）の粗利が出ていますが、**この粗利ではまだ売れていない7個分の支払いに充てるには不十分**です。

● 1個600円で仕入れた場合と550円で仕入れた場合の粗利の違い

A社から600円で仕入れた場合

売上	3,000	
▲ 原価	1,800	60%（原価率）
粗利	1,200	40%（粗利率）

B社から550円で仕入れた場合

売上	3,000	
▲ 原価	1,650	55%（原価率）
粗利	1,350	45%（粗利率）

150円増加する

5%改善される

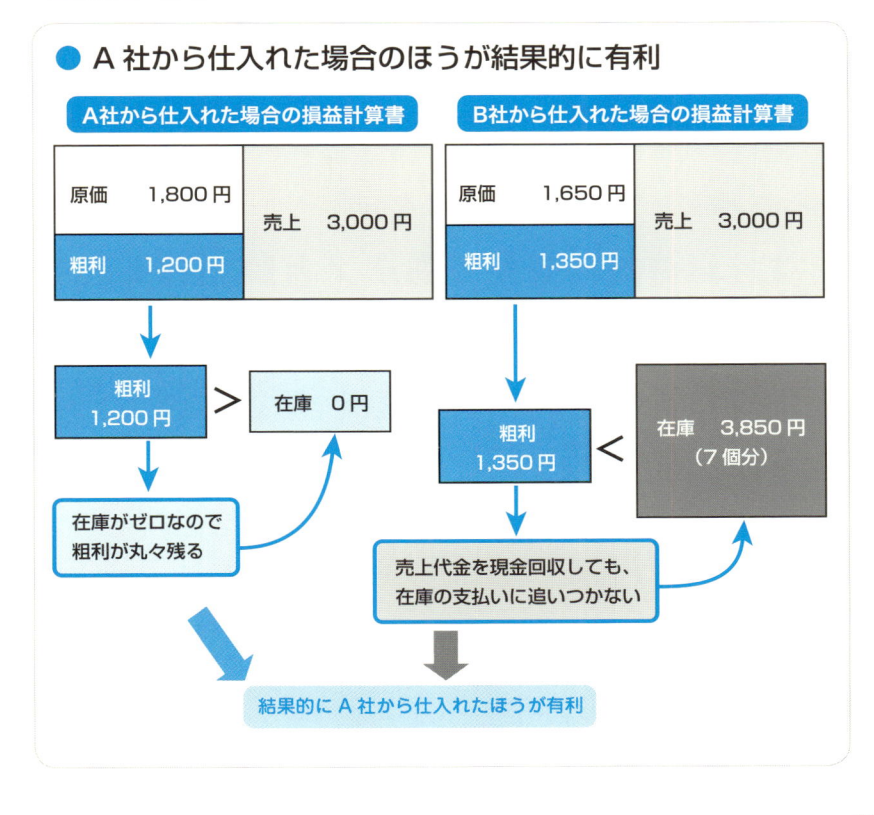

● A社から仕入れた場合のほうが結果的に有利

A社から仕入れた場合の損益計算書

原価　1,800円
粗利　1,200円
売上　3,000円

粗利 1,200円 ＞ 在庫 0円

在庫がゼロなので粗利が丸々残る

B社から仕入れた場合の損益計算書

原価　1,650円
粗利　1,350円
売上　3,000円

粗利 1,350円 ＜ 在庫 3,850円（7個分）

売上代金を現金回収しても、在庫の支払いに追いつかない

結果的にA社から仕入れたほうが有利

1つずつ仕入れして1つずつ売っていれば、資金が足りなくなることはありません。結論としては、5％粗利が低くなったとしても、これまでどおりA社から仕入れたほうが、粗利の1,200円が丸々手元に残るので、会社を運営していきやすいということになるのです。

スケールメリットを生かせば粗利率は上がる？

　ではB社から10個単位で仕入れを行って利益率を上げたいと思ったら、どうすればいいのでしょうか？　答えは、**資金が不足しないように販売数量を増やせばいい**のです。B社から10個仕入れて6個売れたとします。
　在庫は550円 × 4個 ＝ 2,200円になります。粗利が2,700円出ているので（右頁図参照）、単純計算すると、在庫分の支払い（2,200円）をしても資金が不足することはありません。これなら、B社から仕入れることを検討する余地があります。さらにいうと、この商品を資金が不足することなく売り切る見込みがあるなら、5％の粗利率アップを達成できる可能性があるということです。つまり、B社から購入するという選択をすることで、スケールメリットによる粗利率のアップが期待できるのです。

損益計算書だけを見てもダメといわれる理由

　ここまで損益計算書のお話をしてきましたが、自分の会社の状態で、A社とB社とどちらから仕入れたほうがいいのかを考えてみると、**損益計算書の粗利率だけを見て判断してはいけない**ということがわかったわけです。B社から買って損益計算書で利益率が増えたというのは、利益が出ているかどうかという側面を見ているにすぎません。B社から購入して利益を出せるくらいの販売能力があるなら、もちろんB社から購入するのがベストです。ほんの少しがんばれば10個売れるという場合もB社からの購入が選択肢に入るわけですから、検討の余地があります。さらにいうなら、後述する第4章の貸借対照表を見て、資金面で余裕があるのなら、もっと選択の幅が広がることにもなります。**損益計算書はあくまでも、利益が出ているかどうかを見るためのもの**であるということを理解して、**単純に粗利率が高いという理由だけで最終判断をしない**ようにしましょう。

● B社から仕入れて6個売れた場合の粗利

B社から仕入れた場合の損益計算書

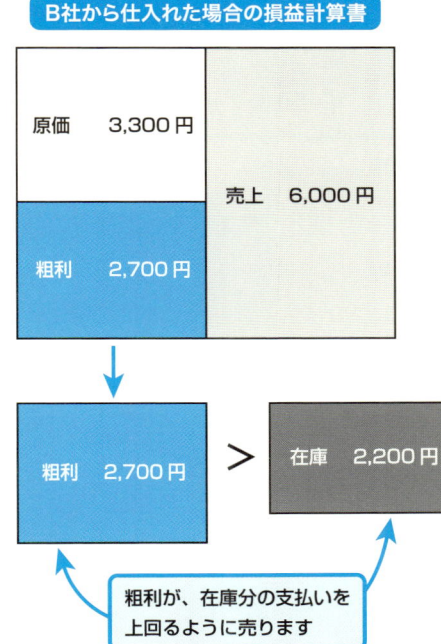

原価　3,300円
売上　6,000円
粗利　2,700円

粗利　2,700円　＞　在庫　2,200円

粗利が、在庫分の支払いを上回るように売ります

粗利率 を上げるためのポイント

- **安く仕入れれば粗利率は上がる**
  ⇒ 同じ商品が安く手に入るなら安いほうがいい
- **利益を増やすには2つの方法がある**
  ⇒ ❶ 売上を増やす
  　❷ 粗利率を増やす（粗利率を増やすと確実に利益が出る）
- **粗利率だけを見て判断しない**
  ⇒ 必ず次章の貸借対照表で資金面の確認をする

03 同業種平均と比較して、営業利益率を把握しよう

営業利益率 は事業の改善ポイントを教えてくれる

損益計算書はテストの結果と同じ

　学生時代にテストを受けると、平均点や順位が出て、自分が全体のどのあたりにいるのかすぐにわかりました。自分の得点が低かったとしても、平均点が低かったら先生の教え方に問題があったのかもしれません。テストの得点や順位を見るだけで見直ししない人は次回のテストでもあまりいい成績は残せていません。今の自分の実力が平均やトップからどのくらい離れているのか確認して、目標を持って間違った問題を復習し、次のときに同じ間違いをしないように復習した人は確実に実力を上げていきました。

　会社の損益計算書を見て、当期の売上に対してどのくらいの割合で利益が出ているのかがわかると、どの支出が多すぎたのか？　カットできる支出はあるのか？　そういったことがわかるようになります。テストの結果を見て、次回にそれ以上の結果を出すための努力をするのと同じように、**営業利益率を見て現状を把握し、業績を改善させる手がかりにする**のです。

営業利益率を使って同業他社と比較する

　会社の損益計算書は、数字を眺めただけでは改善しません。まず、同業他社の平均値と比較すると、自社の問題なのか業界全体の問題なのかがわかります。**同業他社の数字は経費の使い方が似たような傾向になるので、とても参考になります。**現在の状態をしっかり把握することは、将来への対策につながるのです。自社の現在の取引規模（売上、人数、売り場の面積など）から将来の取引規模を勘案し、目標を設定するわけです。

　会社の数字は、学校のテストのように満点が100点と決まっているわけではないので、営業利益率を使って、自社の過去データや同業他社の平均

と比較します。事業の規模が違っていても「営業利益率」を使うと比較しやすくなります。業界全体の「営業利益の金額」と「営業利益率」を自社のものと比較すると、改善幅の大まかな目安が出てきます。

「営業利益率」は「営業利益」を「売上」で割って計算します。

● 営業利益率の求め方

$$営業利益率 = \frac{営業利益}{売上} \times 100 \, (\%)$$

損益計算書と営業利益率で任天堂の経営を分析してみる

　ここでゲーム業界大手の任天堂の2013年3月期までの4期比較の損益計算書と営業利益率を比較してみました。

　ゲーム業界ではヒット商品が出るかどうかで大きく営業利益率が変わります。任天堂が3DSを2万5,000円という高価格で発売してから3週間目に大震災が起こりました。そんなことも影響してか売上が伸びなやみ、発売から半年経ったときに思い切って1万円の値下げに踏み切りました。この値下げによって、販売台数は爆発的な伸びとなりました。ところがこの1万円の値引は40％引きで販売するということですから、逆ざやとなって売れれば売れるほど赤字となってしまったわけです。ゲーム業界の粗利率は平均で31.52％ですから、40％の値引をしてしまった段階で逆ザヤになるのは間違いありませんでした。原因はそればかりではないにしても、2012年3月期の営業利益率のマイナスは痛いものでした。

　確かに赤字は痛かったのですが、赤字になることより**生産した商品のほとんどが売れ残っている状態のほうが問題だったので、これは正しい切り抜け方でした。**ゲームの販売はハードとソフトがあるので、ハードが売れなければどんなにいいソフトを開発してもソフトの販売本数も伸びることはありません。

　赤字が出ても目的を持って販売するという姿勢を貫くのは難しいことですが、ここはぜひ真似したいところです。

● **任天堂の2013年3月期までの4期比較の損益計算書**

粗利、営業利益率ともに早期回復が望まれます

損益計算書	2010年3月	2011年3月	前年比%	2012年3月
売上	1,434,365	1,014,345	71%	647,652
原価	859,132	626,380	73%	493,997
粗利	575,233	387,965	67%	153,655
(粗利率)	40.10%	38.25%		23.72%
販管費	218,666	216,889	99%	190,975
営業利益	356,567	171,076	48%	−37,320
(営業利益率)	24.86%	16.87%		−5.76%

※ すべて連結決算

　同社の損益計算書を4年分比較してみると、明らかに売上が減少しています（❶）。この時点で問題なのは、売上が減少しているにもかかわらず販管費の減少幅が少ない点です（❷）。

　売上の減少に見あった販管費の削減策をもっと取るか、開発や広告宣伝にもっとお金をかけて積極策に出るか、意見が割れるところです。

　業績が悪くなっているにもかかわらず販管費が減らない理由は、新商品の開発のための費用が増加していることが1つの原因です。得意ではない分野の試験研究を行っているためという話もあります。ヒット商品を出すことが生き残りの条件のような業界ですから、当然といえば当然です。

　この後、2015年3月期、2016年3月期、2017年3月期と売上高の低迷期が続きましたが、2018年3月期以降には目覚ましい回復を成し遂げています。

　2019年3月期は売上高で1,200,560百万円、粗利率41.75%、営業利益率20.8%となっていて見事な回復ぶりとなりました。

❶ この4期を比較すると粗利率、営業利益率の低下と3年前の売上からの低下（3年前比44%）の両方が問題です

同業他社の営業利益率と比較しても、自社の過去データと比較しても、まだ回復できていません。
※2014年3月の同業他社の利益率の平均値は6.63%です。

単位：100万円

前年比%	2013年3月	前年比%	3年前比%	同業種平均
64%	635,422	98%	44%	70,130
79%	495,068	100%	58%	48,021
40%	140,354	91%	24%	22,110
	22.09%			31.52%
88%	176,764	93%	81%	17,456
−22%	−36,410	98%	−10%	4,654
	−5.73%			6.63%

❷ 4期の比較で売上44%、粗利24%に対して、販管費が81%という状況なので、もっと販管費の削減をしたいところです

営業利益率 を知るポイント

- 生産した商品が売れ残る ⇒ 在庫が過剰になる ⇒ 資金繰りが困難になる
  ⇒ 赤字が出ても販売すること！
- 業界平均と比較して、業界の特異性を見たうえで自社の状態を過年度と比較する
- この業界の本当の問題は、何なのかを考えながら利益率を見る

04 経常利益を出すために、営業外収益も収入源にする

損益計算書で一番重要なのは 経常利益率

営業利益が出ていなくても挽回のチャンスはある

　売上が少なくても、常に費用があまりかからないように努力することで営業利益率は確保しやすくなります。とはいうものの、本業をそのままやっていただけでは営業利益率は上がらない場合もあります。そんなときには、経常利益率を上げる方法がないか考えます。

　たとえば、遊休不動産を持っていたら、その不動産を賃貸すれば確実に毎月の収入となり、経常利益率を改善することが可能になります。

　本業に付随する業務でお客様に喜ばれるようなサービスを生み出せれば、その付加価値は収入源として活用できます。本業では利益が出なくても、本業以外のところで利益を出している会社はたくさんあります。営業外収益を少しでも高く保つ意識を持つことと、本業以外の周辺業務を上手に行うことで、定期的な収入源として経常利益率を安定させることが可能になります。

経常利益率は一番大切な利益率

　経常利益率は、売上に対して、どのくらいの割合で当期の経常利益が出ているかを確認するものです。「経常利益率」は「経常利益」を「売上」で割って計算します。経常利益率は損益計算書の利益率の中で一番重要な数字です。

● 経常利益率の求め方

$$経常利益率 = \frac{経常利益}{売上} \times 100 \ (\%)$$

経常利益率からトヨタ、ホンダ、日産、スズキ、マツダの各社を分析してみる

ここでは、自動車業界の2019年3月期の経常利益率を比較してみました。売上高も利益率も各社異なっています。利益率を比較することで会社の収益性が比較できます。

● 自動車業界の経常利益率（2019年3月期）の比較

単位：100万円

損益計算書	トヨタ	ホンダ	日産	スズキ	マツダ
売上高	30,225,681	15,888,617	7,507,286	3,871,496	3,564,696
売上原価	24,781,785	12,580,949	6,395,531	2,738,958	2,771,952
売上総利益	5,443,896	3,307,668	1,111,755	1,132,538	792,744
粗利率	18.0%	20.8%	14.8%	29.3%	22.2%
販売費・一般管理費	2,976,351	2,581,298	1,057,412	808,172	709,731
営業利益	2,467,545	726,370	54,343	324,365	83,013
営業利益率	8.2%	4.6%	0.7%	8.4%	2.3%
営業外収益	237,895	277,445	141,328	79,406	45,913
営業外費用等	−369,129	−13,217	−54,239	−24,241	−12,138
その他（純額）	−50,843	−11,223			
営業外損益収支	−182,077	253,005	87,089	55,165	33,775
経常利益	2,285,468	979,375	141,432	379,530	116,788
経常利益率	7.6%	6.2%	1.9%	9.8%	3.3%

※ すべて連結財務諸表

トヨタ 粗利率が若干低いものの、販管費、営業外損益をうまく抑えているため経常利益率は理想的な数字になっています。

ホンダ トヨタと比較すると粗利率は高いのですが、販管費が少し多いので営業利益率は下がります。とはいえ、経常利益率は悪くありません。

日産 5社で比較した中で一番粗利率が低くなっています。それが

経常利益率まで足を引っ張っています。何が原因なのでしょう？

スズキ 5社の中で粗利率、経常利益率ともにトップなのがスズキです。無駄なコストを抑えて収益率が高いため、日産よりも売上高は少ないのに経常利益は多くなっています。

マツダ マツダは販管費が多いようです。営業利益率がガクンと落ちています。ということは、販管費をうまく抑えることができれば経常利益率を確実に上げることができそうです。

上記の4社の利益率を見ていえるのは、**スズキ** のように粗利から経常利益まで業界平均以上の水準を保つことのほうがまれで、**粗利が直接営業利益率に影響するかというと必ずしもそうではない**ということです。

それと同様に、営業利益率がどうであったかにかかわらず、経常利益率を上げることも可能だということが、**ホンダ** や **日産** **スズキ** **マツダ** の経常利益率を見てもわかります。この4社の営業利益率と経常利益率を比較すると、経常利益率のほうが高くなっているところに注目してください。4社とも**営業外収益をしっかり出して、経常利益率のアップにつなげています**。

トヨタの営業外収益に学ぶ

ここで、右ページのトヨタの4期比較の損益計算書を見てみましょう。少し大きなスパンで見たかったので4期連続の比較ではなく、1年おきに比べてみました。粗利率、営業利益率、経常利益率、当期純利益率を確認すると、各利益率がアップして業績が改善していることがよくわかります。

特に2012年3月期と2016年3月期を比較すると粗利率が別会社ではないかと思うくらいに改善しています（❶→❶）。**売上をアップさせることも大切ですが、支出を抑えて利益率をアップさせると利益に直結する**ということがよくわかります。

また、この4期とも営業外損益の幅が大きく出ていて、経常利益率が営業利益率よりも上がっています（❷）。このように経常利益率を上げるための取り組みは、営業外収益でも可能なので、自社が利益を出せる可能性のある場所をしっかり把握して、確実に利益を出すように心がけることが大切です。

● トヨタの 2018 年 3 月期までの 1 年おきに見た 4 期比較の損益計算書

単位：100 万円

損益計算書	2012 年 3 月	2014 年 3 月	2016 年 3 月	2018 年 3 月
売上高	18,583,653	25,691,911	28,403,118	29,379,510
売上原価	16,388,564	20,801,139	22,605,465	23,889,153
売上総利益	2,195,089	4,890,772	5,797,653	5,490,357
粗利率	❶ 11.8%	19.0%	❶ 20.4%	18.7%
販売費・一般管理費	1,839,462	2,598,660	2,943,682	3,090,495
営業利益	355,627	2,292,112	2,853,971	2,399,862
営業利益率	❷ 0.02	0.09	10.0%	8.2%
受取利息及び配当金	99,865	115,410	157,862	179,541
支払利息	22,922	-19,630	-35,403	-27,586
その他（純額）	303	53,188	6,951	68,612
営業外損益収支	77,246	148,968	129,410	220,567
税引当調整前当期純利益	432,873	2,441,080	2,983,381	2,620,429
経常利益率	❷ 2.3%	9.5%	10.5%	8.9%
法人税等	262,272	767,808	878,269	504,406
持分法投資利益	197,701	318,376	329,099	470,083
非支配持分帰属損益	-84,743	-168,529	-121,517	-92,123
当期利益	283,559	1,823,119	2,312,694	2,493,983
当期純利益率	1.5%	7.1%	8.1%	8.5%

※ トヨタの米国基準の短信をもとにしているので表記が多少異なります。

　経常利益が出にくい場合は、トヨタの4期比較のように粗利の改善も有効です（❶）。収益を生むことが見込めない支出は、思い切ってカットするか代替になるものを探しましょう。

　おなかを壊しているときに毎日脂っぽいものを食べていたら、どんなにいい薬を飲んでも治るどころか悪化するばかりなのと同じで、コストカットはあたりまえのことなのです。

05 「利益」が赤字の場合には「損失」という表現に変わる
最終的には 当期純利益率 を黒字に持っていく

当期純利益率の目標は30％というけれど……

　売上に対してどのくらいの割合で当期の利益は出るのでしょうか？　実際にいろいろな会社の当期純利益率を見てみると、数％にも満たない会社が多いかもしれません。0.1％でも利益になっていればよくて、赤字の企業のほうが多いのが現実です。それでも10％くらい当期純利益率を出したいのが本音です。業界にもよりますが目標は30％くらいほしいところです。

当期純利益率は数％プラスで合格

　当期純利益率は厳しいもので、業界によっては数％プラスが出れば合格になります。当期純利益率は後述するROEの計算要素（153頁参照）にもなる大事な率です。**「当期純利益率」は「当期純利益」を「売上」で割った比率**です。

● 当期純利益率の求め方

$$当期純利益率 = \frac{当期純利益}{売上} \times 100（\%）$$

大林組と鹿島建設の当期純利益率に学ぶリスクマネージメント

　2010年3月期にゼネコン大手の大林組と鹿島建設、三菱重工などの企

● 大林組と鹿島建設の損益計算書（2010年3月期）の比較

単位：100万円

損益計算書	大林組	鹿島建設	同業種平均
売上	1,341,456	1,637,362	196,520
原価	1,326,887	1,555,521	180,540
粗利	14,569	81,841	15,980
粗利率	1.09%	5.00%	8.13%
販管費	▲77,103	▲88,603	▲12,237
営業利益	▲62,534	▲6,762	3,743
営業利益率	▲4.66%	▲0.41%	1.90%
営業外収益	8,347	33,781	513
営業外費用	▲5,421	▲18,007	▲608
営業外損益収支	2,926	15,774	435
経常利益	▲59,608	9,011	4,178
経常利益率	▲4.44%	0.55%	2.13%
特別損益収支	▲13,790	19,799	▲151
税引前当期純利益	▲73,399	28,810	4,027
支払税金合計	21,751	▲14,991	▲2,284
少数株主損益	▲1,705	▲593	▲117
持分法投資損益	182	16,706	287
当期純利益	▲53,354	13,225	1,625
当期純利益率	▲3.98%	0.81%	0.83%

※ すべて連結決算

業連合で海外から受注した大型工事が原因で、粗利が極端に落ちて営業損失を計上しています。これは大幅な設計の変更などの代金が回収不能となったことにより発生したものです。一連の損失は2011年3月期には回復に向かいましたが、**建設業界は業界全体で見ても利益率は低い**ため、大きな痛手でした。

　両社の利益率を比較すると赤字が出た工事の大きさがうかがえます。この工事の請負契約時に、設計変更の指示に対して価格面での合意を待たず

97

に施工する義務が盛り込まれていて、その代金の一部が回収不能になりました。リスク管理の難しさがうかがえます。

　大林組　問題の工事を請け負っていた割合が50％と高く、経常利益が赤字になるのは上場以来はじめてのことでしたが、取引規模が大きければ大きいほどリスクが高くなるということがよくわかります。

　鹿島建設　問題となっている工事を35％請け負っていた影響もあり、営業損益が赤字になっていますが、営業利益率の赤字幅は1％に満たないものでした。有価証券報告書によると経常利益の赤字も株式を売却して営業外収益を増やすことで、当期純利益率を業界平均に近い水準までもっていくことができました。

≪小さな会社のリスクマネージメント

　上場会社以上に小さな会社の場合、主要取引先への依存度が高くなります。できるだけ1社との取引の比率が高くならないようにリスクを分散させる努力も必要です。現況に甘んじるのではなく、常に顧客の開拓を行う努力が必要なのは、こういう観点からもいえることなのです。

当期純利益率を上昇させる工夫

　小さな会社によくあるのが、本来はお金をいただく追加工事や作業賃をサービスでやってしまうということです。こういうことをやめるだけで、実は1％の利益の計上が可能になります。大きな工事を受注すると最初の段階で大きな値引きが入ります。そのあとで出た追加の工事を必要以上にサービスでやってしまうと利益がどんどん圧縮され、赤字になってしまうこともあります。もし、サービスで何か行うつもりであれば、その分だけ最初から利益を付加しておかなくてはいけません。パソコンのプリンターは本体を安く販売して、インクで利益を得ているような構造になっていますが、そんなふうにしっかり利益を出す場所をつくることが大切なのです。

第4章 貸借対照表で見る会社の健康状態

損益計算書の数字を見たら、いよいよ知りたいのが会社の健康状態です。損益計算書だけ見てわかった気になってしまうくらいなら、見ないほうがいいと思ってください。損益計算書を見たら必ず貸借対照表を見ることです。本書では、理解しやすい損益計算書を先に解説しましたが、貸借対照表まで見ないことには判断できないのが会社の数字ですから、必ず見る習慣をつけてください。

この章では貸借対照表について、その構成と見るべきポイントをお話ししていきます。この章の目標は次の3つです。

● この章の目標

> ❶ 貸借対照表で会社の状態を見ること
> ❷ 貸借対照表で見るポイントがどこなのかを把握すること
> ❸ 貸借対照表で使う率の目的と使い方を理解すること

貸借対照表で使う「率」は、損益計算書のものほど単純ではありません。損益計算書の数字と貸借対照表の両方の数字を使う率もあります。貸借対照表の「率」がわかるようになると、「会社の数字」の理解は、もう峠を越えたようなものです。

● 貸借対照表で見たいもの

> ❶ 手元資金の流動性で超短期の安定性
> ❷ 流動比率で見る短期の安定性
> ❸ 自己資本比率で見る中長期の安定性
> ❹ ROE「3つに分けて見る投資効率」
> 　　・レバレッジ比率　・総資本回転率　・当期純利益率
> ❺ ROAで見る投資効率

01 損益計算ではわからない情報を貸借対照表で見る

貸借対照表は会社の健康状態がわかるもの

会社も健康診断が必要

　野球では、選手の打率や打点、エラーといった、試合中に起きるさまざまな出来事をスコアブックに記録しています。スコアブックはチームの戦力分析に大いに役立ちます。試合のときに無理してケガをしてしまった選手は、今後の試合で活躍できないかもしれません。選手が病気になっていないかどうか、十分な体力があるかどうか、健康診断も必要です。

❶ 野球のスコアブック ＝ 会社の健康診断の結果

　野球のスコアブックの役割をしているのが、「貸借対照表」です。貸借対照表を見ると会社の状態がどうなっているのかがわかります。たとえば粉飾決算をして、架空の売上を計上して損益計算書で無理に利益を出した会社の貸借対照表はゆがんだものになります。架空の売上は実際には販売していないので、代金の回収ができません。売掛金として貸借対照表にずっと残ることになります。1度ゆがんでしまった貸借対照表は、粉飾をした年だけで解決できる問題ではなくなるのです。

　今、粉飾をしていなくても、貸借対照表は過去に起こった出来事の残骸を引きずっていることがあります。たとえば役員や従業員に仮払いした資金の清算が何年も行われていなかったとしたら、過去に清算できない支出があった可能性が高いのです。**貸借対照表を見る目的のひとつに、このようなゆがみを見極めることがあります。**

❷ 貸借対照表のバランス状態を感じる

　損益計算書ではわからない会社の状態を、貸借対照表からイメージできます。会社のすべての出来事を数字にして、表にしてまとめたものが決算書です。決算書の中でも、**貸借対照表のバランス状態をイメージして"感じる"習慣を持つことが大切です。**貸借対照表は表示の基本的なルールを知っていれば怖くありません。**貸借対照表のルールと見方を知って会社の安全性と収益性を見ていきましょう。**

❸ 貸借対照表は損益計算書と一緒に見る

　利益が出ていなくても資金があれば会社は倒産しません。逆に、どんなにたくさん利益が出ていても資金が足りなくなると会社は倒産してしまいます。貸借対照表を見ることは、会社を倒産させないために非常に重要な役割を果たしています。

　もし損益計算書だけしか決算書を見ていなかったら、利益が出ているかどうかだけで会社の状態を判断することになります。たくさん利益が出ているから資金があるとはかぎらないので、貸借対照表を見て、資金の状態を把握しておく必要があります。貸借対照表は、損益計算書と一緒に見るのが重要です。確かに利益は重要ですが、利益ばかりを重視した結果、資金が足りなくなって倒産したのでは意味がありません。

会社の取引を貸借対照表という「図」で見る感覚を覚えよう

　では、八百屋さんがリンゴを現金で仕入れて、掛けで売った場合の取引を見てみましょう。取引の流れは次のようになります。
- ❶ 資金1,000円を借りて、1つ100円のリンゴを10個買いました。
- ❷ リンゴが1つ120円で、翌月払いの掛けで10個売れました。
- ❸ 翌月、代金1,200円を現金で回収しました。
- ❹ 最初に借りた1,000円を返しました。

まず、次頁で流れをわかりやすい図にしてみます。

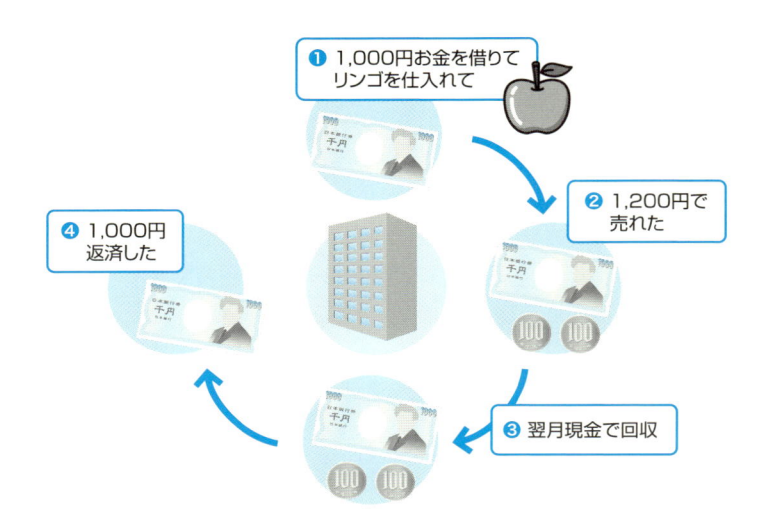

❶ 1,000円お金を借りて
リンゴを仕入れて

❷ 1,200円で売れた

❸ 翌月現金で回収

❹ 1,000円返済した

　次に上図の各段階の手順を貸借対照表と損益計算書で表すと、下図からはじまって右頁のようになります。貸借対照表を時系列に見ていくことで、会社のストーリーが見えてきます。

　注意したいのは❷のタイミングです。**リンゴを販売して損益計算書で利益が出ても、現金は増えていないのが貸借対照表でわかります。**❸で代金を回収したときにやっと現金が増えたわけですが、損益計算書だけを見ていると利益が出たことで安心してしまい、どうして資金が足りないのかわからなくなります。ですから貸借対照表を一緒に見るのです。

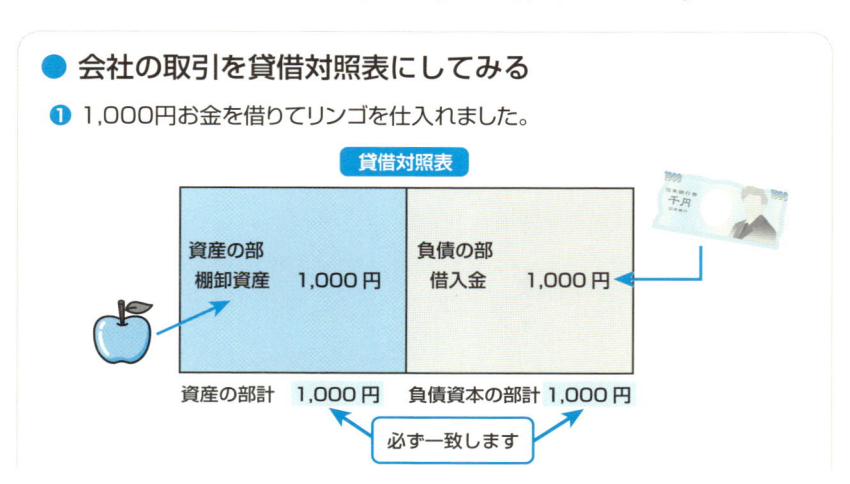

● 会社の取引を貸借対照表にしてみる

❶ 1,000円お金を借りてリンゴを仕入れました。

貸借対照表

資産の部	負債の部
棚卸資産　1,000円	借入金　1,000円

資産の部計　1,000円　　負債資本の部計　1,000円

必ず一致します

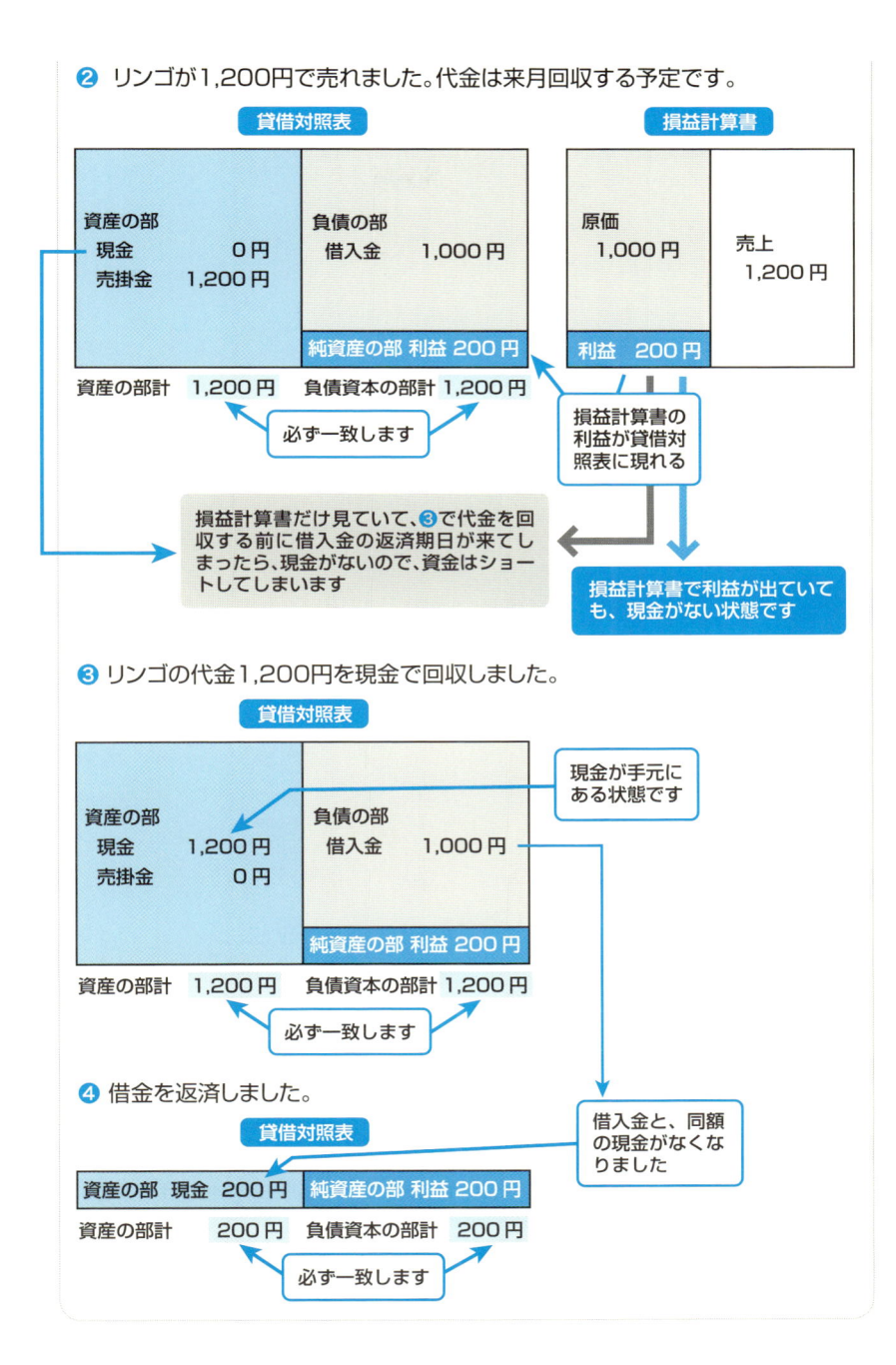

❷ リンゴが1,200円で売れました。代金は来月回収する予定です。

貸借対照表

資産の部		負債の部	
現金	0円	借入金	1,000円
売掛金	1,200円		
		純資産の部 利益	200円
資産の部計	1,200円	負債資本の部計	1,200円

必ず一致します

損益計算書

原価	売上
1,000円	1,200円
利益 200円	

損益計算書の利益が貸借対照表に現れる

損益計算書だけ見ていて、❸で代金を回収する前に借入金の返済期日が来てしまったら、現金がないので、資金はショートしてしまいます

損益計算書で利益が出ていても、現金がない状態です

❸ リンゴの代金1,200円を現金で回収しました。

貸借対照表

資産の部		負債の部	
現金	1,200円	借入金	1,000円
売掛金	0円		
		純資産の部 利益	200円
資産の部計	1,200円	負債資本の部計	1,200円

現金が手元にある状態です

必ず一致します

❹ 借金を返済しました。

貸借対照表

資産の部 現金	200円	純資産の部 利益	200円
資産の部計	200円	負債資本の部計	200円

借入金と、同額の現金がなくなりました

必ず一致します

損益計算書で、利益が確定するタイミングで資金が移動するとはかぎりません。この取引には、実際は次の5つの取引が隠されていました。

❶ 資金を借りる
❷ 仕入れと同時に代金を支払う
❸ **損益計算書で利益が確定する**
❹ 売上代金を回収する
❺ 借りた資金を返済する

仕入先との関係、得意先との関係によって上記の順番は変わります。今回の❶、❷のように、同じ時期に資金の移動が起こることもあります。今回は損益計算書で利益が確定する❸の段階と貸借対照表で資金の移動がある時期は違いましたが、現金販売なら❸と❹も一致するはずです。代金前払いなら❸と❹が逆転するのです。その場合は返済期日が多少早くても問題ありませんね。

一番の問題は、お客様が現金を持ちあわせていなくて、代金を回収できなかった場合、借りた資金を返済できないことですが、そこは115頁の「手元資金の流動性」で詳しくお話しします。

会社の健康状態を知るポイント

- 数字をにらんでいてもわかりにくい貸借対照表を見て、感覚的に会社の状態をつかめるようになるのが理想
- 貸借対照表を見ると過去にどんな処理をしてきたかがわかる
- 損益計算書と同時に貸借対照表を見て、資金が十分あるか確認する

02 貸借対照表は早いもの順に並んでいる

貸借対照表 を見て、資金の調達と運用状態のバランスを考えよう

貸借対照表は左右のバランスが取れているシート

　貸借対照表の左側と右側、それぞれ一番下に合計が記載されています。この左右はどんなときでも必ず一致してバランスが取れています。そのため貸借対照表のことを英語でバランスシート（B/S）"Balance sheet"と呼ぶのです。ちなみに損益計算書のことは英語では（P/L）"Profit and Loss Statement"（直訳すると、儲けと損失を計算する書類）と呼ぶことが多いのです。

貸借対照表は、左側が「資産の部」、右側が「負債の部・純資産の部」からなる

　貸借対表の左側は資産の部になります。右側には、負債の部と純資産の部があります。資金が借りてきたものなのか自分のものなのかで取り分けます。

　右側の負債と純資産の部で、調達してきた資金の運用状態がわかります。どんなにたくさんの資金を運用したくても、使える資金は負債の部と純資産の部の合計の範囲内です。その金額を超えた運用はできないので、貸借対照表の右の合計と左の合計は一致します。

≪貸借対照表の左側、資産の部の動きを見てみよう

　貸借対照表の右側（負債の部と純資産の部）を見ることで、資金をどう調達してきたのかがわかります。その資金をどのように使ったかは、左側（資産の部）を見ることでわかります。

105

それでは、簡単な取引をもとに、貸借対照表を見てみましょう。

① 自己資金を100円持っています
② 自己資金で青いリンゴを買いました（資金の運用のしかた）
③ 次に資金を200円借りてきました（資金の調達）
④ 借りた200円で、黒いリンゴとグレーのリンゴを買ってきました（資金の運用のしかた）
⑤ 借りた資金は自由に使えるので、リンゴを仕入れずにそのまま現金で持っている（資金の運用のしかた）こともできます
⑥ 借りた資金で車を買う（資金の運用のしかた）ということもできるかもしれません

借りた資金であっても、借りている間は自己資金と同じように好きな使い方ができます。ですが、**もし借りた資金を現金のまま持っていたり車を買った場合には、明らかに黒いリンゴやグレーのリンゴを買った場合とは結果が異なります。貸借対照表の資産の部を見て資産の運用状態を確認する**というのは、そういうことです。

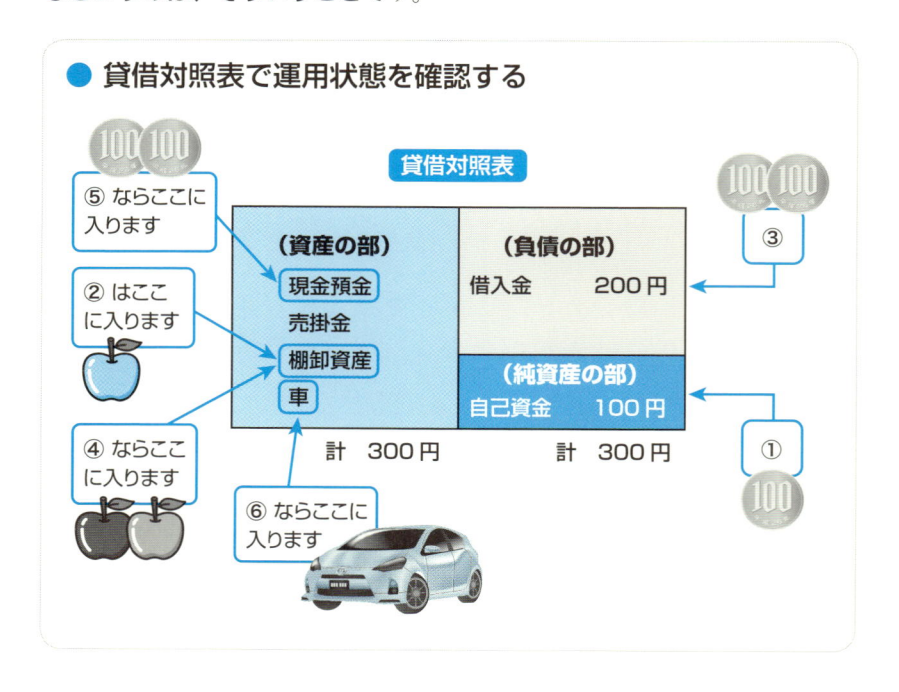

● **貸借対照表で運用状態を確認する**

貸借対照表

⑤ ならここに入ります

（資産の部）
- 現金預金
- 売掛金
- 棚卸資産
- 車

計 300円

（負債の部）
借入金　　200円　← ③

（純資産の部）
自己資金　100円　← ①

計 300円

② はここに入ります

④ ならここに入ります

⑥ ならここに入ります

貸借対照表の表示の基本は
短期か長期かで分ける

　右側の負債の部と左側の資産の部はそれぞれ「流動」「固定」に分けて記載されています。**1年以内の短期に期日が来るものを「流動」、1年以上経ってから期日が来るものを「固定」に分けて表示します。**

　例外的に、1年以上のものでも、通常営業に使う棚卸資産は「流動」の中に入れます。

≪右側の負債の部

　右側の負債の部の中には、返さなくてはいけない借入金や、あとで支払わなくてはいけない買掛金や未払金などが記載されています。これを**短期の流動負債と長期の固定負債に分けて、早く支払わなくてはならないものを上から順番に並べます。**

≪負債の部の下の純資産の部

　右側の負債の部の下にある純資産の部は、**会社が存続するかぎり返さなくていい資金**なので負債の部の下にあります。そして、会社の資本金とこれまでの利益の蓄積によって形成されています。設立時から利益の累積がある会社は純資産が資本金よりも多くなっていますが、累積赤字の会社は資本金を割ってしまいます。累積赤字がひどいときには資本金を超えて、純資産の部がマイナスになってしまうこともあり、そうなると要注意です。

≪左側の資産の部

　貸借対照表の左側の資産の部は、調達してきた資金がどんな状態で運用されているかを表しています。前頁の例のように、資金を現金で持っているのか、在庫（棚卸資産）としてリンゴで持っているのか、営業用の車両になっているのかでは、表示場所が変わります。**これを負債と同じように短期の流動資産と長期の固定資産に分けて、すぐに使える資金がどのくらいあるのかを見る**のです。

資金をどう運用しているのかで運用結果は変わる

貸借対照表

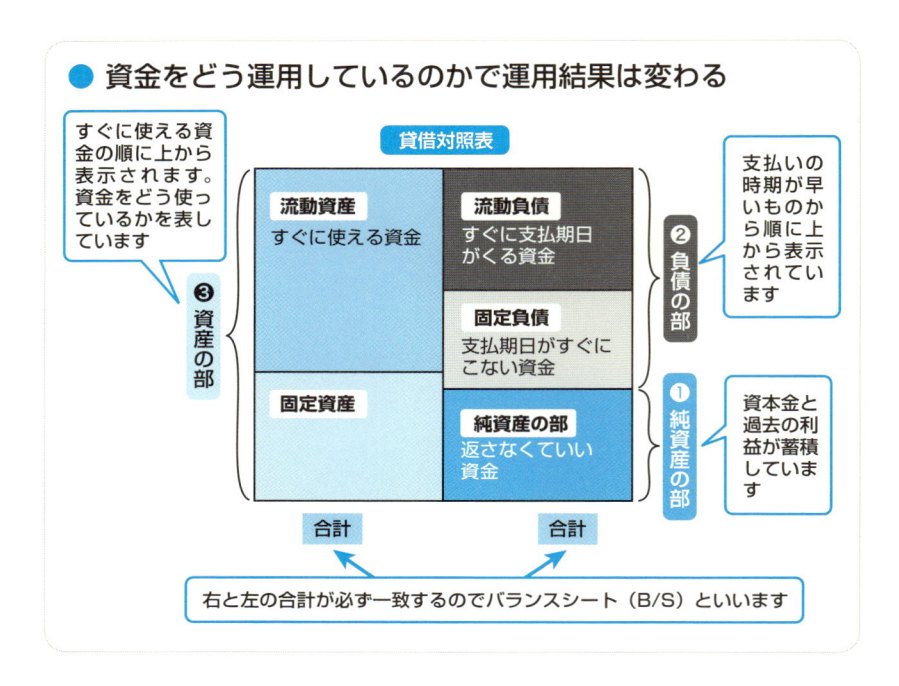

- すぐに使える資金の順に上から表示されます。資金をどう使っているかを表しています
- ❸ 資産の部
  - 流動資産：すぐに使える資金
  - 固定資産
- ❷ 負債の部
  - 流動負債：すぐに支払期日がくる資金
  - 固定負債：支払期日がすぐにこない資金
  - 支払いの時期が早いものから順に上から表示されています
- ❶ 純資産の部
  - 純資産の部：返さなくていい資金
  - 資本金と過去の利益が蓄積しています

合計　　合計

右と左の合計が必ず一致するのでバランスシート（B/S）といいます

貸借対照表を見る順序

貸借対照表は次の順に見ます。

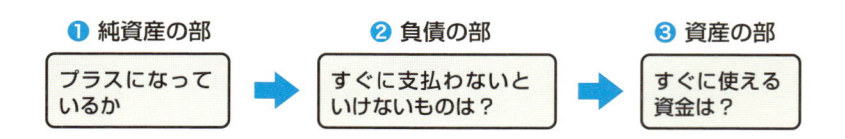

❶ 純資産の部：プラスになっているか
➡ ❷ 負債の部：すぐに支払わないといけないものは？
➡ ❸ 資産の部：すぐに使える資金は？

手順❶ まずパッと見て純資産の部（❶）が黒字になっているかどうか確認します。

もし**マイナスになっていたら大問題**です。資本金が100万円の会社だとしたら、200万円の損失を出すと純資産がマイナス100万円になってしまいます。純資産がマイナスというのは、資産よりも借入金のほうが多い会社ということになるので、大変なことなのです。ですから、まず最初に純資産がマイナスになっていないかを確認して、万が一マイナスになっていたら、これからどうやってプラスにしていくのかを検討します。

手順❷ 次に負債の部（❷）の中の、すぐに支払期日がくる流動負債と、資産の部（❸）の中の流動資産のバランスを確認します。

「流動資産 ＞ 流動負債」になっていなかったらこれもまた大問題です。なぜなら、手元にある資金よりも支払い予定の資金が多かったら資金がショートしてしまいます。この状態のときは、応急処置として長期の借入れをするなどの対応が必要になります。

手順❸ そのあとに、資産の部（❸）の固定資産、負債の部（❷）の固定負債、純資産の部（❶）の比率を見ます。

ここでは、**固定資産がたくさんありすぎると資金を圧迫してしまうので、固定資産には適正な比率があるということを知っておいてください**（215頁の固定長期適合率参照）。

まずはあまり細かいところを見ないで大きくつかみます。全体のバランスが取れているかが大切なのです。

資金の調達と運用状況のバランスを知るポイント

- 貸借対照表は左右の合計が一致する
- 貸借対照表で何をどう使っているかを見る
- 流動負債と流動資産のバランスをチェックするのが大切

03 貸借対照表は最新のものと過去のものとを比較する

貸借対照表はその日の状態を表している

会社の数字が5W1Hの「いつ」の時点を表しているか

　人にものを伝えるときに5W1Hを盛り込まないと相手に内容がきちんと伝わりません。いつ、どこで、誰が、何を、なぜ、どうしたかということですが、会社の数字を伝えるときもこのエッセンスは入っています。5W1Hをしっかりと受け取ることで、会社の数字を正しく理解することができます。その中で見落としやすい項目が次の2つです。

① 貸借対照表が「いつ」の時点の数字を表しているのか
② 損益計算書が「いつ」から「いつまで」の期間の数字を表しているのか

決算書に記載された日にちの違い

　貸借対照表と損益計算書をよく見ると、数字が並ぶよりも上に日にちが入っています。この日にちの表記が貸借対照表と損益計算書で異なっています。**毎年3月末日決算の会社だったら、決算期に作成される貸借対照表には決算日が「令和3年3月31日」のように記載されています。それに対して損益計算書には「自令和2年4月1日〜至令和3年3月31日」というように計算期間が記載されています。**この違いを理解することが、会社の数字を理解するためには外せません。
　5W1Hの中で唯一表せないのは、「どこで」の項目です。上場会社では有価証券報告書の中にある地域ごとなどのセグメント情報を見ないと、「どこで」「どうだったか」は把握できません。支店のない会社の場合は本店所在地が「どこで」ということになります。

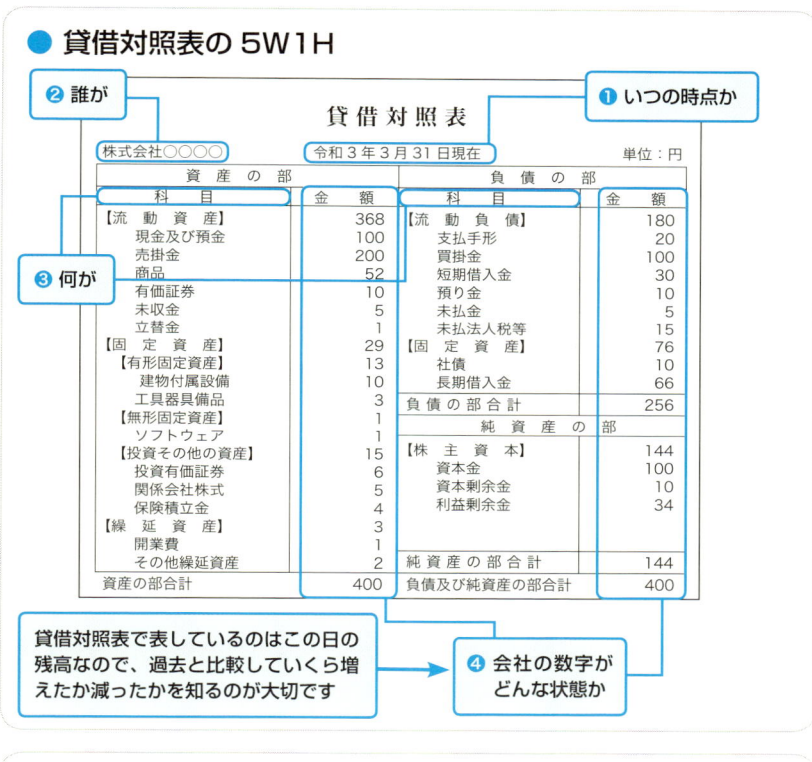

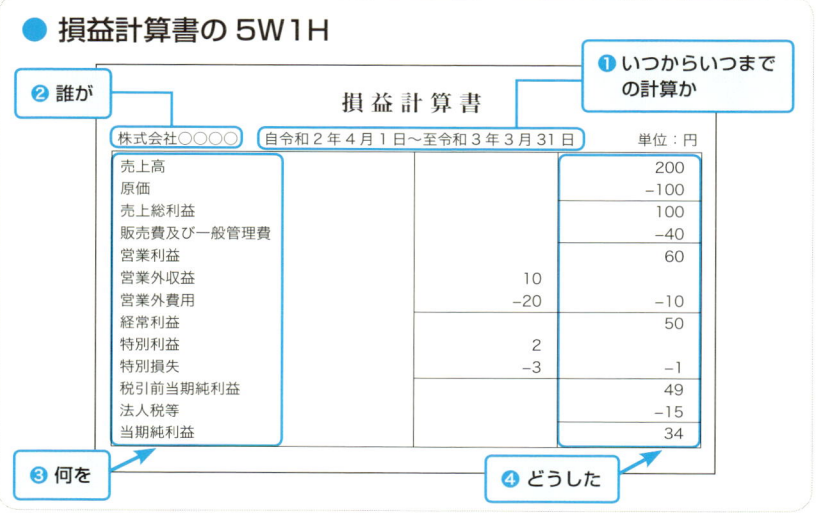

● 貸借対照表の5W1H

❷ 誰が
❶ いつの時点か

貸借対照表

株式会社○○○○　　令和3年3月31日現在　　　　　単位：円

❸ 何が

資　産　の　部		負　債　の　部	
科　　目	金　額	科　　目	金　額
【流　動　資　産】	368	【流　動　負　債】	180
現金及び預金	100	支払手形	20
売掛金	200	買掛金	100
商品	52	短期借入金	30
有価証券	10	預り金	10
未収金	5	未払金	5
立替金	1	未払法人税等	15
【固　定　資　産】	29	【固　定　負　債】	76
【有形固定資産】	13	社債	10
建物付属設備	10	長期借入金	66
工具器具備品	3	負債の部合計	256
【無形固定資産】	1	純　資　産　の　部	
ソフトウェア	1	【株　主　資　本】	144
【投資その他の資産】	15	資本金	100
投資有価証券	6	資本剰余金	10
関係会社株式	5	利益剰余金	34
保険積立金	4		
【繰　延　資　産】	3		
開業費	1		
その他繰延資産	2	純資産の部合計	144
資産の部合計	400	負債及び純資産の部合計	400

貸借対照表で表しているのはこの日の残高なので、過去と比較していくら増えたか減ったかを知るのが大切です

❹ 会社の数字がどんな状態か

● 損益計算書の5W1H

❷ 誰が
❶ いつからいつまでの計算か

損益計算書

株式会社○○○○　　自令和2年4月1日～至令和3年3月31日　　　　　単位：円

売上高		200
原価		−100
売上総利益		100
販売費及び一般管理費		−40
営業利益		60
営業外収益	10	
営業外費用	−20	−10
経常利益		50
特別利益	2	
特別損失	−3	−1
税引前当期純利益		49
法人税等		−15
当期純利益		34

❸ 何を
❹ どうした

貸借対照表に記載された現金は、期末に手元にある残高

　たとえば現金を見てみると、会社の金庫の中の現金は、出入りがあればその都度残高が変わります。お金が出たり入ったりするので、あたりまえの話です。

　前頁の例で決算期末の貸借対照表に現金（現金及び預金）が100円と記載されていたら、令和3年3月31日の現金（現金及び預金）の残高は100円だということを表しています。決算期の令和2年4月1日〜令和3年3月31日までの期間中、ずっと100円が金庫の中にあったわけではありません。現金以外の貸借対照表の数字も同様です。普段あまり意識しないところですが、意外と重要な点なので理解しておきましょう。

貸借対照表は記載された日の残高を表す「表」

　貸借対照表は、一番上に記載された日の会社の状態を表した「表」です。毎日作成しようと思えばそれも可能で、作成した時点の残高がわかります。**残高ですから、お店のレジの中のイメージ**です。

　たとえば前日100円レジに入っていて、今日リンゴが1,000円分売れて、その代金を回収して仕入れた分の支払いが800円あったら、お店を締めるときレジには300円残っていることになります。つまり、昨日の貸借対照表の現金は100円、今日の貸借対照表の現金は300円と記載されるのです。

損益計算書は記載された期間の損益を表す「計算書」

　では損益計算書はどうかというと、貸借対照表と大きく違うのが、**ある特定の日のものではなく、一定の期間の損益を表す「計算書」**だということです。**計算期間にどれだけ収入があって、どれだけ費用がかかったのか、その結果利益がどれだけ出たのかを見るもの**です。

　たとえば、上記の例でいうと、今日リンゴが1,000円分売れて、原価が

800円だとすれば、今日の利益を「1,000円 − 800円 ＝ 200円」と計算します。これを、今日1日という期間に区切って計算しているわけです。

去年と今年でどれだけ増えたのか減ったのか

貸借対照表は作成日の残高なので、当期末と前期末の比較をするのかポイントです。結果としていくら増えたのか減ったのか、1年前の状態がわからないと判断がつかないので、貸借対照表は必ず前期末のものと比較します。

今の状態がどうであるかを理解するだけでなく、いくら増減したのかを比較して見ることで、会社の本当の成果がわかるのです。

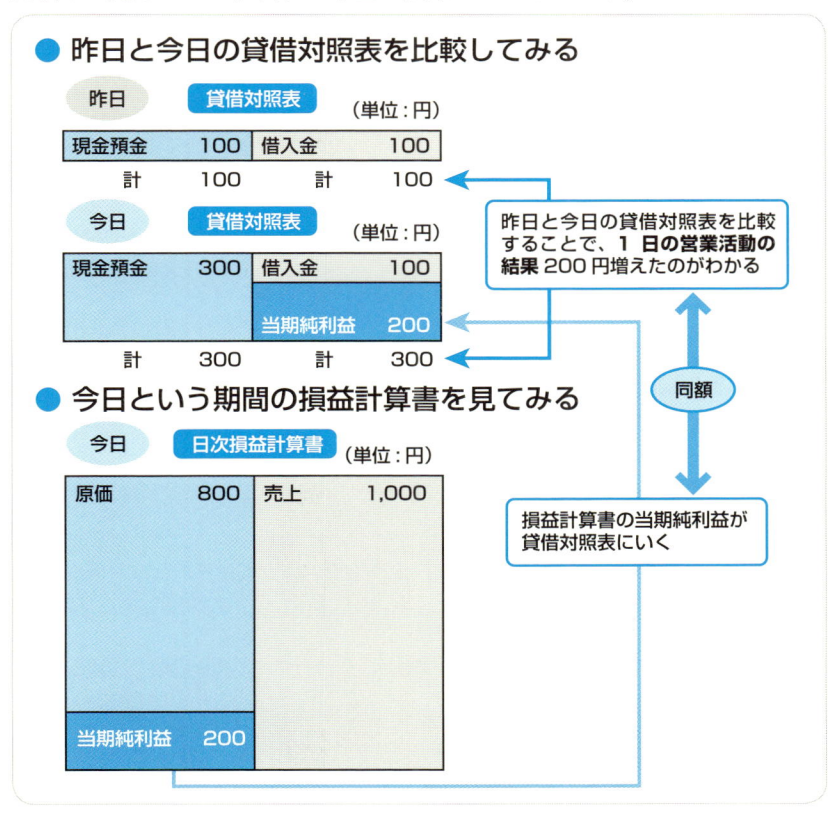

● 昨日と今日の貸借対照表を比較してみる

昨日　貸借対照表　（単位：円）

現金預金	100	借入金	100
計	100	計	100

今日　貸借対照表　（単位：円）

現金預金	300	借入金	100
		当期純利益	200
計	300	計	300

昨日と今日の貸借対照表を比較することで、1日の営業活動の結果200円増えたのがわかる

● 今日という期間の損益計算書を見てみる

今日　日次損益計算書　（単位：円）

原価	800	売上	1,000
当期純利益	200		

同額

損益計算書の当期純利益が貸借対照表にいく

決算の期間は1年でいいのか？

　決算の時期は会社が決めます。日本では4月から3月までの会社が多いのですが、何月でも決算の時期にすることができます。そしてほとんどの会社が、決算の期間を1年で区切ります。つまり、損益計算書も貸借対照表も1年に1回は必ず作成されるということです。けれども、1年に1回しかつくらなかったら判断しにくいので、**最低でも3カ月ごとに四半期報告がされ、さらには社内で月次決算、場合によってはもっと細かく締めを行って自社の状態を確認するのが普通**です。その都度貸借対照表が作成されるので、細かく比較することでより詳しく状態がわかるわけです。

貸借対照表は期首と期末を比較すること

　特に気にしたいのが次の3つです。❶ **現金預金**、❷ **固定資産や有価証券**、❸ **借入金の増減**です。なぜこの3つの増減を気にするのかというと、上場していない会社ではキャッシュフロー計算書（168頁参照）が作成されないことが多いためです。作成に手間がかかる割に見て理解できる人が少ないため、なかなか作成されないことが多いようです。**キャッシュフロー計算書がなくても、この3つの増減を確認しておけばおおよそのことが把握できます。**

　まずは、貸借対照表の期首と期末で、❶、❷、❸の増減を見る癖をつけておきましょう。

---

❶ 現金預金、売掛金、買掛金が増えたのか減ったのか
❷ 固定資産や有価証券が増えたのか減ったのか
❸ 借入金が増えたのか減ったのか

会社の数字がいつを表しているのかがポイント

- 5W1Hの「いつ」かを把握しておくと会社の数字の理解が早い
- 貸借対照表に記載されているのは「その日の残高」
- 貸借対照表を去年のものと比較して、増えたのか減ったのかを見ると本当の成果がわかる

04 貸借対照表を見た瞬間に確認したい項目

手元資金の流動性 を見れば、会社の安定性がわかる

超短期の安定性を手元資金の流動性で見よう

　貸借対照表に載っているのは、「その日の残高」だということがわかりましたね。その日の現金預金の残高が会社の規模に見あったものなのかどうか、貸借対照表を見るとわかります。今の会社がすぐに使える資金を十分に持っていて、突然のアクシデントに強いかどうかを貸借対照表で判断します。突然のアクシデントで会社が潰れてしまわないように、超短期の安定性を手元資金の流動性で見るのです。

手元資金の流動性で見る支払い能力

　「手元資金の流動性」は金融機関が融資をする際に、「融資をした会社がすぐに倒産して貸し倒れたりしないかどうか」を判断するために見る指標のひとつで、**すぐに使える資金が売上の何カ月分あるのかを表したものです。**「手元資金の流動性」は「現金預金」と「上場株式などの有価証券」を足したものを「1カ月の売上」つまり「月商」で割って計算します。

● 手元資金の求流動性の求め方

$$\text{手元資金の流動性} = \frac{\text{現金預金} + \text{すぐに換金できる上場株式などの有価証券}}{\text{1カ月の売上（月商）}}$$

すぐに使える現金預金がいくら必要なのかは、売上によって変わる

　現金預金などのすぐに使える資金は、**売上の1.5カ月分から1.7カ月、できれば2カ月分を常に持っている状態にしておくのが理想的**だといわれています。業種にもよりますが、どんなに少なくても売上の1カ月分は維持しておくようにします。利益体質だった会社が、取引先の突然の倒産で売掛金が回収できなくなって連鎖倒産というのはよくある話です。そんなことがないように手元資金の流動性を高めるようにします。

すぐに使える資金を有効活用する方法

　いざというときのために、すぐに使える資金を有効活用しましょう。金融機関に定期預金や定期積金をしておいてもいいでしょう。株価の上昇が見込める有価証券で保有するのもいいかもしれません。**いざというときに、すぐに引き出すことができる運用をすることも大切**です。

損益計算書と貸借対照表から手元資金の流動性を図で感じとる

　例 現金預金130円、売掛金100円、平均月商100円のF社と現金預金130円、売掛金300円、平均月商300円のG社の手元資金の流動性を比較してみます。

$$月商100円のF社 = \frac{130円}{100円} = 1.3$$

$$月商300円のG社 = \frac{130円}{300円} = 0.4333……$$

　ここで、手元資金の流動性の基準値を知っておきましょう。**手元資金の流動性が1ということは、1カ月の売上と同じだけの現金預金が手元にあ**

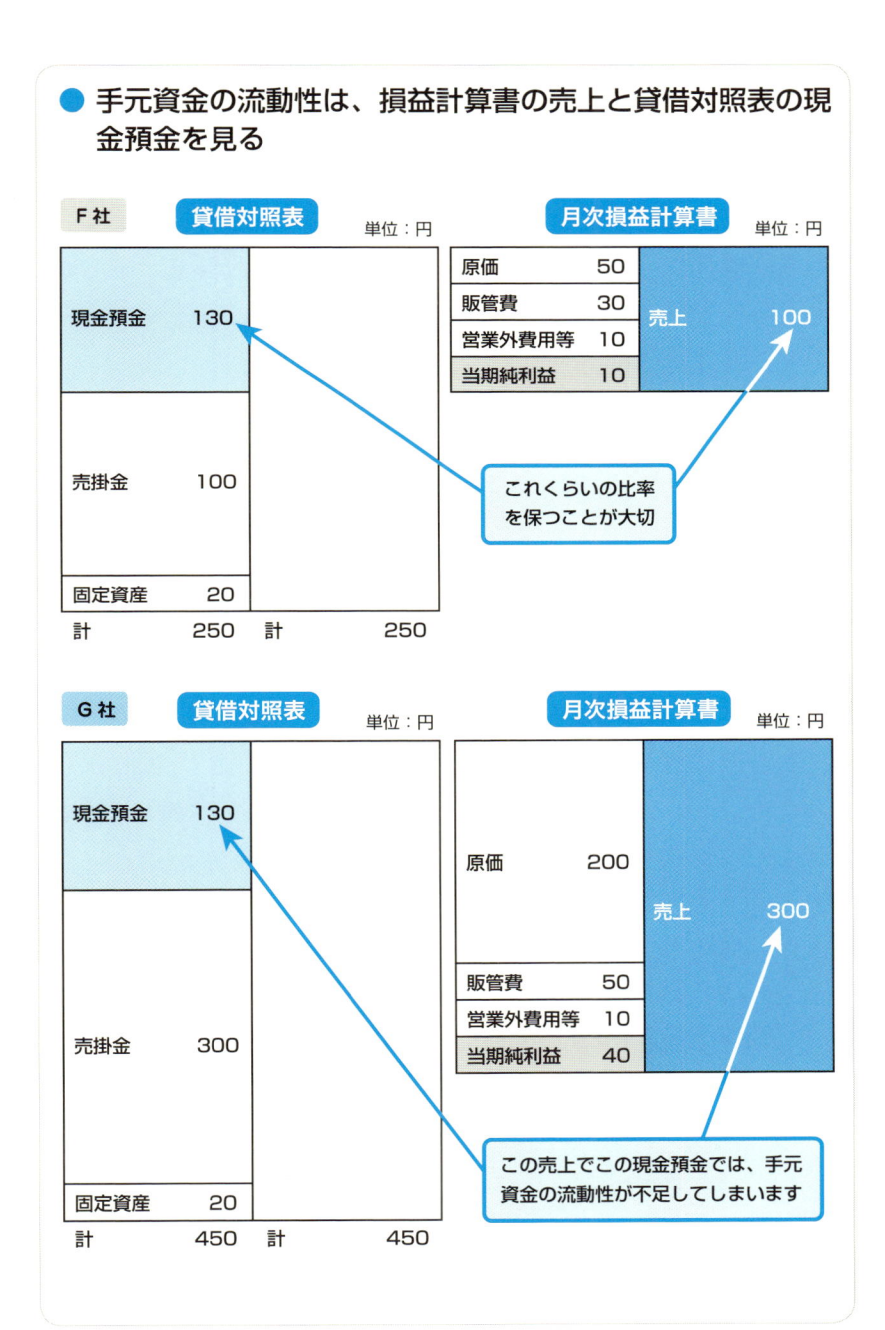

● 手元資金の流動性は、損益計算書の売上と貸借対照表の現金預金を見る

F社

貸借対照表　単位：円

現金預金	130		
売掛金	100		
固定資産	20		
計	250	計	250

月次損益計算書　単位：円

原価	50	売上	100
販管費	30		
営業外費用等	10		
当期純利益	10		

これくらいの比率を保つことが大切

G社

貸借対照表　単位：円

現金預金	130		
売掛金	300		
固定資産	20		
計	450	計	450

月次損益計算書　単位：円

原価	200	売上	300
販管費	50		
営業外費用等	10		
当期純利益	40		

この売上でこの現金預金では、手元資金の流動性が不足してしまいます

るということです。ここで目標にしたいのは、買掛金支払い後の現金預金が減ったときでも、１カ月の売上と同じくらいの現金預金を確保しておくことです。

前頁の図で、Ｆ社とＧ社の損益計算書と貸借対照表を見比べて、具体的に感じとりましょう。

手元資金の流動性の基準値は１でした。つまり、**損益計算書の売上高と貸借対照表の現金預金の比率が１：１ということです。現金預金の割合が大きいに越したことはありません。**

Ｆ社の損益計算書の売上と貸借対照表の現金預金を見てみると、比率は１：1.3になっています。Ｇ社の損益計算書の売上と貸借対照表の現金預金を見てみると、比率が３：1.3になっています。月商の多いＧ社の現金預金の残高が、売上に比べて小さすぎるのがわかります。

月商が多く利益も出ていて業績がいいＧ社のほうが、突然何かが起こったときには危険な状態なのです。崖っぷちで思いっきりジャンプしているようなものですから、足元をしっかり固めないと危険です。こんなふうに、**貸借対照表と損益計算書のバランスを見ると、会社の今の状態が見えてきます。**Ｇ社がＦ社と同じ安定性を保つためには、今の３倍の現金預金が必要なのです。

手元資金の流動性を知るポイント

- 手元資金の流動性が低いということは、何かあったらすぐに資金ショートする危険性が高いということ
- 手元資金の流動性を高くできる現金預金などの残高を、最低でも月商の１カ月分、できれば２カ月分持つようにする
- 売上が３倍に増えたら、その分だけ手元資金も３倍に増やす工夫が必要。毎月の売上が大きければ大きいほど、手元の資金はたくさん必要になる
- 突然資金繰りに追われて倒産するようなことのないように、流動性が高い資産の保有割合を一定以上に維持する必要がある

05 貸借対照表で2番目に確認したい流動比率

流動比率 を見れば、短期の安定性がわかる

短期の安定性を流動比率で見よう

　安定性が高い会社は、滞りなく支払いができる力があります。予定どおりの支払いができるということは、会社が安定しているということを意味します。突然のハプニングに強いかどうかを手元資金の流動性で確認したあとは、「流動比率」を使ってもう少し長いスパンにおける支払い能力（安定性）を見ていきます。

流動比率の捉え方

　流動比率は短期的な安定性を見る指標で、1年以内に支払期日がくる負債（流動負債）と1年以内に換金可能な資産（流動資産）の比率です。**流動比率が低いということは、資金ショートする危険が高い**ことを意味します。「流動比率」は「流動資産」を「流動負債」で割って計算します。

● 流動比率の求め方

$$流動比率 = \frac{流動資産（1年以内に現金化できる資産）}{流動負債（1年以内に支払うべき負債）} \times 100\ (\%)$$

≪ CASE 1　流動比率が50％の場合

　お財布の中に100円入っています。明日がリンゴの仕入れ代金200円の

支払い期日ですが、お財布の中には100円しかないので支払えません。

流動資産が100円、流動負債が200円なので、流動比率は「100円 ÷ 200円 × 100% = 50%」となります。

流動資産と流動負債の比率を見ることで、短期的な支払い能力がわかります。

● **買掛金よりも現金預金が少なくて代金が支払えない**

貸借対照表　　　　　単位：円

(資産の部)		(負債の部)	
流動資産	100	流動負債	
		買掛金	200
固定資産		(純資産の部)	
器具備品	200		100
計	300	計	300

※ ここでの流動資産は現金預金になります。

※ 流動比率に対する固定資産については、215頁の固定長期適合率を参照してください。

≪CASE 2≫ 流動比率が100％の場合

お財布の中に200円入っています。明日がリンゴの仕入れ代金200円の支払い期日です。代金は支払えますが、支払ったあとにお金は残りません。

流動資産が200円、流動負債が200円の場合の流動比率は、「200円 ÷ 200円 × 100% = 100%」です。流動比率100％なら支払いはできますが、会社としてはまだ心もとない感じがします。

● **買掛金を支払ったあとに現預金が残らないのは不安**

貸借対照表　　　　　単位：円

(資産の部)		(負債の部)	
流動資産	200	流動負債	
		買掛金	200
固定資産		(純資産の部)	
器具備品	200		200
計	400	計	400

※ ここでの流動資産は現金預金になります。

≪ **CASE 3** 流動比率が200％になると

　お財布の中に400円入っています。明日がリンゴの仕入れ代金200円の支払い期日ですが、200円支払ったあとに200円残るので安心です。
　流動資産が400円、流動負債が200円の場合の流動比率は、「400円 ÷ 200円 × 100％ ＝ 200％」になります。このくらい流動比率があると心配なくなりますね。

● **買掛金を支払ってももう1回払うだけの余力があって安心**

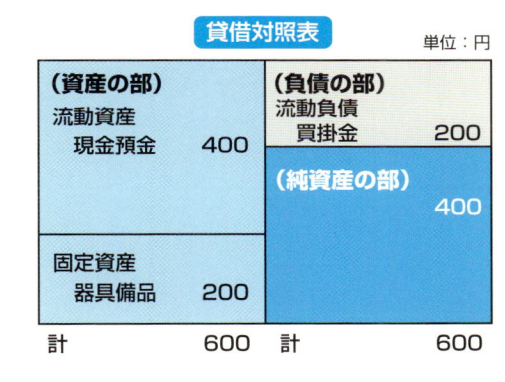

貸借対照表　　　　　　　　単位：円

（資産の部）	（負債の部）
流動資産 　現金預金　　400	流動負債 　買掛金　　　200
	（純資産の部） 　　　　　　　400
固定資産 　器具備品　　200	
計　　　　　　600	計　　　　　　600

　3つの **CASE** を見てもわかるとおり、流動比率は高いと安心です。
　この **CASE** では、流動資産はお財布に入っているお金だけで、流動負債は買掛金だけしかないものと仮定しています。実際に流動比率を見る場合には、流動資産の合計と流動負債の合計を使った流動比率で安定性を見ます。**流動比率を見ることで、流動負債に入っている未来の支出をすべて今清算したら、どのくらいの余裕があるのかがわかる**のです。

安定性の目安は120％、理想は150％

　流動比率はどのくらいあれば安心なのでしょうか？　日本では一般的に、**流動比率は120％程度あれば安定だといわれています。ただし理想は150％**です。とはいえ、**業種業態によってあてはまらない会社もあるので、必ず同業者の平均を見ておきます。**
　現金商売の場合には、貸倒れリスクが低いので流動比率が多少低くても

問題ありません。営業債権（通常の売掛金や受取手形）が多い場合には、流動比率は高めに設定しておいたほうがより安全です。ちなみにアメリカでは、流動比率は200％が理想だといわれています。

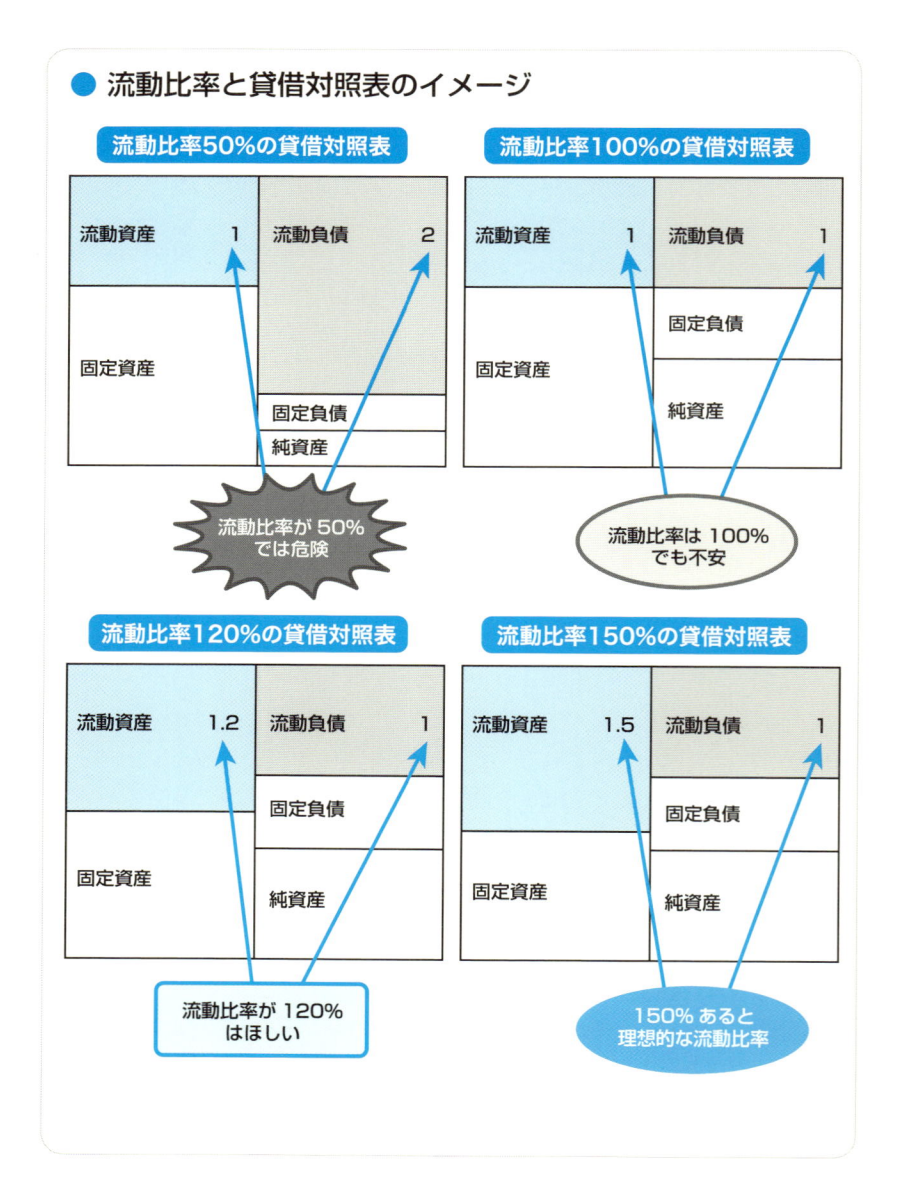

● 流動比率と貸借対照表のイメージ

流動比率50％の貸借対照表

流動資産 1	流動負債 2
固定資産	固定負債
	純資産

→ 流動比率が50％では危険

流動比率100％の貸借対照表

流動資産 1	流動負債 1
固定資産	固定負債
	純資産

→ 流動比率は100％でも不安

流動比率120％の貸借対照表

流動資産 1.2	流動負債 1
固定資産	固定負債
	純資産

→ 流動比率が120％はほしい

流動比率150％の貸借対照表

流動資産 1.5	流動負債 1
固定資産	固定負債
	純資産

→ 150％あると理想的な流動比率

前頁のように図で比較するとわかりやすいのですが、**流動比率を高めるということは固定資産を多く持っていては不可能**だということなのです。平たくいうと**固定資産を多く持つと資金を圧迫する危険性が高くなる**ので、注意しなくてはいけないということです。

流動比率を知るポイント

- 流動比率は、1年以内に支払期日がくる負債（流動負債）と1年以内に換金可能な資産（流動資産）の比率
- 流動比率で短期的な安定性を確認する
- 流動比率は120%を目安にする
- 手元資金の流動性が低いということは、資金ショートする危険が高いということ
- 固定資産の取得には十分注意すること

06 貸借対照表で3番目に確認したいのは中長期の安定性

自己資本比率 を見れば、中長期の安定性がわかる

将来借金を返したあとでお金が残らなかったら不安です

　借りてきたお金は、いつか返さなくてはいけません。返すのが1年後なのか5年後なのかという違いだけで、返済期日は必ずやってきます。借りた資金の返済を終わらせたときに運転資金が手元に残らなかったら、長期的に見て不安です。ということは、返さなくてはいけない資金の割合が多ければ多いほど、返済が完了したあとに事業が継続できない危険性が高くなるということになります。

返さなくていい資金の割合が自己資本比率

　漠然と返済後の不安を抱えていても、何もいいことはありません。返済後の中長期の安定性を自己資本比率で考えましょう。
　総資本のうち、返さなくていい資金の割合を「自己資本比率」といい、会社の中長期の安定性を確認する指標です。就職したい会社や株式投資をしたい会社の安定性を自己資本比率で確認しておくと安心です。**貸借対照表の右側の合計（総資本）における純資産の部（自己資本）の割合が、「自己資本比率」**です。
　「自己資本比率」は「自己資本」が「総資本」に占める割合で計算します。

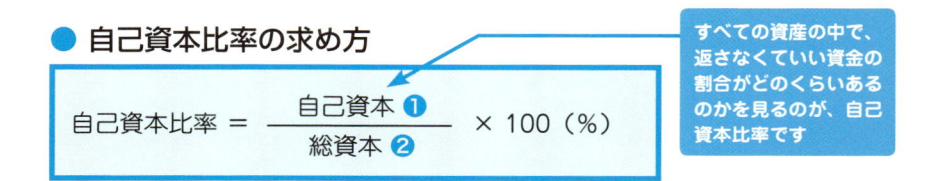

● 自己資本比率の求め方

$$自己資本比率 = \frac{自己資本 ❶}{総資本 ❷} \times 100 （\%）$$

> すべての資産の中で、返さなくていい資金の割合がどのくらいあるのかを見るのが、自己資本比率です

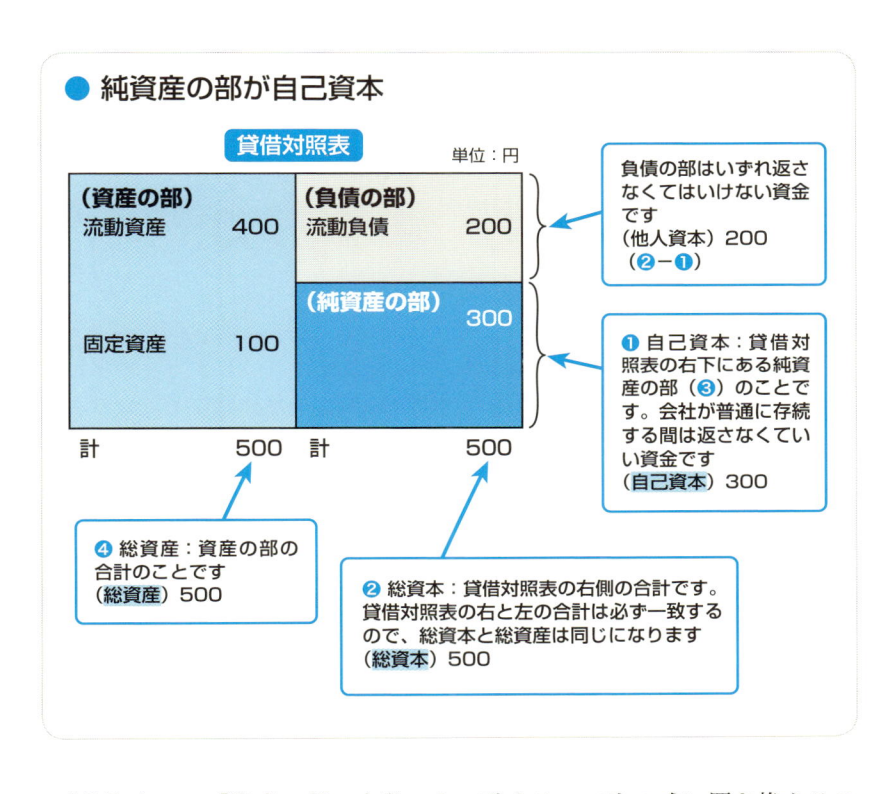

● 純資産の部が自己資本

貸借対照表　単位：円

(資産の部)		(負債の部)	
流動資産	400	流動負債	200
固定資産	100	(純資産の部)	300
計	500	計	500

負債の部はいずれ返さなくてはいけない資金です
(他人資本) 200
(❷−❶)

❶ 自己資本：貸借対照表の右下にある純資産の部（❸）のことです。会社が普通に存続する間は返さなくていい資金です
(自己資本) 300

❹ 総資産：資産の部の合計のことです
(総資産) 500

❷ 総資本：貸借対照表の右側の合計です。貸借対照表の右と左の合計は必ず一致するので、総資本と総資産は同じになります
(総資本) 500

「総資本」は「資産の部の合計」と一致するので次の式に置き換えることもできます。

$$自己資本比率 = \frac{純資産の部 ❸}{資産の部の合計 ❹} \times 100（\%）$$

取引規模が大きくなってくると自己資本比率は下がる傾向にある

　自己資本比率が高い会社は、長期的に安定した経営がしやすいという特徴があります。
　会社が儲けを出すためには多かれ少なかれ資金が必要です。経営に必要

な資金を自己資本で賄うことができれば、まず借入れが不要ですから、経営の安定感が増します。その逆に、総資産の中に自己資本が少ない状態というのは、返さなくてはならない借入金が増えている状態ですから、返済が進むにしたがって資金繰りが難しくなる危険性が高まります。

　自己資本だけで経営しながら取引規模を大きくするためには、取引規模に見あった資金が必要になります。ですが、最初から十分な資本金がある会社はほとんどありません。自己資本を直接増やすためには、株主資本を増やすのが近道です。ですから上場会社であれば増資を行えばすみますが、**上場していない会社が増資をしないで取引規模を大きくしようとすると資金が足りなくなるので、借入れをして使える資金を増やすことになります（貸借対照表の右上にある負債の部が増える）。そのため、自己資本比率が下がる傾向にある**のです。

自己資本比率の目標は40％

　無借金経営の会社というのは、自己資本比率が高くなります。ですが、それも良し悪しです。投資を行うために借入れをしてレバレッジを掛ける（少ない元手で大きく運用できますがハイリスク、ハイリターンになります）のも戦略です。自己資本比率が低くなるからと、過度に保守的になる必要もありません。**自己資本比率15〜20％を目安にして、安定性を判断します。目標は40％以上です。**

　とはいえ、業種や取引規模、社会情勢によって経営に必要な金額は変わるので、**同業他社の数値を参考にすることを忘れないようにしてください。**

資本金が少ないと自己資本比率も
少なくなる傾向にある

　財務省が平成29年度に2万2,529社を調査した法人企業統計調査結果を見ると、金融・保険業を除く国内各社の自己資本比率は次頁の表のようになっていて、資本金が多ければ高く、少なければ低くなる傾向にあることがわかります。

　資本金が少ない会社が取引規模を拡大していくには、どうしても運転資金が足りなくなる傾向があり、借入金に頼らなくてはならなくなります。

そうすると、結果的に自己資本比率が低下することになるのです。

● 資本金別に見た自己資本比率

資本金10億円以上の会社	45.1%
資本金1億円 ～ 10億円未満の会社	40.5%
資本金1,000万円 ～ 1億円未満の会社	39.6%
全産業	42.7%

【参考：平成30年3月1日財務省より発表された法人企業統計調査結果（平成29年度）】

流動比率を知るポイント

- 自己資本比率が高い会社は中長期の安定性が高い
- 安定した自己資本比率の目標は40％
- 安定性の目安は15 ～ 20％以上あるかどうか
- 資本金が少ない会社は自己資本比率が低い傾向にある

07 安定した経営のためにできること！
自己資本比率が高くなると経営は安定する

どうしたら自己資本比率は上がるのか

　取引規模を増やそうとしても、業績が悪化しても、どちらも運転資金が足りなくなります。会社が必要な運転資金をどう調達するか、これは非常に重要な問題です。お金を借りることができれば、使える資金は増えます。しかし、借金は必ず返済期日が来ます。返済期日までに金融機関から追加融資を受けられる保証はありません。融資を受けたあとに利益が出ればいいのですが、利益が思うように出せないと返済資金の分だけ余計に資金は不足します。

　運転資金（純資産）が潤沢にあれば、借金をしなくてすみます。ということは自己資本比率が高くなるので、それだけ余裕ができることになります。つまり、経営が安定することになるわけです。

自己資本比率を上げる方法

　自己資本比率の割合が低いと、毎月の借金の返済で苦労することが多くなります。逆に、自己資本比率の割合が高くなれば借金は少なくなるので、毎月多額の返済をする必要もなく、経営は安定してきます。

　経営を安定させたいと思うのは、経営者であれば誰もが考えることです。では、自己資本比率を上げて経営を安定させるにはどうしたらいいのでしょうか？

≪❶ 増資をすると簡単に自己資本比率は上がる

　特効薬は、増資をすることです。**社長でも第三者でもかまわないので、出資してもらうことで資本金が増えて総資産も増えます。**

● 純資産を増やすと自己資本比率が上がるしくみ

貸借対照表　単位：円

（資産の部）500	（負債の部）450
流動資産	流動負債
現金預金	買掛金
売掛金	固定負債
固定資産	長期借入金
器具備品	
	（純資産の部）50
計　　　500	計　　　500

→ 負債の部の比率が高いと将来の支払いが不安

貸借対照表　単位：円

（資産の部）750	（負債の部）450
流動資産	流動負債
現金預金	買掛金
売掛金	固定負債
固定資産	長期借入金
器具備品	
	（純資産の部）300
	資本金
	利益剰余金
計　　　750	計　　　750

純資産の部を増やすと、経営は安定する

→ 純資産の部が増えれば、自己資本比率が上がる

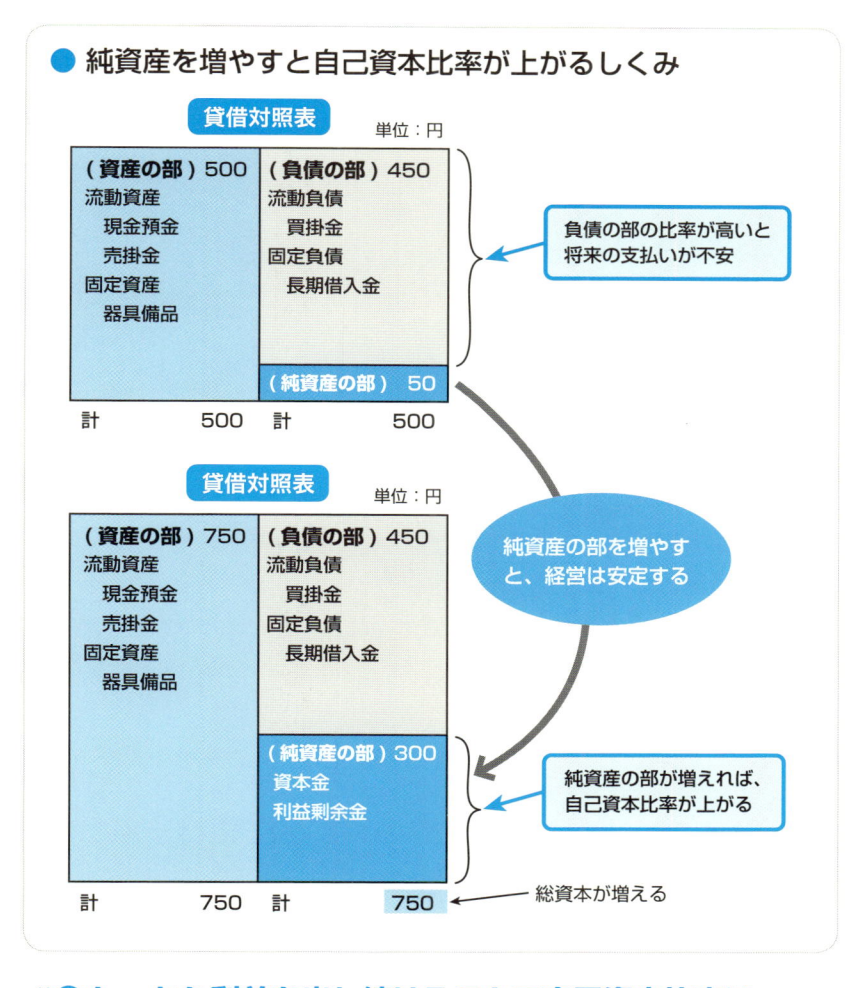

← 総資本が増える

≪❷ しっかり利益を出し続けることで自己資本比率はじわじわ上がる！

　もうひとつ、純資産の部を確実に増やす方法があります。それはしっかりと利益を出すことです。**時間はかかりますが、利益を毎期確実に出している会社は純資産の中に過去の利益が蓄積されます。**貸借対照表の純資産の部が増えていくということは、それだけ自己資本比率が高くなるということです。確実に利益を出して、使える資金が毎期増えていくのが理想的な状態です。

● 純資産の部を増やして経営を安定させる方法

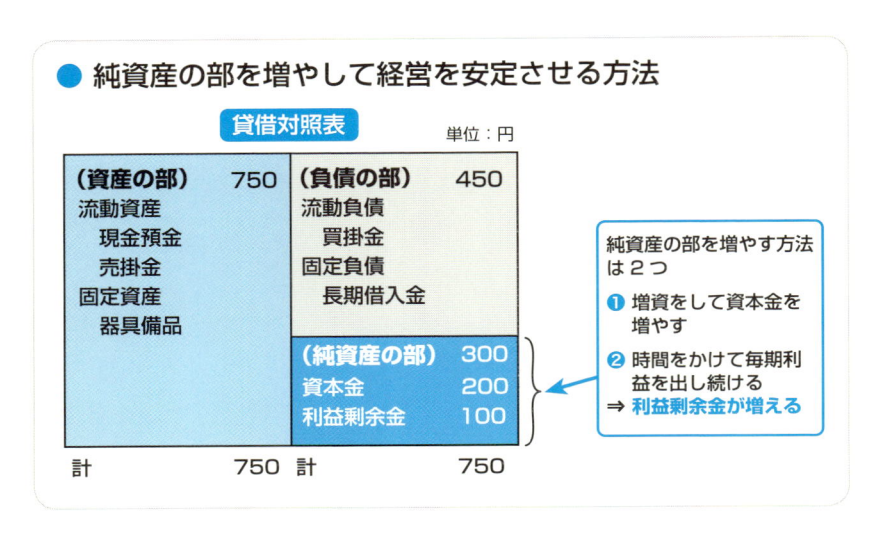

貸借対照表 単位：円

(資産の部) 750	(負債の部) 450
流動資産	流動負債
現金預金	買掛金
売掛金	固定負債
固定資産	長期借入金
器具備品	
	(純資産の部) 300
	資本金　　200
	利益剰余金　100
計　　　　750	計　　　　750

純資産の部を増やす方法は2つ
❶ 増資をして資本金を増やす
❷ 時間をかけて毎期利益を出し続ける
⇒ **利益剰余金が増える**

≪❸ 緊急時に経営者からの金銭の借入れで乗り切ることもある

　出資者と経営者が同じ会社で自己資金が足りなくなった場合、金融機関から融資を受けずに、緊急で代表者個人から資金を借りることがあります。代表者からの借入金では自己資本比率は上がりませんが、当面返済しない予定のものなら上がったのと同じ効果があります。

● 資本金に近い位置にある代表者からの借入金で経営を安定させる

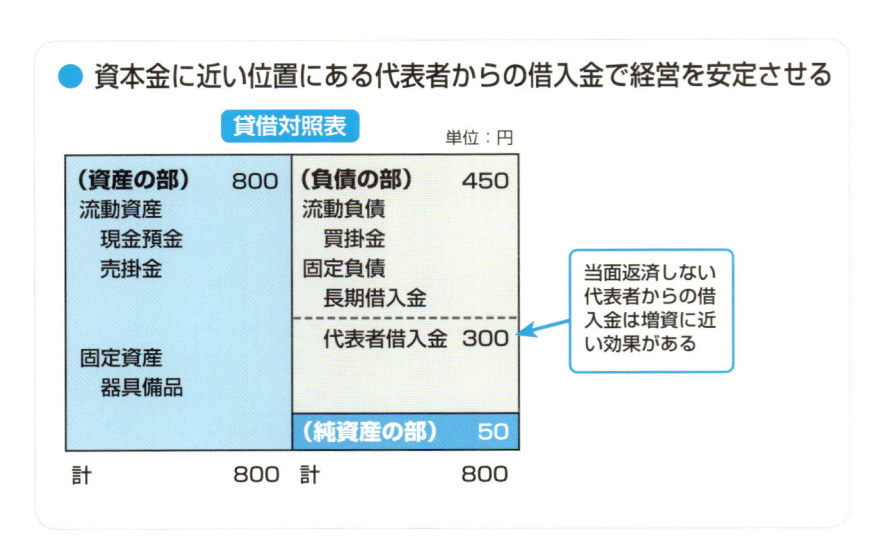

貸借対照表 単位：円

(資産の部) 800	(負債の部) 450
流動資産	流動負債
現金預金	買掛金
売掛金	固定負債
	長期借入金

	代表者借入金　300
固定資産	
器具備品	
	(純資産の部) 50
計　　　　800	計　　　　800

当面返済しない代表者からの借入金は増資に近い効果がある

自己資本比率だけではなく、純資産の部も意識する

資本金が少ない会社は危険だという理由で、以前は株式会社を新設する場合には1,000万円という最低資本金の要件（最低資本金制度）がありました。この制度は平成18年に撤廃され、現在は会社設立時の資本金の要件はなくなったので、少額の資本金でも会社は設立できます。ですが、**自己資本比率がかぎりなく「0」に近かったら明らかに不健全**で、簡単に会社が設立できる分だけ簡単に倒産する会社も増えました。

前々頁でお話ししたように、純資産を増やすと自己資本比率が上がります。**資本金が十分にあれば純資産の部は増えるので、自己資本比率が上がる**ことになります。

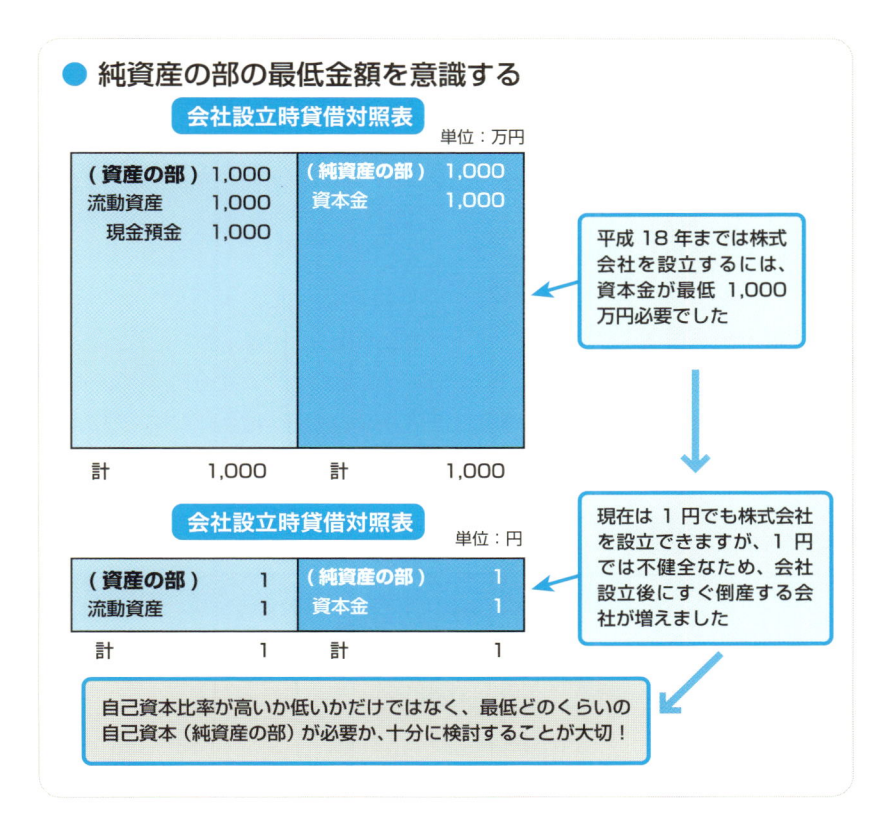

● 純資産の部の最低金額を意識する

会社設立時貸借対照表
単位：万円

（資産の部）	1,000	（純資産の部）	1,000
流動資産	1,000	資本金	1,000
現金預金	1,000		
計	1,000	計	1,000

平成18年までは株式会社を設立するには、資本金が最低1,000万円必要でした

会社設立時貸借対照表
単位：円

（資産の部）	1	（純資産の部）	1
流動資産	1	資本金	1
計	1	計	1

現在は1円でも株式会社を設立できますが、1円では不健全なため、会社設立後にすぐ倒産する会社が増えました

自己資本比率が高いか低いかだけではなく、最低どのくらいの自己資本（純資産の部）が必要か、十分に検討することが大切！

純資産を増やせば自己資本比率は上がりますが、自己資本比率を上げるためにだけではなく、会社を経営するために最低でもどのくらい純資産が必要なのかを十分に検討することが大切です。自己資本比率がどんなに高くても、負債の部と純資産の部の合計が取引規模に見あっているとはかぎらないからです。

　自己資本比率は40％が目安ですが、最低資本金制度で使われていた1,000万円という金額は純資産の部として保っておきたい金額の目安になる数字です。

シャープは「増資」をして奇跡の「安定性」を取り戻した！

　増資がどれだけ影響力があるのかをわかりやすく見られるのが、シャープの2013年度第2四半期(2014年7月～9月)と2013年度第3四半期(2014年10月～12月)の財務諸表です。ここでは第2四半期を見てみます。

　第2四半期と書いて「だいにしはんき」と読みます。上場会社は1年を4つに分けて、期首から3カ月ごとに区切って、第1四半期、第2四半期、第3四半期、第4四半期に「決算短信」の報告をしています。「決算短信」については、248頁でお話しします。

≪❶ まず、手元資金の流動性を見ます

　134頁の表を見てください。当座資産（現金預金）が1,675億円、売上高13,420億円／3カ月（4,473億円／月間）なので、手元資金の流動性（115頁参照）は次のようになります。

● **手元資金の流動性を求める**

$$\text{手元資金の流動性} = \frac{\text{現金預金} + \text{すぐに換金できる資産のうち上場株式などの有価証券}}{\text{1カ月の売上高（月商）}}$$

$$= \frac{1,675\text{億円}}{4,473\text{億円}} ≒ 0.37\text{カ月分}$$

手元資金の流動性は1.5カ月分以上ほしいところです。0.37カ月分では上場企業であっても足りない水準です。

≪❷ 次に、流動比率を見ます

流動資産12,829億円に対して流動負債が16,130億円あるので、流動比率は次のようになります。

● 流動比率を求める

$$流動比率 = \frac{流動資産（1年以内に現金化できる資産）}{流動負債（1年以内に返済すべき負債）} \times 100 （\%）$$

$$= \frac{12,829}{16,130} \times 100 ≒ 79.54\%$$

流動比率は120％程度ないと安定とはいえないので、これでは足りません。

≪❸ 最後に自己資本比率を見ます

総資産21,155億円に対して純資産1,466億円ですから、自己資本比率（124頁参照）は次のようになります。

● 自己資本比率を求める

$$自己資本比率 = \frac{自己資本}{総資本} \times 100 （\%）$$

$$= \frac{1,466}{21,155} ≒ 6.93\%$$

自己資本比率は製造業で健全とされる水準（20〜30％）を大きく下回っています。2012年度に巨額赤字を計上した関係で、2013年3月末時点（2012年度第4四半期）の自己資本比率は7％弱まで落ち込んでしまったのです。

● シャープの2013年度第2四半期（2014年7月〜9月）と2013年度第3四半期（2014年10月〜12月）の財務諸表

上段：金額（億円）　下段：利益率（％）

	2013年度 第2四半期	2013年度 第3四半期
売上高	13,420	21,572
営業利益	338	814
	2.52%	3.77%
経常利益	32	375
	0.24%	1.74%
当期純利益	−43	177
	−0.32%	0.82%

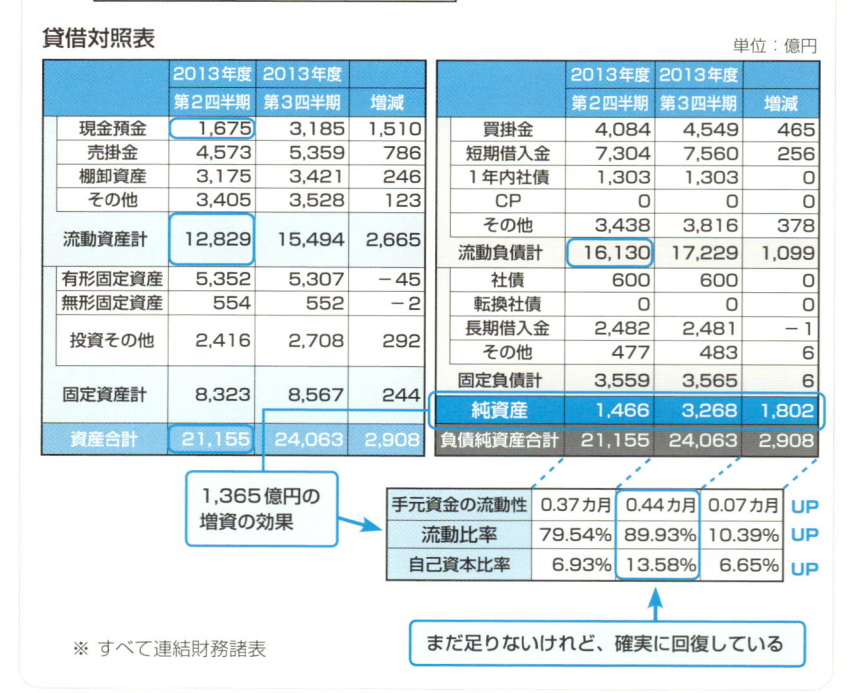

貸借対照表

単位：億円

	2013年度 第2四半期	2013年度 第3四半期	増減		2013年度 第2四半期	2013年度 第3四半期	増減
現金預金	1,675	3,185	1,510	買掛金	4,084	4,549	465
売掛金	4,573	5,359	786	短期借入金	7,304	7,560	256
棚卸資産	3,175	3,421	246	1年内社債	1,303	1,303	0
その他	3,405	3,528	123	CP	0	0	0
				その他	3,438	3,816	378
流動資産計	12,829	15,494	2,665	流動負債計	16,130	17,229	1,099
有形固定資産	5,352	5,307	−45	社債	600	600	0
無形固定資産	554	552	−2	転換社債	0	0	0
投資その他	2,416	2,708	292	長期借入金	2,482	2,481	−1
				その他	477	483	6
固定資産計	8,323	8,567	244	固定負債計	3,559	3,565	6
				純資産	1,466	3,268	1,802
資産合計	21,155	24,063	2,908	負債純資産合計	21,155	24,063	2,908

1,365億円の増資の効果

手元資金の流動性	0.37カ月	0.44カ月	0.07カ月	UP
流動比率	79.54%	89.93%	10.39%	UP
自己資本比率	6.93%	13.58%	6.65%	UP

まだ足りないけれど、確実に回復している

※ すべて連結財務諸表

≪❹ 改善策は、「借入れ」ではなく「増資」をすること

　改善策として、**2013年10月に1,365億円の大幅な増資を行って、2013年12月の第3四半期では自己資本比率を13.58%まで回復させ、同時に手元資金の流動性、流動比率も改善している**のがわかります。

　このように、**増資を行うことによって自己資本比率が改善され、経営の安定性を増すことができます**。仮に増資をせず、あるいは増資の引き受け手が見つからず、すべて借入金で手当てしていたとしたら、自己資本比率はさらに低下し、毎月返済しなくてはいけない資金がさらに必要になり、もっと厳しい状況になっていたと予想できます。

自己資本比率を知るポイント

- 増資をすると自己資本比率は確実に上がる
- 利益を出すとその分自己資本比率は上がる
- 会社の取引規模と見あった自己資本を確保する

08 経営の安定性がわかったら、投資効率を確認したい

投資効率ってどんなものだろう？

投資効率は、高いほうがいい結果を期待できる

　経営の安定性がわかったら、次に投資効率を確認しましょう。手持ちの資金を銀行に預けるなら、金利が高い銀行に預けたいと思いませんか？　同じ1,000円を預金するなら0.1％の金利で預けて1円の利息を受け取るより、1％の金利で10円の利息を受け取れる銀行に預けたほうが投資効率は高くなります。投資効率は高いほうがいい結果を期待できますね。

普通の電球よりLED電球が売れている理由

　最近LED電球が流行っていますが、なぜ選ばれているかというと、消費電力が約7分の1と省エネになるばかりでなく、普通の電球よりも寿命が長いからです。具体的にどのくらいかというと、たとえば100円で買った普通の白熱電球が1,000時間使えるのに対して、LED電球は2,000円と値段は20倍で、使える時間が一律40倍の40,000時間だと仮定します。1円あたりの投資効率は普通の電球なら10時間ですが、LED電球だと20時間となり、電球が使える時間だけ考えても投資効率に2倍の差が出ます。
　投資効率というのは、こんなふうに計算できます。

会社の投資効率はどこで見るのか

　では、会社の投資効率はどこで見るのかというと、**会社の投資効率は、貸借対照表と損益計算書の両方を使ってジャッジします。**貸借対照表の右側、負債の部と純資産の部を見ると、どのようにして使える資金を調達したかがわかります。使える資金は負債の部と純資産の部の合計金額になり

● 普通の白熱電球とLEDの投資効率はどう違う？

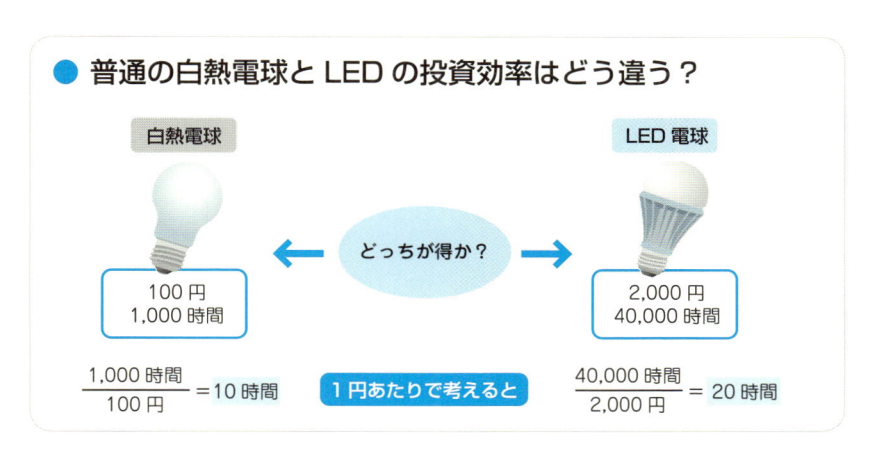

白熱電球
100円
1,000時間

どっちが得か？

LED電球
2,000円
40,000時間

1円あたりで考えると

$$\frac{1,000時間}{100円} = 10時間$$

$$\frac{40,000時間}{2,000円} = 20時間$$

ます。

　会社の投資効率は、貸借対照表の純資産の部の株主資本、負債の部と純資産の部の合計、そして損益計算書の当期純利益で見ます。

● 会社の投資効率を見るための要素

① 貸借対照表の純資産の部の株主資本：株主が会社に出資した金額

⬇

利益を出すために、どのくらい元手を使ったのかを株主資本で見ます。株主が会社に出資した資本金をもとにして経営を行った結果、どのくらいの利益が出たのかを見たいわけですから、株主が会社にどのくらい出資しているかが重要になります。

② 貸借対照表の負債の部と純資産の部の合計：利益を出すために使った金額

⬇

利益を増やすために、元手以外の資金も含めて、**全部でどれだけ使って出した利益なのかを見る**のが、負債の部と純資産の部の合計になります。

③ 損益計算書の当期純利益：当期の営業で出た税引き後の利益の金額

⬇

損益計算書で法人税等を控除したあとの当期純利益がたくさんあるといいのですが、損益計算書を見ただけでは、何をどれだけ使って出た利益なのかがわかりません。効率よく利益が出せたかどうかを知っておくことは大切です。

≪自己資金を使ったかどうかで変わる

　貸借対照表の右側をチェックします。出資してもらった2,000円を使ってLED電球を買った場合は、右側の純資産の部に2,000円が表示されます。もし2,000円を借金して購入した場合には、右側の負債の部に表示されます。資金を借りて運用する場合と元手を使った場合とでは、同じ利益が出ても投資効率が違うのです。

　もしも純資産が足りないうえに資金を借りることもできなかったとしたら、LED電球は買えないので、安価な白熱電球を購入することになります。白熱電球を使うと電気代が余分に必要になり、定期的に電球も交換が必要な分だけコストが増えて、利益が圧縮されます。

損益計算書だけで計算する各種の利益率だけでは投資効率はわかりません。貸借対照表とあわせて投資効率を見ると、会社の価値がわかるのです。

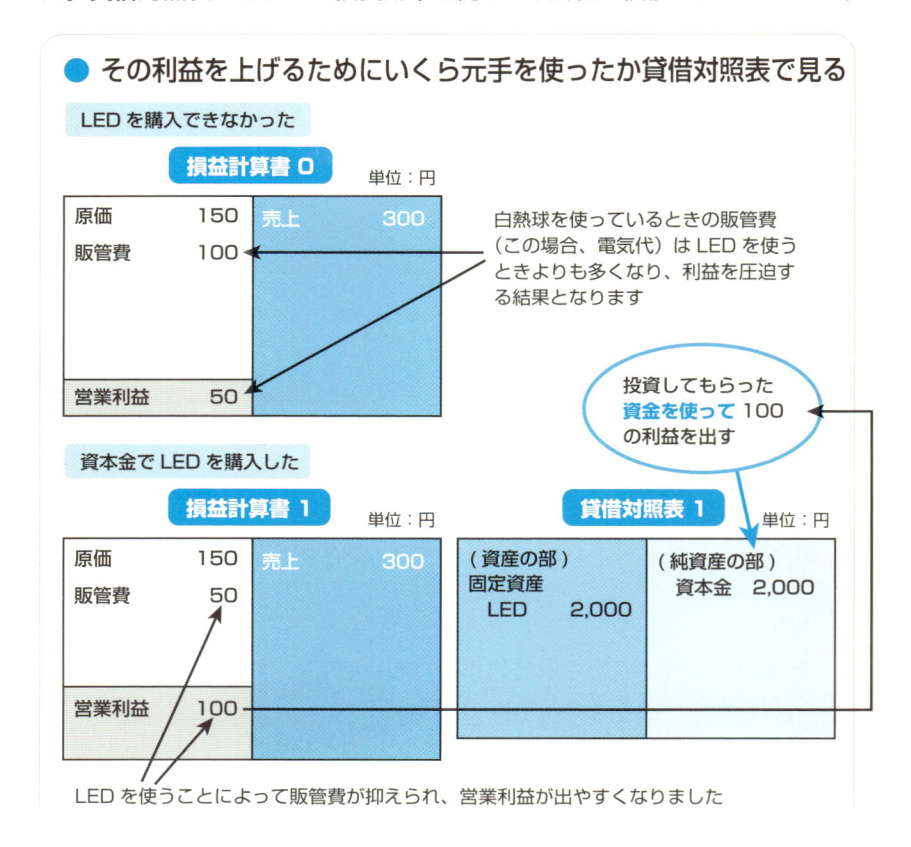

● その利益を上げるためにいくら元手を使ったか貸借対照表で見る

LEDを購入できなかった

損益計算書 0 　単位：円

原価	150	売上	300
販管費	100		
営業利益	50		

白熱球を使っているときの販管費（この場合、電気代）はLEDを使うときよりも多くなり、利益を圧迫する結果となります

投資してもらった**資金を使って**100の利益を出す

資本金でLEDを購入した

損益計算書 1 　単位：円

原価	150	売上	300
販管費	50		
営業利益	100		

貸借対照表 1 　単位：円

（資産の部） 固定資産 　LED　2,000	（純資産の部） 資本金　2,000

LEDを使うことによって販管費が抑えられ、営業利益が出やすくなりました

借入れで LED を購入した

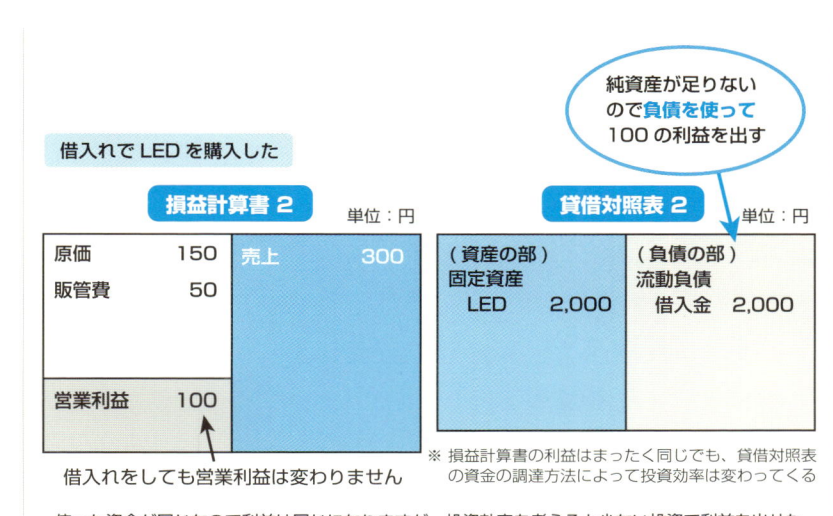

損益計算書 2 単位：円

原価	150	売上	300
販管費	50		
営業利益	100		

借入れをしても営業利益は変わりません

貸借対照表 2 単位：円

純資産が足りないので**負債を使って**100 の利益を出す

（資産の部）	（負債の部）
固定資産	流動負債
LED　2,000	借入金　2,000

※ 損益計算書の利益はまったく同じでも、貸借対照表の資金の調達方法によって投資効率は変わってくる

使った資金が同じなので利益は同じになりますが、投資効率を考えると少ない投資で利益を出せたほうが投資効率は高くなります。投資した資金をベースに利益がいくら出たのかというのが投資効率です。ですから投資された資金が少なくてもその資金を元手に借入れを起こして、同じだけ利益を出すことができる会社は投資効率がいいのです。

会社の投資効率は ROE と ROA で見る

　投資に対する利益の比率（ROE）、使った資金に対する利益の比率（ROA）を見ると、投資効率が高い会社かどうかがわかります。使っている資金が少なくてもしっかり利益を出せる会社は投資効率が高い会社で、最低限の運転資金で運営できる状態ですからリスク面でもすぐれているわけです。
　ROE と ROA については、次節 09 「ROE で投資効率を見る」以降で説明します。

投資効率を知るポイント

- 投資効率が高いほうがいい結果を期待できる
- 貸借対照表の右側と損益計算書の当期純利益を使うと投資効率がわかる
- 投資効率が高いかどうかを見ると会社の価値がわかる

09 投資した資金が効率よく利益に結びついているか？

ROE で投資効率を見る

投資した資金は効率よく利益を生んでいますか？

上場企業の投資家情報を見ると、ROEという指標があります。ROEを見ると株主が投資した資金が効率よく利益に結びついているかどうかがわかります。上場していない家族経営の小さな会社でも、ROEを見て気づくことがあります。万が一投資効率が悪くて改善が見込めないとしたら、その事業のやり方を根本的に見直す必要があるわけです。ROEを定期的に確認して経営に役立てましょう。

元手をいくら使って利益を どれだけ出したのかということ

会社の投資効率を見るのにROEという指標を使います。ROEは英語のReturn on Equity の略です。Equity（資本）に対してどのくらい利益がReturn（出た）したのかという意味です。日本語では「**ROE ＝ 自己資本利益率**」となります。**ROEで見るのが前節の「投資効率」**です。

「ROE」は「利益」を「元手（自己資本）」で割って計算します。

● ROEの求め方

$$\text{ROE（自己資本利益率）} = \frac{\text{当期純利益}}{\text{自己資本}^{※}} \times 100\,(\%)$$

※ **自己資本は貸借対照表の純資産の部のこと**をいいます。上場会社の場合、厳密には純資産から新株予約権や少数株主持分を除いたものですが、大まかに純資産の部と覚えておいてください。

投資効率が高いということは、100円の元手で1円儲ける（このときのROEは1%）よりも、100円の元手で10円儲けた（このときのROEは10%）ほうが投資効率が高いということです。

ROEを求めてみよう

　純資産が同じ50円のC社とE社があります（次頁の貸借対照表参照）。損益計算書を見てみると、C社の売上高は500円で当期純利益は10円。E社の売上高は1,000円で当期純利益は20円になっています。この2社の投資効率をROEで比べてみましょう。

$$C社のROE = \frac{10円}{50円} \times 100 = 20 \ (\%)$$

$$E社のROE = \frac{20円}{50円} \times 100 = 40 \ (\%)$$

≪C社とE社のROEの違い

　C社では、50円の純資産を使って10円の利益を出しています。それに対してE社では、同じ50円の純資産を使ってC社の倍の20円の利益を出しています。ROEだけを見ていると、C社よりもE社のほうが投資効率が高くていい状態です。

　しかし、50円の純資産と50円の負債、全部で100円の総資産を使って10円の利益を出しているC社と、50円の純資産と150円の負債、全部で200円の総資産（C社の倍）を使って20円（C社の倍）の利益を出しているE社だという見方をすると、どちらも同じように見えます。

　つまり、100円の総資産を使って10円の利益を出せるのは同じ（E社は200円で20円だから100円で10円と同じ比率）だとしても、負債が増えても**実際に使える資金を増やしてあげれば、利益を増やすことができる**ということになります。E社はそうして見事に利益を増やすことができたのです。

　投資をする立場で見るとROEは高いほうがいいのですが、高すぎる会社というのは、E社のように負債、つまり借入金が増えていることがあるので、リスクが高いこともあります。

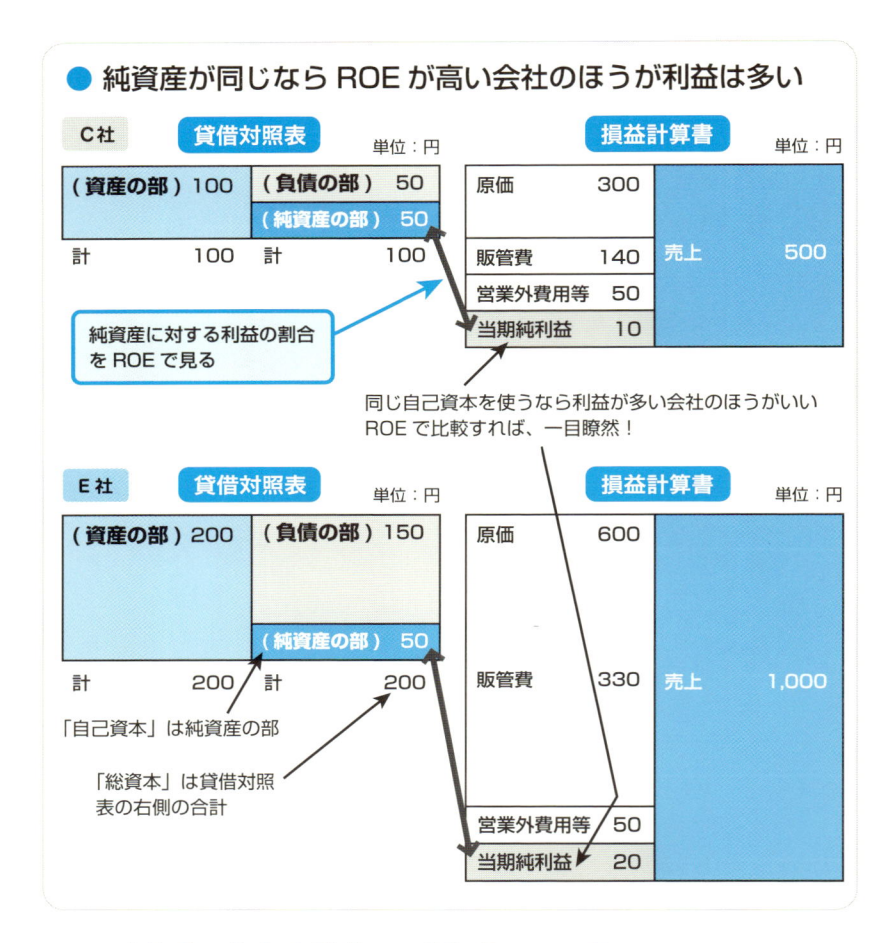

● 純資産が同じなら ROE が高い会社のほうが利益は多い

C社 貸借対照表　単位：円

(資産の部) 100	(負債の部) 50
	(純資産の部) 50
計　　　100	計　　　100

損益計算書　単位：円

原価	300	
販管費	140	売上　500
営業外費用等	50	
当期純利益	10	

純資産に対する利益の割合を ROE で見る

同じ自己資本を使うなら利益が多い会社のほうがいい
ROE で比較すれば、一目瞭然！

E社 貸借対照表　単位：円

(資産の部) 200	(負債の部) 150
	(純資産の部) 50
計　　　200	計　　　200

「自己資本」は純資産の部
「総資本」は貸借対照表の右側の合計

損益計算書　単位：円

原価	600	
販管費	330	売上　1,000
営業外費用等	50	
当期純利益	20	

ROEは高ければ高いだけいいというわけでもない

　ROEが高い会社は投資効率がいい会社です。では高ければ高いだけいいのかというと、そうでもありません。実は、**ROEはレバレッジ比率（145頁参照）、総資本回転率（149頁参照）、当期純利益率（153頁参照）の3つに分解した各要素が密接に絡みあったもの**なのです。特にレバレッジ比率の影響についてはしっかり注意しましょう。

● 実はROEは3要素からできていると考える

$$ROE = \frac{当期純利益}{自己資本} \times 100 (\%)$$

$$= \frac{総資本^※}{自己資本} \times \frac{売上}{総資本^※} \times \frac{当期純利益}{売上} \times 100 (\%)$$

$$= レバレッジ比率 \times 総資本回転率 \times 当期純利益率 \times 100 (\%)$$

※ 総資本は貸借対照表の右側（負債の部と純資産の部）の合計のことで、資産の部の合計とも一致します。

3要素からROEを求めると、計算式上は下記のように約分されますが、それぞれの比率は、無視できません。

$$ROE = \frac{\cancel{総資本}}{自己資本} \times \frac{\cancel{売上}}{\cancel{総資本}} \times \frac{当期純利益}{\cancel{売上}}$$

ROEの3要素で会社の投資効率を見てみる

C社とE社のROEを3つに分解して比べてみましょう。

ROE = レバレッジ比率 × 総資本回転率 × 当期純利益率 × 100（%）

C社 $= \dfrac{100円}{50円} \times \dfrac{500円}{100円} \times \dfrac{10円}{500円} \times 100 (\%)$

$= 2 \times 5 \times 0.02 \times 100 (\%)$

$= 20 (\%)$

E社 $= \dfrac{200円}{50円} \times \dfrac{1,000円}{200円} \times \dfrac{20円}{1,000円} \times 100 (\%)$

$= 4 \times 5 \times 0.02 \times 100 (\%)$

$= 40 (\%)$

C社とE社は同じだけ自己資本を使っていますが、総資産が異なります。使える資金が増えたため当期純利益がE社は多いのです。ROEの違いはどうかというと、3要素のうち、レバレッジ比率がC社は2ですがE社は4で2倍の開きがあります。**ROEが違う原因はこのレバレッジ比率にありました。何が原因でROEが違うのかを確認することで、会社の投資効率の本質が見えてくる**のです。

　では次節から、レバレッジ比率、総資本回転率、当期純利益率を見ながら、会社の投資効率の本質を探ります。

ROEで投資効率を知るポイント

- 会社への投資効率をROEで見る
- 元手に対していくら儲かったかを見るのがROE
- 投資効率が高いかどうかを見ると会社の価値がわかる

10 ROEの3要素 ❶ てこの原理を使うとROEは急上昇

レバレッジ比率 が高ければ ROE も高くなる

レバレッジを掛けると利益が出る可能性が増える

　ROEの要素の1つであるレバレッジ比率の「レバレッジ」は英語でleverageといい、日本語では「てこ」という意味です。てこの原理を使って、少ない自己資本でも借入れをして、総資本を大きく動かすことを「レバレッジを掛ける」といいます。てこを使って、小さな力でより大きなものを動かすのと同じように、少ない資本金にてこ入れしたような形で使える資金を増やし、たくさんの利益を出せる可能性を増やします。

● てこの原理を使って大きく儲けるレバレッジのイメージ

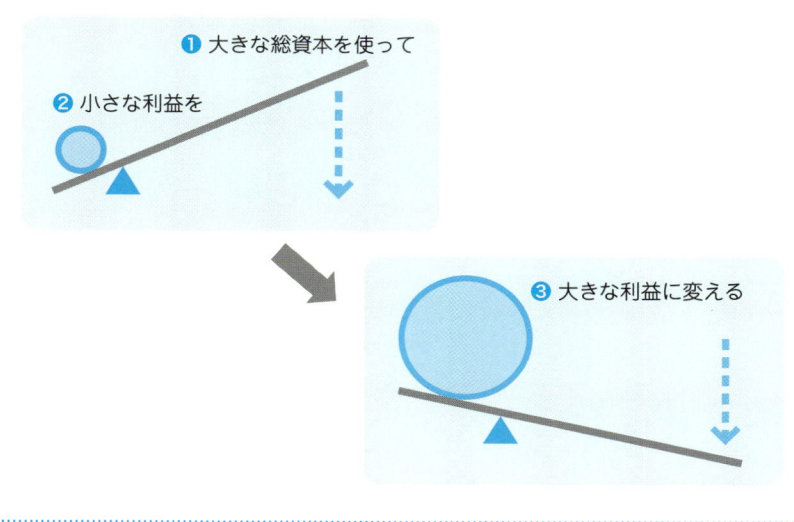

❶ 大きな総資本を使って
❷ 小さな利益を
❸ 大きな利益に変える

145

レバレッジ比率でどのくらい利益を出しやすくなっているかがわかる

　レバレッジ比率とは、総資本が自己資金（株主資本）の何倍の総資本を使っているかということです。

　CASE 1：八百屋さん🅐が100円持っていて、その100円でリンゴを1個仕入れました。そのリンゴを120円で売ったとしたら20円儲かります。

　CASE 2：同じように100円持っている、隣の八百屋さん🅑が900円借金をしたら、手元にあった100円と借りた900円をあわせて、1,000円使えることになるので、同じリンゴを10個仕入れることが可能になります。もし同じように全部120円で売れたとすれば、儲けは200円となり、100円のときの10倍になります。このとき、自己資金（100円）に対して総資本（1,000円）は10倍あることになります。これがレバレッジ比率です。

「レバレッジ比率」は「総資本」を「自己資本」で割って計算します。

● レバレッジ比率の求め方

$$\text{レバレッジ比率} = \frac{\text{総資本（負債の部 ＋ 自己資本）}}{\text{自己資本}}$$

この事例では、次のようになります。

- 無借金の🅐　　　　　　　$\dfrac{100}{100} = 1.0$
- 900円の借金をした🅑　　$\dfrac{1,000}{100} = 10.0$

レバレッジを掛けると利益が出しやすい

　CASE 2 の八百屋さん🅑では、レバレッジを10倍掛けた分だけ利益が出ました。レバレッジを掛けるとその分利益が出やすくなるので、レバレッジ比率はROEに大きく影響するのです。

　実際には売れ残ることもあります。仮に1つも売れずに赤字になった場

合は、ROEの算式には当期純利益率が入っているので、レバレッジ比率はマイナスになって影響します。**レバレッジを掛けたら掛けた分だけ、利益を出さなくていけない**のです。

レバレッジ比率を期末の総資本と自己資本を使って計算してみる

期末のレバレッジ比率を正確に計算するには、「総資本」と「自己資本」を「期首と期末の平均値」を使って計算するのですが、ここでは先ほどの八百屋さん❸をもとに、簡便化して期末（取引が終わった段階を期末としています）の自己資本を使って説明します。

● 同じ資本でもレバレッジを掛けた分だけ利益は出しやすくなる

レバレッジを掛けない場合は使える資金が100円しかない （八百屋さん❹）

貸借対照表　単位：円

（資産の部）
売掛金　120

（純資産の部）
資本金　100
利益剰余金　20

損益計算書　単位：円

原価　100
売上　120
当期純利益　20

レバレッジを掛けると1,000円の資金を使えるので利益が出しやすくなる （八百屋さん❸）

貸借対照表　単位：円

（資産の部）
売掛金　1,200

（負債の部）
借入金　900

（純資産の部）
資本金　100
利益剰余金　200

損益計算書　単位：円

原価　1,000
売上　1,200
当期純利益　200

レバレッジを掛けた分だけ利益が増えているのがわかります。借入れをした分だけ利益を出しやすくなるということです。
　では、期末のレバレッジ比率を見てみましょう。

期末のレバレッジ比率の計算

- 無借金の場合　　　　$\dfrac{120}{(100+20)} = 1.0$
- 900円の借金をした場合　$\dfrac{1,200}{(100+200)} = 4.0$

レバレッジ比率がどのくらい影響しているか確認しましょう

　ROEの中に、レバレッジ比率の影響がどのくらいあるのか確認しましょう。**レバレッジ比率が高いということは、その企業は借入金を使ってより効果的に資金を使っている**ことになります。

- レバレッジを掛けない場合のROE（八百屋さんⒶ）　$\dfrac{20}{120} \times 100\% = 16.66$（％）
- レバレッジを掛けた場合のROE（八百屋さんⒷ）　$\dfrac{200}{300} \times 100\% = 66.66$（％）

4倍（レバレッジ比率）

　レバレッジ比率を掛ける前は16.66（％）で、レバレッジを掛けると16.66（％）× 4 = 66.66（％）となりました。レバレッジ比率の影響で、八百屋さんⒷのROEは4倍になったのです。

レバレッジ比率を知るポイント

- レバレッジを掛けるとその分利益が出やすくなる
- レバレッジ比率はROEが高くなる大きな要因
- ROEにどのくらいレバレッジ比率が影響しているか確認する

11 ROEの3要素❷　この売上を上げるためにどのくらいの資金を使ったのか

総資本回転率 で見る会社の力量

総資本をどれだけ有効に回転させているか

　ROEの要素の１つである「総資本回転率」の「回転」というのは面白い響きです。先ほどの八百屋さん❸を例にとってみましょう。1,000円で仕入れたリンゴを1,200円で10個販売しておしまいではなく、翌日は、今日販売した代金1,200円を元手にして仕入れたリンゴを1,440円（1個120円）で12個販売して、その翌日は1,440円を元手にして仕入れて販売するというように、毎日、総資本を使って販売を繰り返すと、1日目、2日目、3日目……と、雪だるまをつくるときに、雪の球を転がしながら大きくしていくように、総資本がまるで回転しているような動きをします。それで回転という言葉を使います。総資本が何回転したかを見ることで、総資本をどれだけ有効に活用しているかどうかがわかるのです。

● 総資本を使って仕入れ販売を繰り返す

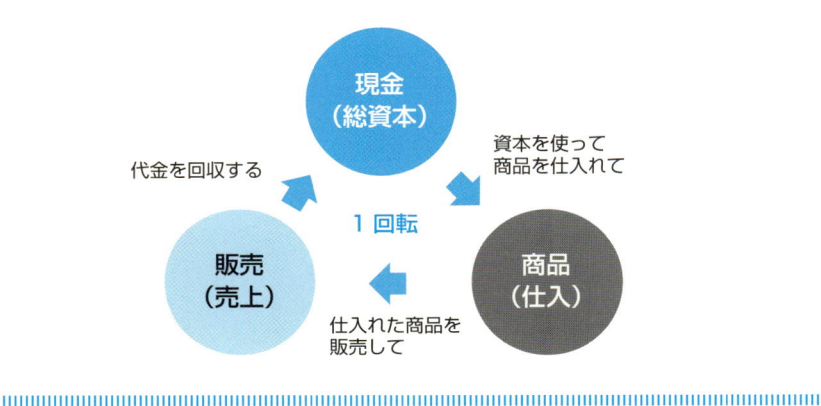

現金（総資本） → 資本を使って商品を仕入れて → 商品（仕入）→ 仕入れた商品を販売して → 販売（売上）→ 代金を回収する → （1回転）

総資本回転率でわかるのは、その会社の販売力

　総資本回転率が高いということは、少ない資金でよりたくさん売り上げる力があるということなります。ですから同じ業種で比較すると、**総資本回転率が高い会社は販売力がある**といえます。つまり、総資本回転率を見ることで総資本の活用度合がわかるのです。
　「総資本回転率」は「売上高」を「総資本」で割って計算します。

● 総資本回転率の求め方

$$総資本回転率 = \frac{売上}{総資本}$$

　では、C社が2円を元手に12円売り上げたケースと、D社が20円を元手に12円売り上げたケースとでは、どちらの会社のほうが総資本の活用度合が高いでしょうか？

- C社の総資本回転率 $= \dfrac{12円}{2円} = 6$
- D社の総資本回転率 $= \dfrac{12円}{20円} = 0.6$

　C社とD社のような総資本回転率の比較をしてみると、少ない総資本で同じ売上を上げることができるC社のほうが、明らかに総資本が活用できていることがわかります。

期末の自己資本を使って総資本回転率を計算すると

　期末の総資本回転率を正確に計算するには、総資本を期首と期末の平均値を使って計算するのですが、ここでは簡便化して期末の自己資本を使っ

● 同じ12万円の売上なら、使っている資金は少ないほうがいい

C社
貸借対照表　単位：円
| （資産の部） 2 | （負債・純資産の部）2 |

損益計算書　単位：円
| 原価 | 売上　12 |
| 当期純利益 | |

C社とD社の違い → 使える資金が違う → 売上高は同じ

D社
貸借対照表
| （資産の部） 20 | （負債・純資産の部） 20 |

損益計算書
| 原価 | 売上　12 |
| 当期純利益 | |

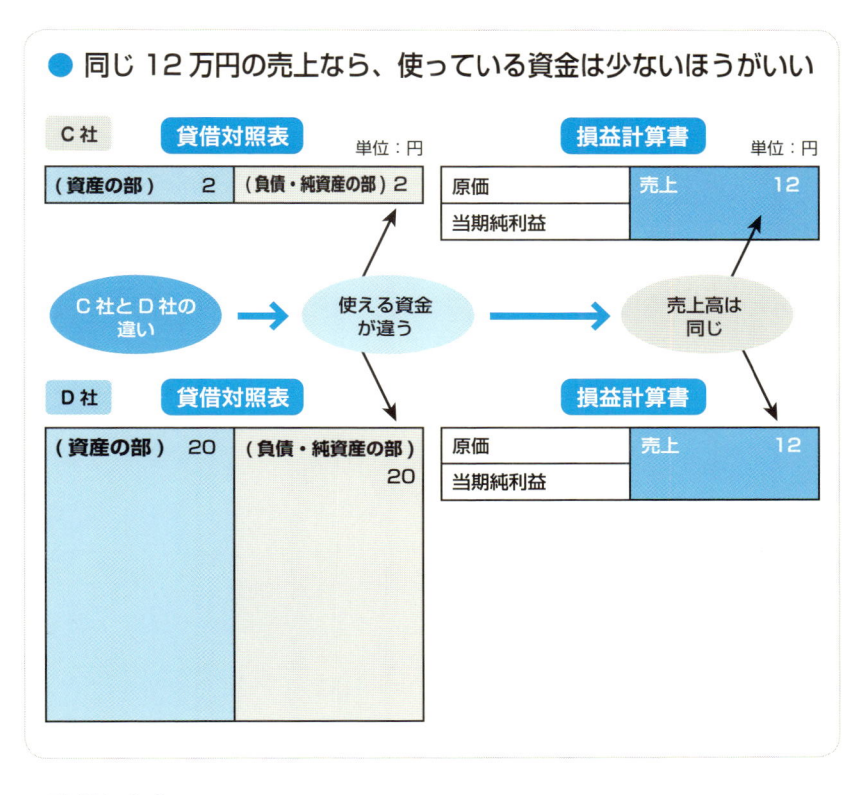

て計算します。

　146頁の **CASE 2** の八百屋さん **B** のリンゴが、仮に1年間で12万円（1,000個）売れたとします。1個100円で仕入れて120円で売っているわけですから、利益は2万円（1,000個×20円）になります。もともと1,000円（総資本100円と自己資本900円の借金の合計）あったところに利益の分だけ期末の総資本が増えているので、総資本回転率を計算すると次のようになります。

$$総資本回転率 = \frac{12万円}{(1{,}000円 + 2万円)} = 5.714$$

　総資本回転率が5.714となっているのが高いのか低いのかという判断は、同業社の平均と比較してみるとよくわかります。

総資本回転率は数字で表せない努力の成果

　たくさん資金を使ったから販売実績が上がるわけではありません。**総資本回転率を上げるということは、より少ない資金を効率的に使って売上を上げるということ**です。

　ただし、総資本は攻めの経営のときに増えるばかりでなく、赤字を出して借入れをしても増えます。そのときは、総資本回転率は下がります。**何期分かの貸借対照表と総資本回転率の変動を見比べながら、変動した理由を把握することで会社の状況が浮き彫りになってくる**のです。

総資本回転率を知るポイント

- 総資本回転率で総資本の活用レベルの確認をする
- 同じ売上なら少ない資金で計上できるほうがいい
- 総資本は、赤字を出して借入れをしても増えるので注意
- 総資本回転率で会社の状況が浮き彫りになる

12 ROEの3要素❸ どんなにほかの要素が高くても、赤字ならROEはマイナス

当期純利益率 の影響

当期純利益がゼロならROEもゼロ

どんなにレバレッジを掛けていても、どんなに総資本回転率が高くても、当期純利益がまったく出ていなければROEはゼロです。赤字ならROEはマイナスです。

$$\text{ROE（自己資本利益率）} = \frac{0（当期純利益）}{自己資本} \times 100（\%） = 0$$

当期純利益は直接影響する

ROEの最後の要素は当期純利益率です。**当期純利益率は損益計算書の当期の売上に対して、どれだけ当期純利益が出ているかを表しています。**損益計算書の利益率のところで出てきた当期純利益率と同じものです（第3章 05 96頁参照）。

● 当期純利益率の求め方

$$当期純利益率 = \frac{当期純利益}{売上} \times 100（\%）$$

赤字の場合、ROEはマイナス表示になる

≪ CASE 3 　当期純利益率が黒字になる場合

　八百屋さんⒶがリンゴを100円で仕入れて、それを120円で販売する以外に何も経費がかからなかったとしたら、当期純利益は20円で、当期純利益率は次のようになります。

$$当期純利益率 = \frac{20}{120} \times 100（\%） = 16.6\%$$

≪ CASE 4 　当期純利益率が赤字になる場合

　もしもほかに経費が25円かかっていたら、当期利益率はマイナスになり、その結果ROEもマイナスになります。

$$当期純利益率 = \frac{▲5}{120} \times 100（\%） = ▲4.16\%$$

ROEを計算してみる ❶ 基礎編

　ROEを正確に計算するときは、総資本と自己資本の期首と期末の平均値を使いますが、ここでは「期首の総資本と自己資本」を使って八百屋さんⒷの CASE 3 と CASE 4 を計算してみましょう。

　もともと100円持っていて、900円借金しています。そして、リンゴを1つ100円で10個仕入れて120円で完売しています（146頁参照）。

≪ CASE 3 　当期純利益率がプラスのときはROEもプラス

$$ROE = \frac{1,000}{100} \times \frac{1,200}{1,000} \times \frac{200}{1,200} \times 100（\%）$$
$$=（レバレッジ比率）\times（総資本回転率）\times（当期純利益率）\times（\%）$$
$$= 10 \times 1.2 \times 0.166 \times 100 = 200（\%）$$

　当期純利益率が高く、0.166％もあるおかげでROEも高くなりました。

≪ CASE 4 当期純利益率がマイナスのときはROEもマイナス

$$ROE = \frac{1,000}{100} \times \frac{1,200}{1,000} \times \frac{▲50}{1,200} \times 100 \ (\%)$$

= （レバレッジ比率）×（総資本回転率）×（当期純利益率）×（％）
=   10   × 1.2 × ▲0.0416 × 100 = ▲50 (%)

当期純利益率がマイナスなため、ROEもマイナスになりました。

● 損益計算書の当期純利益率はROEを構成する

当期純利益率が高いとROEも高くなる

CASE 3 損益計算書　　単位：円

原価	1,000
売上	1,200
当期純利益	200

当期純利益率がマイナスの場合

CASE 4 損益計算書　　単位：円

原価	1,000
売上	1,200
販管費	250
当期純損失	▲50

ROEを計算してみる ❷ 応用編

期首と期末の総資本と自己資本の平均値を使って計算してみるとどうなるか、試しに CASE 3 のROEを平均値を使って計算してみましょう。

ここでは総資本と自己資本を期首と期末の平均値を使って計算します。

$$ROE = \frac{\{1,000 + (1,000 + 200)\} \div 2}{\{100 + (100 + 200)\} \div 2} \times \frac{1,200}{\{1,000 + (1,000 + 200)\} \div 2} \times \frac{200}{1,200} \times 100$$

= （レバレッジ比率）×（総資本回転率）×（当期純利益率）×（％）
=   5.5   × 1.09 × 0.166 × 100 = 100 (%)

先ほど、期首の総資本と自己資本を使って、154頁で算出したROE（＝200％）とだいぶ違う数字になりました。**自分で計算したROEと新聞やインターネットで見た会社情報でのROEが違うときは、期首の数字を使っているのか、期首と期末の平均の数字を使っているか、このあたりが原因のことが多い**のです。

実際には、❷ 応用編 のように「平均値」を使うほうが無難

　このケースのように、❶ 基礎編 で簡便的に計算した数字と、❷ 応用編 で平均を使った数字とでは、まったく違った値が出てしまいます。ですから期首と期末の貸借対照表の変動があまりなく、簡便的に計算しても影響がない場合以外は、**❷ 応用編 の平均値を使って計算**しましょう。

ROEは3要素をじっくり確認することが大切

　ROEの3要素は互いに関係しあっているので、「❶ レバレッジ比率」「❷ 総資本回転率」「❸ 当期純利益率」の3つの要素の関係をよく確認して、「❶ 会社のどこが強くてどこが弱いのか」「❷ 前期と比べてどうなったのか」「❸ 同業他社と比べてどうなのか」、比較して改善するための戦略を立てます。

　たとえば、借入金を増やすことでレバレッジ比率は上がりますが、売上のアップにつながっていなければ、総資本回転率が下がり、その結果ROEは下がってしまうので、どこが問題なのか検討しなくてはいけません。そのとき同業他社と比べることで業界の動向がわかるので、改善のヒントを見つけやすくなります。

　会社に投資をするときにはROEを見ただけで安心するのではなく、次節で紹介する、レバレッジ比率の影響を受けないROAを必ず一緒に確認するようにしましょう。

● 「期首の総資本と自己資本」と「期首と期末の総資本と自己資本の平均値」を使ったROEの違い

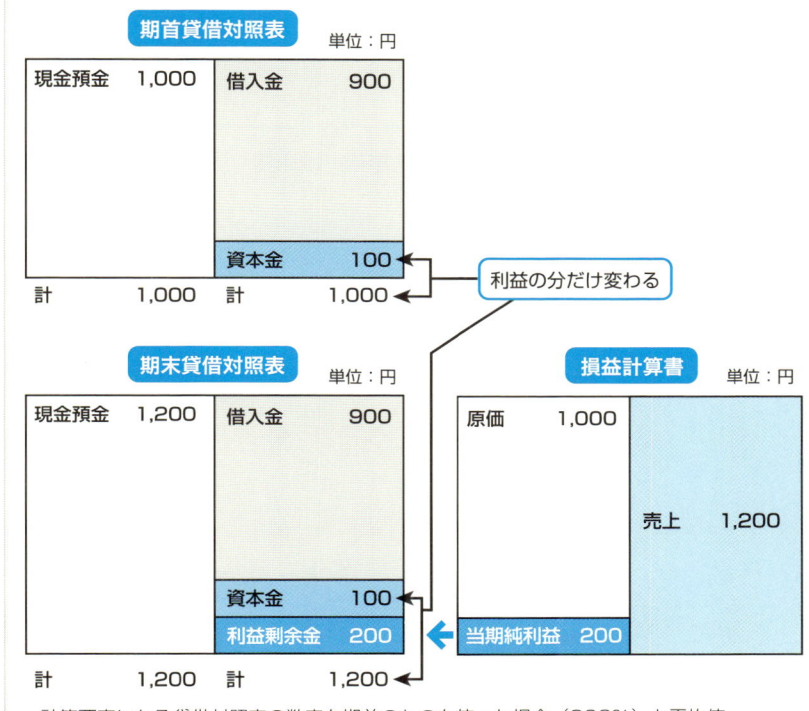

期首貸借対照表 単位：円

現金預金	1,000	借入金	900
		資本金	100
計	1,000	計	1,000

利益の分だけ変わる

期末貸借対照表 単位：円

現金預金	1,200	借入金	900
		資本金	100
		利益剰余金	200
計	1,200	計	1,200

損益計算書 単位：円

原価	1,000	売上	1,200
当期純利益	200		

計算要素になる貸借対照表の数字を期首のものを使った場合（200％）と平均値を使った場合（100％）とは数値が大きく異なる

当期純利益率を知るポイント

- 当期純利益がゼロならROEもゼロ、マイナスならROEもマイナス
- 計算要素は期首と期末の貸借対照表（総資本と自己資本）の平均値を使う
- ROEの3要素をしっかり分析することが大切

13 どのくらい効率的な資産の運用ができているか？
ROA で見るのは総資産の運用利回り

会社の数字はROEだけでは判断がつかない？

　野球のスコアボードに記録されている1点がどんな内容なのかはスコアボードを見ただけではわかりません。相手のエラーで入った1点なのか、ホームランで入った1点なのかわかりません。得点したときの状態を把握しないと、わからないことは結構あります。
　これと同じように、会社がどうやって利益を出したのかを把握するためには、ROEだけを見ていたのでは判断がつかないのです。

ROEが高いから安心！　ということはない

　会社が発表している経営指標のROEを見ても、ROEの3要素はすぐにはわかりません。3要素がわからないまま、ROEが高いからといって安心してはいけません。なぜなら**ROEはレバレッジ比率の影響を大きく受けるので、総資本回転率と当期純利益率の数字が何倍にもなってしまうからです。そこで、ROEを補完するために「ROAを一緒に見る」ようにします。**
　ROAは英語でReturn on Assetsの略で、Asset（財産）をいくら使ってReturn（返って）きたかという意味で、日本語では「総資産利益率」といいます。
　ROAを見ると、損益計算書の利益率（粗利率、営業利益率、経常利益率、当期純利益率）でもROEでもわからない、総資産の運用利回りがわかります。
　「ROA」は「利益」を「総資産」で割って計算します。

● ROAの求め方

$$\text{ROA}_{\text{総資産利益率}} = \frac{\text{当期純利益}}{\text{総資産}} \times 100\,(\%)$$

$$= \frac{\text{売上}}{\text{総資産}} \times \frac{\text{当期純利益}}{\text{売上}} \times 100\,(\%)$$

$$= \text{総資産回転率} \times \text{当期純利益率} \times 100\,(\%)$$

ROAはレバレッジ比率を使う前のROE

　ROAとROEを分解した算式を見比べてみると、ROAはレバレッジ比率を使う前のROEと同じだということがわかります。

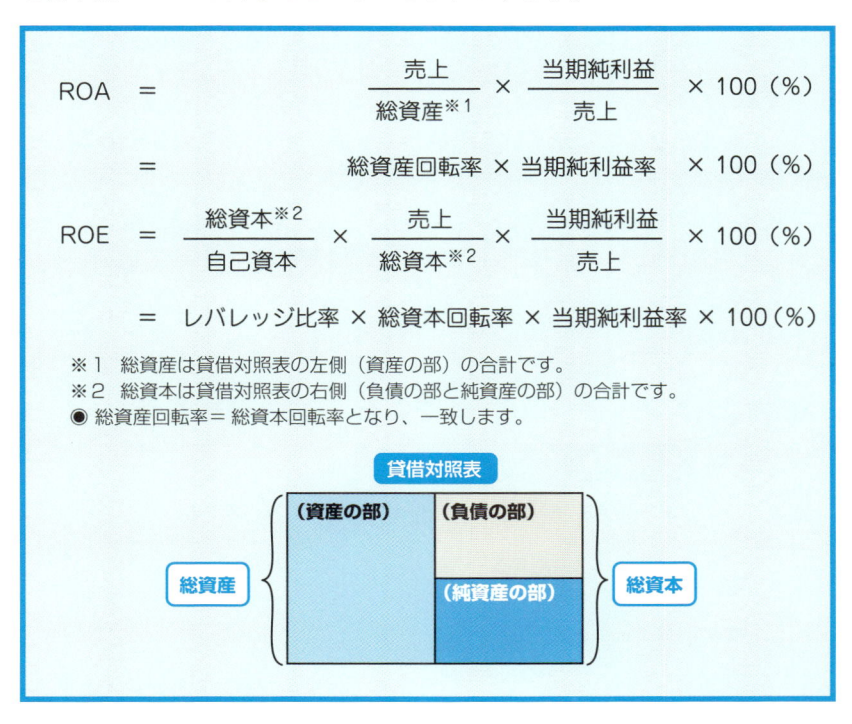

$$\text{ROA} = \frac{\text{売上}}{\text{総資産}^{※1}} \times \frac{\text{当期純利益}}{\text{売上}} \times 100\,(\%)$$

$$= \text{総資産回転率} \times \text{当期純利益率} \times 100\,(\%)$$

$$\text{ROE} = \frac{\text{総資本}^{※2}}{\text{自己資本}} \times \frac{\text{売上}}{\text{総資本}^{※2}} \times \frac{\text{当期純利益}}{\text{売上}} \times 100\,(\%)$$

$$= \text{レバレッジ比率} \times \text{総資本回転率} \times \text{当期純利益率} \times 100\,(\%)$$

※1　総資産は貸借対照表の左側（資産の部）の合計です。
※2　総資本は貸借対照表の右側（負債の部と純資産の部）の合計です。
● 総資産回転率＝総資本回転率となり、一致します。

貸借対照表

総資産 { （資産の部）	（負債の部）	} 総資本
	（純資産の部）	

貸借対照表の左側にある資産の部の合計と右側にある負債・資本の部の合計は一致するので、ROEで使っている総資本回転率と、ROAで使っている総資産回転率は同じなのです。ですから、ROAはレバレッジ比率を使う前のROEだということになるわけです。つまり**レバレッジが掛からない状態での利益率ですから、ROAはシビア**なわけです。

ROEよりもROAが高いほうがいい？

ROAを見ると、どのくらい効率的な資産の運用ができているかがわかります。同じ資金を使うならたくさん利益が出たほうがいいに決まっています。逆をいえば、同じ利益を出すのであれば必要な資金は少ないほうがいいということです。ROEが少し増えてよかったなと思ったら、実はレバレッジ比率が異常に高くなっていて、ROAを確認したら数値が見事に下がっていたというようなこともあるのです。

ROAが低いということは、借入金が利益を生むために有効に活用されていない証拠なのです。万が一、ROEが高くてROAが低いということがあったら、それはレバレッジ比率が高いせいですから、たくさん借入金があるけれど利益が出ていないという困った状態もあり得るわけです。ですから、**ROAがどんなに高くても悪いことはありませんが、ROEが高いのは問題があるかもしれないということになるのです。ROEとROAを、並べて見比べてみることが大切**です。

会社情報などにROEとROAの2つが並んで記載されていたら、ROEをROAで割り戻す「ROA × レバレッジ比率 ＝ ROE」⇒「レバレッジ比率 ＝ ROE ÷ ROA」と、すぐにレバレッジ比率がわかるので、確認します。

●損益計算書が同じ場合のROAとROEの関係を見る

損益計算書　単位：円

原価　100,000
売上　120,000
当期純利益　20,000

A社 貸借対照表（単位：円）

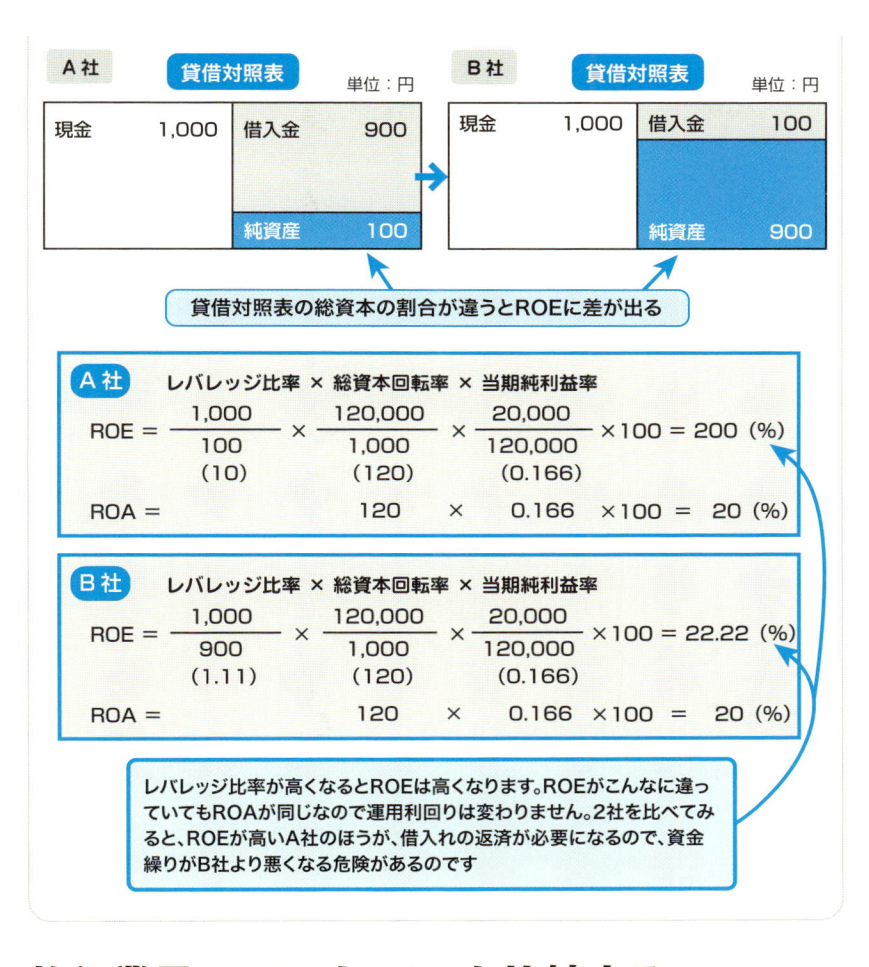

現金 1,000	借入金 900
	純資産 100

B社 貸借対照表（単位：円）

現金 1,000	借入金 100
	純資産 900

貸借対照表の総資本の割合が違うとROEに差が出る

A社 レバレッジ比率 × 総資本回転率 × 当期純利益率

$$ROE = \frac{1,000}{100} \times \frac{120,000}{1,000} \times \frac{20,000}{120,000} \times 100 = 200\,(\%)$$
$$(10) \quad\quad (120) \quad\quad (0.166)$$

$$ROA = \quad\quad 120 \quad\times\quad 0.166 \times 100 = 20\,(\%)$$

B社 レバレッジ比率 × 総資本回転率 × 当期純利益率

$$ROE = \frac{1,000}{900} \times \frac{120,000}{1,000} \times \frac{20,000}{120,000} \times 100 = 22.22\,(\%)$$
$$(1.11) \quad\quad (120) \quad\quad (0.166)$$

$$ROA = \quad\quad 120 \quad\times\quad 0.166 \times 100 = 20\,(\%)$$

> レバレッジ比率が高くなるとROEは高くなります。ROEがこんなに違っていてもROAが同じなので運用利回りは変わりません。2社を比べてみると、ROEが高いA社のほうが、借入れの返済が必要になるので、資金繰りがB社より悪くなる危険があるのです

旅行業界のROEとROAを比較する

　次頁の表で、旅行業界の4社を比較してみました。売上の規模は4社でかなり異なりますが、ROEとROAを見るとそれぞれ特徴があります。

　一番売上の多いANAは、この期間赤字になっているため、ROEもROAもマイナスです。なぜ赤字なのか気になったので調べてみると、経営改革を加速するための多額の減損処理を行ったのが原因のようです。

　この4社の中でROE、ROAともに高くて経営が安定しているのは、H・I・Sです。H・I・Sは一株当たり純利益率も高くなっています。当期利益

率と違う結果が出るのはおもしろいですね。
　レバレッジ比率を見てみると、取引規模の小さい会社ほどレバレッジ比率が高くなる傾向にあるのがわかります。

● **旅行業界のROEとROAの比較**

	H・I・S	ANA	KNT-CT	日本旅行
	2019年10月期	2019年3月期	2019年3月期	2019年12月期
売上高（百万円）	808,510	1,367,396	411,821	54,748
経常利益（百万円）	17,098	3,014	2,834	2,516
経常利益率	2.11%	0.22%	0.69%	4.60%
純利益（百万円）	13,875	−14,525	1,271	1,635
当期利益率	1.72%	−1.06%	0.31%	2.99%
1株当たり純利益	213.63	−3,280.38	46.81	27.08
ROE	11.58%	−8.42%	4.86%	7.16%
ROA	2.54%	−2.09%	0.93%	1.45%

参考 レバレッジ比率の計算

```
H・I・S    11.58 (%)  ÷   2.54 (%)  =  4.57
ANA       −8.42 (%)  ÷  −2.09 (%)  =  4.03
KNT-CT     4.86 (%)  ÷   0.93 (%)  =  5.2
日本旅行    7.16 (%)  ÷   1.45 (%)  =  4.92
```

ROAを知るポイント❶

● ROAで、利益を出すためにどのくらいの資金を使ったか確認する
● ROAが高くて問題はないが、ROEが高いと問題になることがある
● ROEを補完する意味でROAを使う

14 資産を持ちすぎるとROAは少なくなる

ROA を高くする工夫

ROAを高くするための地道な努力

　ROAを改善するということは、経営状態をよくすることに直結します。逆を返せば経営状態をよくしていくとROAは意識しなくても改善します。地道な努力を続けることでROAを増やすことができるのです。

総資本回転率を上げる工夫

　ROAを高くしようと思ったら、まずは総資本回転率を上げるように意識します。❶売上が同じなら、総資産が少ないほうが総資本回転率は高くなります（149頁参照）。また、❷総資産が同じなら、売上が増えると総資本回転率は上がります。今よりも売上を上げるために、どうしても必要な資産が何なのか再検討するのもいいですね。

❶ 資産の持ち方に注意する

　会社が利益を出すために、必要以上の余分な資産はありませんか？　たとえば不良在庫があったら処分するようにします。定価1,200円で販売しようと思って仕入れたリンゴが売れないままずっと会社の倉庫に眠っていたら、最後は腐って売れなくなってしまいます。そんなことになる前に、売れ残りそうになったら、その日の夕方、値段を下げてでも売ってしまうのです。もし原価を割っても価値のあるうちに整理すると、定価より安いにしても売上が立ち、貸借対照表の棚卸資産にある金額ほどではなくても資金が増えます。

　棚卸資産ばかりでなく、固定資産を過剰に持たないことでも総資本回転

率は上がります。

❷ 売上を増やす

　総資本回転率を上げるには、売上を増やすことでも効果が出ます。まさに直球勝負です。「売上はすべてを癒す」といいますが、どんなに経費を節約しても限度があるので、売上を増やすことも大切です。

経費節減で当期純利益率を上げる

　ROAを高くするもうひとつの方法は、当期純利益率を上げることです。どんなに売上が増えても、利益が出なくては何もなりません。売上が伸びているのに利益が出ないのは、余分な経費がかかっているからです。車のブレーキのように遊びの部分は必要ですが、それ以上に無駄な支出がある可能性もあります。効果が出ない経費はないか、効果が同じでもっと安くすませる方法はないか、1つずつ調査していきます。

　経費の中には改善の余地があるものがたくさんあります。どうしても必要なサービスだけ残して、面倒がらずに数千円単位のものから削減します。毎月支出する経費は恐ろしいもので、月額8,300円の支出でも1年間で10万円です。5年で50万円、10年で100万円ですから、せっせと削減しない手はありません。

今よりも有効な使い方がないかを検討する

　契約期間の関係で当面削減できないものがある場合には、すぐに解約することはできません。期間満了まで支出が続くわけですから、同じ支出をするなら今よりもっと有効利用ができないかチェックして、利益の享受が最大限になるように努めます。今まで使い方を知らなかっただけで、実はいいサービスを提供しているかもしれません。たとえば使い方がわからないという理由でスマートフォンを電話機としてしか使っていなかったとしたら、料金を支払っているだけの効果はないでしょうから、積極的に使い方は学ぶべきです。

　会社の数字は一朝一夕でできたものではないので、確実に利益を出して

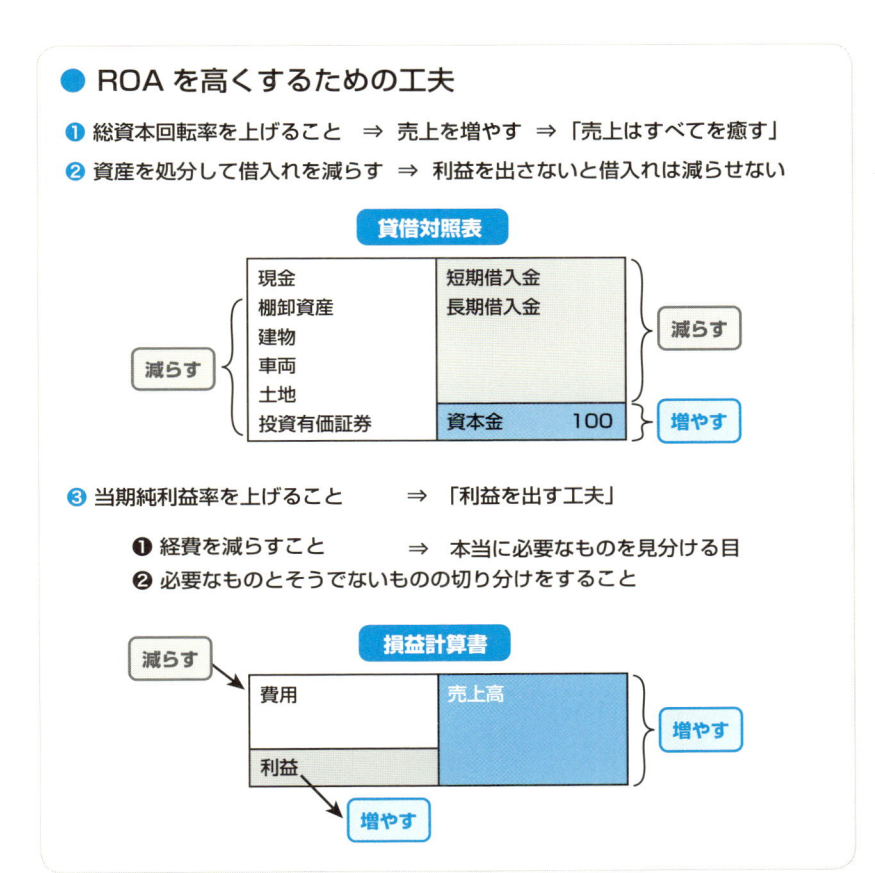

● ROAを高くするための工夫

❶ 総資本回転率を上げること　⇒　売上を増やす　⇒　「売上はすべてを癒す」

❷ 資産を処分して借入れを減らす　⇒　利益を出さないと借入れは減らせない

貸借対照表

減らす {	現金 棚卸資産 建物 車両 土地 投資有価証券	短期借入金 長期借入金	} 減らす
		資本金　100	} 増やす

❸ 当期純利益率を上げること　　⇒　「利益を出す工夫」

　❶ 経費を減らすこと　　　⇒　本当に必要なものを見分ける目
　❷ 必要なものとそうでないものの切り分けをすること

損益計算書

減らす → 費用／利益　｜　売上高 } 増やす
　　　　　　　利益 → 増やす

いく工夫が必要です。

ROAもROEも業種によって幅がある

　ROAもROEも業種によって幅があって一概にはいえませんが、**ROAが高くて、そこにレバレッジを掛けてROEを高くしているのが理想的な状態**です。インターネットを検索していると業種別のROA平均やランキングを掲載しているサイトもあるようなので、いろいろ見てみると参考になります。

　レバレッジを掛けないと利益が出ない業種もありますが、たとえば1,000

万円の総資本でROAが3％なのと4％ではたった1％の差ですが、当期純利益は30万円と40万円と10万円の差が出ます。このように利益に大きい影響があるROAです。同業他社との比較をして、調べたい会社のROAやROEが一般的な数字とどのくらいどうなのか、しっかり判断しましょう。

ROAを知るポイント❷

- 資産の持ち方を工夫するとROAは上がる
- 単純に売上をアップさせると資本回転率は上がる
- 要は当期純利益率。業種によって妥当なROAはかなり異なる
- レバレッジ比率は「ROE÷ROA」で計算できる

Column

企業の新型コロナによる影響について

　新型コロナウィルスの影響によるパンデミックで休業している企業は大丈夫なのか、決算書を読んで確認しようとしても各社の決算発表も遅れました。
　2020年2月29日から休業をしている東京ディズニーランドと東京ディズニーシーもこの原稿を執筆している段階ではまだ再開のめどが立っていません。休業で売上がほとんどない状態です。東京ディズニーランドを経営しているオリエンタルランドは大丈夫なのでしょうか？
　3月決算オリエンタルランドの決算短信を見ると、2019年3月期に対して、2020年3月期の売上は、休業のせいで1ヶ月分より少なくなっています。もともと3月は春休みで売上が多い月だったので打撃が大きくなりました。
　売上が減少しても、経費は同じだけ減るわけではありませんので、利益はもっと減少しました。
　ですがオリエンタルランドは流動比率が非常に高い会社のひとつです。2019年3月期の流動比率は285％ありました。2020年3月期では166％ありますから、まだまだ安定しています。とはいえ、流動比率は激減していることに変わりはありません。
　このように大きな災害が起こったときには、影響を受けている会社の、四半期ごとの決算短信を見て流動比率を確認することが、会社の状態を適切に判断するうえで、大きなチェック項目の一つとなります。

第5章 キャッシュフロー計算書で感じとる

　会社の利益の状態を見るのは「損益計算書」です。期末の状態を見るのは「貸借対照表」でした。最後にもうひとつ。1年間で会社の資金はどう動いたのか、どんなことをして増えたのか減ったのかを見るのが「キャッシュフロー計算書」です。

　この章ではキャッシュフロー計算書について、その3つの構成と見るべきポイントをお話ししていきます。この章の目標は次の2つです。

● **この章の目標**

> ❶ キャッシュフロー計算書は、損益計算書と貸借対照表ではわからない「資金の流れ」を補完するものだということ
> ❷ キャッシュフロー計算書は、3つの箱のプラスかマイナスの状況で判断すること

　キャッシュフロー計算書を見ていて、全部がプラスじゃないとついつい不安に感じてしまいますが、**全部プラスは逆におかしい**と思ってください。全部プラスというのは一時のことです。プラスとマイナスがあって、世の中バランスが取れて成り立っているのです。

● **キャッシュフロー計算書で見たいもの**

> ❶ **営業キャッシュフローはプラスが絶対にいい**ということ
> ❷ 投資キャッシュフローがマイナスなのは、どれだけ将来への投資をしたのかがわかるのでいいことだと理解すること
> ❸ 財務キャッシュフローがマイナスなのは、借金の返済が進んだ証拠なのでいいことだと理解すること

01 利益を出した結果、資金は増えましたか？

資金の流れをキャッシュフロー計算書でつかみとる

「売上が立つ ＝ ヒットを打つ」⇒ 損益計算書
「売掛金の回収 ＝ ホームに戻って得点」⇒ キャッシュフロー計算書

　野球の試合では、タイムリーヒットやホームランを打たないと絶対に得点にはなりません。ヒットを打つことは非常に大切です。ですがヒットを打っただけではダメなんです。走者を3人塁に出しても、走者がホームベースを踏むまでは得点になりません。会社も同じです。どんなにたくさん売上があっても、代金を回収しなければダメです。損益計算書ではわからない代金の回収、そして支払いをした結果、資金がどうなったのか、把握しなくてはなりません。それがわかるのが、キャッシュフロー計算書です。

キャッシュフロー計算書って何？

　キャッシュフロー計算書の「キャッシュフロー」という言葉を直訳すると、「お金の流れ」となります。キャッシュには「お金」のほかに、IT用語で、使用したウェブサイトの情報をパソコンの中のメモリー（記憶装置）に蓄えておいたデータの意味があります。この2つの意味をあわせて、**お金のキャッシュ（蓄え）と流れを見るのが「キャッシュフロー計算書」**です。

決算書の役割分担

　損益計算書の役割は、会計のルールに基づいて適正に損益計算することです。**適正な損益計算を目的としている計算書からは、資金の流れをつかむことはできません。**だからといって、資金の流れがわからなくていいと

いうわけではありません。どうにかして資金の流れがわかるようにしたいということから、キャッシュフロー計算書が登場しました。「貸借対照表」と「損益計算書 ＋ キャッシュフロー計算書」は、それぞれ役割分担をしています。「貸借対照表」と「損益計算書」を補完する形で「キャッシュフロー計算書」を使いましょう。

資金の流れの健全性を判断するために、上場会社では作成義務がある

　増収増益の損益計算書は魅力的です。そんな魅力的に見える会社でも資金が不足していることがあります。急激に販売実績が伸びたけれど、売上代金の回収よりも使った経費の支払いが先行してしまい、運転資金がショートするということが起こります。

　別のケースではこんなこともあります。よくないことですが、赤字で資金が不足している会社が売上をごまかして粉飾決算してしまった場合、損益計算書でいくら利益が出ていても資金は不足したままだったりします。どういうことかというと、売上を粉飾するということは、売っていないのに損益計算書に売上を計上しているわけですから、その売上に対する売掛金は回収できません。**代金を回収できない売上を立てた損益計算書で利益が出ていても、キャッシュフロー計算書を見て営業活動で資金が不足していたら、何かがおかしいということが見抜ける**のです。決算を粉飾して、損益計算書だけ見ている人はだませても、キャッシュフロー計算書を見ている人をだますことはできないのです。

　投資家がどの会社に投資をするか検討する際に、損益計算書で利益を確認して、貸借対照表を見て資産負債を確認しただけでは会社への投資のリスクがどのくらいあるか判断しにくいので、投資家が正しい判断をするための情報提供の目的で、上場会社にはキャッシュフロー計算書の作成義務があるのです。

投資する会社の数字を見るポイント

　貸借対照表で財政状態、損益計算書で経営成績、キャッシュフロー計算書で資金の流れをしっかりつかみます。資金が足りない理由や、赤字なの

に会社を維持できているということは翌期以降の資金面での負担が増えるなど、理由を具体的に把握ができるようになります。今後どのくらい資金が必要になるのか判断したり、金融機関に業績の報告をする際にも、裏づけに基づいた説得力のある説明ができるようになる価値ある書類です。

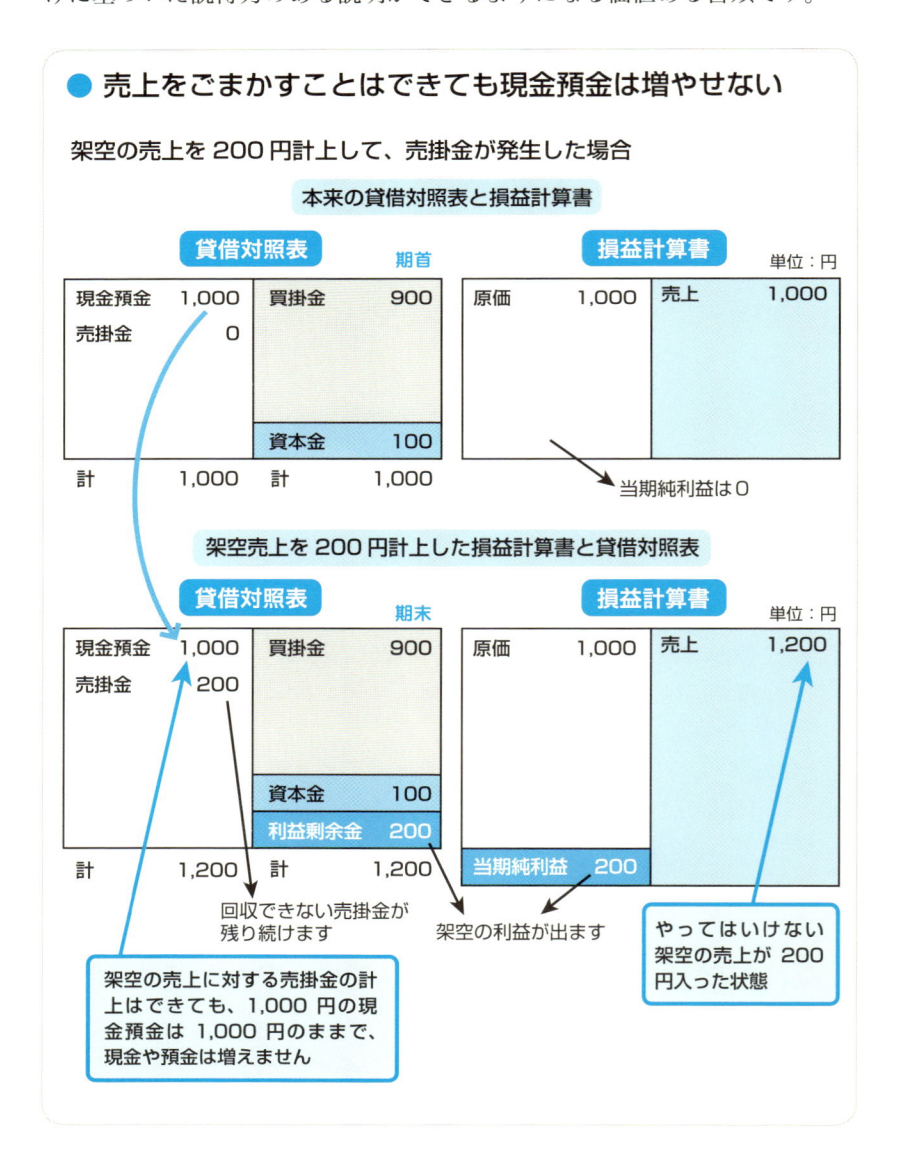

● 売上をごまかすことはできても現金預金は増やせない

架空の売上を 200 円計上して、売掛金が発生した場合

本来の貸借対照表と損益計算書

貸借対照表 期首

現金預金	1,000	買掛金	900
売掛金	0		
		資本金	100
計	1,000	計	1,000

損益計算書 単位：円

原価	1,000	売上	1,000

→ 当期純利益は 0

架空売上を 200 円計上した損益計算書と貸借対照表

貸借対照表 期末

現金預金	1,000	買掛金	900
売掛金	200		
		資本金	100
		利益剰余金	200
計	1,200	計	1,200

損益計算書 単位：円

原価	1,000	売上	1,200
当期純利益	200		

- 回収できない売掛金が残り続けます
- 架空の売上に対する売掛金の計上はできても、1,000 円の現金預金は 1,000 円のままで、現金や預金は増えません
- 架空の利益が出ます
- やってはいけない架空の売上が 200 円入った状態

キャッシュフロー計算書は3つに分けて、ポイントを押さえて感じとる

　キャッシュフロー計算書の営業活動、投資活動、財務活動の数字のパターンによって、会社の状態を知ることができます。しかしキャッシュフロー計算書は公開されていても、見慣れないとわかりにくいのも事実です。そこで効率よくわかりやすく見るために、キャッシュフロー計算書は3つに分けてポイントを押さえましょう。次節から詳しくお話ししていくので、ここではイメージだけとらえておいてください。

● キャッシュフロー計算書を見るポイント

キャッシュフロー計算書	見る場所
❶ 営業活動によるキャッシュフロー	営業でプラスになっていてほしいということがポイント
❷ 投資活動によるキャッシュフロー	投資をしたらマイナスになるのがポイント
❸ 財務活動によるキャッシュフロー	借入金を返済したらマイナスになるのがポイント

≪❶ 営業活動によるキャッシュフローがプラスになっているか

　キャッシュフロー計算書では、営業活動によるキャッシュフローがプラスになっていることが一番重要です。本業の営業活動が順調なら、未来の利益のために投資もできるし、借金の返済もできるわけです。その逆で、営業活動によるキャッシュフローがマイナスの場合には、どこかで資金を手当てしなくてはいけません。

≪❷+❸ 投資活動と財務活動によるキャッシュフローを見る

　その次に投資活動によるキャッシュフローと財務活動によるキャッシュフローを見ます。たとえば借入れをして、翌期以降の戦略のための投資活

動を行っているようなケースでは、積極的な経営を行っている状態が投資活動によるキャッシュフローではマイナスという形になって現れます。リスクをとって、営業活動で賄いきれないほどたくさんの投資をしたときは、借入れなどによる資金調達を行います。その結果、財務活動によるキャッシュフローはプラスになります。そのこと自体はよくも悪くもなく、積極的な展開をしているということが読み取れるのです。**投資活動も財務活動もマイナスというのが、投資も行いつつ返済もできている理想的な形で、一番バランスが取れている状態**です。

　３つのキャッシュフローのバランスを見ると、会社の戦略への覚悟が見えてきます。会社のお金の流れをつかむと、翌期以降の予測もしやすくなるのです。

　投資キャッシュフローが多額のプラスなら、「不動産や有価証券の処分を行ったのかな？」とあたりをつけてみることもできます。

● キャッシュフロー計算書は３つに分けて考える

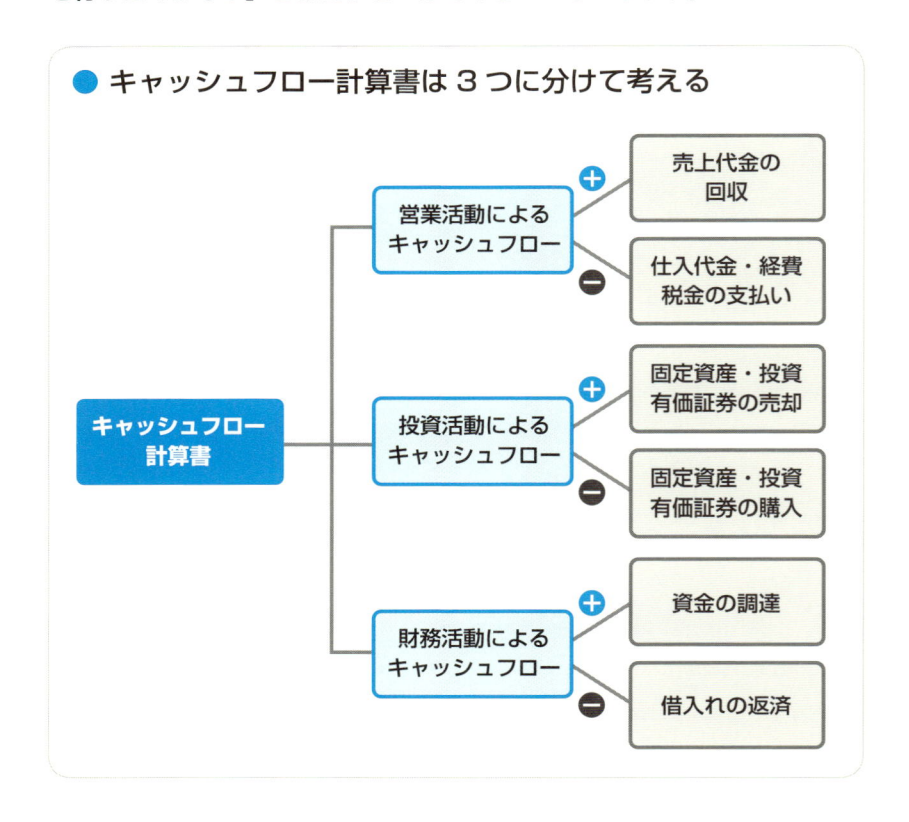

キャッシュフロー計算書
- 営業活動によるキャッシュフロー
  - ＋ 売上代金の回収
  - － 仕入代金・経費税金の支払い
- 投資活動によるキャッシュフロー
  - ＋ 固定資産・投資有価証券の売却
  - － 固定資産・投資有価証券の購入
- 財務活動によるキャッシュフロー
  - ＋ 資金の調達
  - － 借入れの返済

どのキャッシュフローのプラスを
どのキャッシュフローに使ったか

　キャッシュフロー計算書は作成方法が2通りありますが、本書では一般的に使われている、損益計算書の税引前当期純利益から作成する方法でお話しします。

　お金が増えたという事実があっても、それが「営業活動で増えた」のと「借入れをして増えた」のとでは意味が大きく違います。キャッシュフロー計算書を使うと、現金預金が増減した原因がどこにあるのかがわかります。その結果、どこに問題があるのかがわかりやすくなるのです（次節参照）。

　キャッシュフロー計算書は、損益計算書、期首と期末の貸借対照表を使って、資金移動があるものだけを抽出して、それを営業活動、投資活動、財務活動に切り分けて計算します。 そして3つのキャッシュフローのうち、どこがどのくらいプラスかマイナスかで判断します。つまり、**どのキャッシュフローのプラス分をどのキャッシュフローに使ったのかイメージできればいい**のです。

キャッシュフロー計算書を知るポイント ❶

- キャッシュフロー計算書を使って、損益計算書ではわからない資金の流れをつかむ
- キャッシュフロー計算書は3つに分けてポイントを押さえて感じとる
- どのキャッシュフローをどのキャッシュフローに使ったかプラスマイナスで判断する
- 営業活動はプラスにしたい

02 損益計算書の「わからない」を一挙に解決
キャッシュフロー計算書は3つに分けて考える

利益は意見、キャッシュは事実

　損益計算書は適正な範囲で作成すればいいことになっているので、実は誰がつくっても同じになるわけではないという落とし穴があります。それを知っていても、ときどきびっくりするような数字の違いが損益計算書には現れます。減価償却にしても、棚卸資産にしても、損益計算書は作成した人がどんな基準を使って作成したかによって結果が違ってきます。

　そのため「利益は意見、キャッシュは事実」といわれています。損益計算書では見えない事実を、キャッシュフロー計算書が見せてくれるというわけです。

事実は同じでも損益計算書は会社によって違う

　資金の動きは動かしがたい事実です。その事実をもとに会社ごとに選んだ計算方法を使って出した結果が、損益計算書と貸借対照表です。ですから**損益計算書は会社によって異なります。**貸借対照表に計上されている資産の中には、資産として価値があるもの以外に、今後費用になるものが計上されていたりするので、作成のしかたで数字が変わります。

　ですが資金の増減はごまかすことはできません。ということは、**キャッシュフロー計算書は誰が作成しても結果は同じになる**ということです。

　ごまかしのきかないキャッシュフロー計算書を見て、資金の増減した原因がどこにあるのかをしっかり把握していると、思わぬ発見をすることもあります。

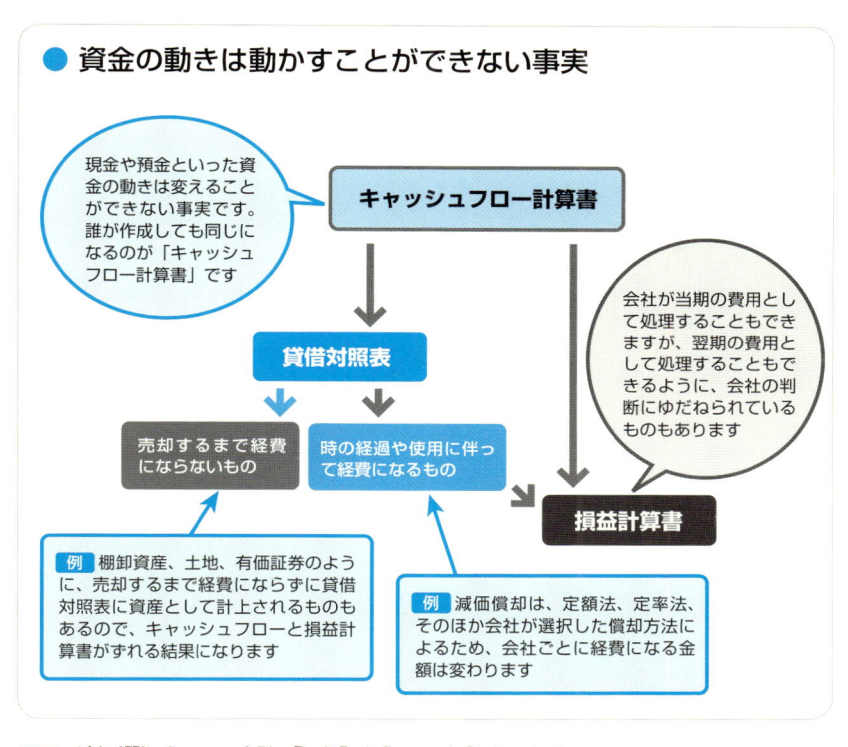

● 資金の動きは動かすことができない事実

現金や預金といった資金の動きは変えることができない事実です。誰が作成しても同じになるのが「キャッシュフロー計算書」です

キャッシュフロー計算書

↓

貸借対照表

売却するまで経費にならないもの／時の経過や使用に伴って経費になるもの

会社が当期の費用として処理することもできますが、翌期の費用として処理することもできるように、会社の判断にゆだねられているものもあります

損益計算書

例　棚卸資産、土地、有価証券のように、売却するまで経費にならずに貸借対照表に資産として計上されるものもあるので、キャッシュフローと損益計算書がずれる結果になります

例　減価償却は、定額法、定率法、そのほか会社が選択した償却方法によるため、会社ごとに経費になる金額は変わります

1 営業上の代金決済の流れは損益計算書ではわからない

会社の取引は次の4つのステップになります。

- ❶ まず見積りがあって
- ❷ 次に契約
- ❸ そして納品＋請求
- ❹ 最後に代金の回収

　代金の回収が終わるまでは、どんなことがあるかわかりません。代金の回収を行ったあとでも何かが起こればコストが発生しますが、基本的には代金の回収を行ったところで一連の取引は終了します。
　損益計算書では、❹の代金の回収のときに売上を計上することはせずに、

❸の納品段階での売上の基準になっています（第２章 02 51頁参照）。そのために損益計算書を見ても、売掛代金の回収や買掛金の支払いといった資金の流れがどうなったのかはわからないのです。

2 未来への投資活動にいくら使ったかは損益計算書ではわからない

　会社は決算で区切って損益を計算しますが、継続して会社が存続することが前提条件になっているので、未来への投資活動は、やりすぎはいけませんが必要なことです。

　たとえば固定資産を購入したときに経費になれば、支出と費用が一致するので食い違いは生じませんが、固定資産は減価償却という方法で何年かに分けて経費化するので、ここでも資金の出入りと損益計算書の不一致が生じることになります。**会社の将来のための投資活動に資金をいくらかけたのかということが、損益計算書ではわからない**のです。

3 資金調達のためにどんな動きをしたかは、損益計算書ではわからない

　資金を借りて現金預金が増えても、利益は出ません。その借入金を返済しても経費にはなりません。つまり、損益計算書を見ても資金調達をどうしたのかを知ることはできないのです。ここでも利益とお金の流れが一致しないので問題が起きます。

　もちろん**貸借対照表でその日の残高はわかりますが、２期分を比較しないと、資金の流れはわかりません。１期分では、資金がどう動いたのか把握することができない**のです。

4 万が一架空の売上を損益計算書に計上していてもわからない

　どうしても利益が出ている会社に見せたくて、架空の売上を計上する会社があります。これはやってはいけないことで、いわゆる粉飾決算です。

見つかればペナルティーを受けますが、それでもやる人がいます。残念なことに、第三者が損益計算書を見ただけではなかなか見抜くことはできません。

「わからない」を、キャッシュフロー計算書で一挙に解決！

損益計算書を見てもわからない左記の❶から❹までの4つの疑問を、わかるようにまとめたのがキャッシュフロー計算書です。

キャッシュフロー計算書は大きく3つに分けて表示されます。

> ❶ 営業活動によるキャッシュフロー
> ❷ 投資活動によるキャッシュフロー
> ❸ 財務活動によるキャッシュフロー

≪❶ 営業活動によるキャッシュフローで見たいもの

営業活動によるキャッシュフローでは、会社が営業活動で資金をどのくらい増やしたのかを見ます。損益計算書で営業利益がたくさん出ていても、営業活動によるキャッシュフローがマイナスになっていることがあるということを知っておいてください。**営業活動によるキャッシュフローがマイナスの会社は、赤信号がともった状態**です。積極的な取引によって利益が出ていたとしても、リスク管理ができていない可能性があります。

営業活動によるキャッシュフローは、キャッシュフロー計算書の中でも一番最初に確認したい数値です。とにかくここはプラスにしておきたい場所なのです。

≪❷ 投資活動によるキャッシュフローで見たいもの

その次に登場する**投資活動によるキャッシュフローでは、会社が将来のためにどのくらい投資活動をしているのかを見ます。**

固定資産の購入や投資のための有価証券を購入したことは、損益計算書に直接反映することはありません。不動産などへの投資のしすぎには注意が必要ですが、取引規模を大きくするためには、工場の建設が必要なこと

もあるでしょう。M&Aで既存の会社を買収することで、素早く企業規模を大きくすることもよくあります。投資活動は会社を成長させるためになくてはならないものなのです。

　投資活動によるキャッシュフローがマイナスになっている場合は、会社がどんなものに積極的な投資を行っているのかを見ると、翌期以降の事業展開の予測がつきやすくなります。

　その逆で、投資活動によるキャッシュフローがプラスになっている場合は、それまで投資活動を行ってきた資産を、当期中に売却して資金を増やしたということがわかるのです。そのこと自体には意味はありませんが、売却したときの会社の状況を勘案するとどういう理由で売却したのかが想像できます。

≪❸ 財務活動によるキャッシュフローで見たいもの

　財務活動によるキャッシュフローでは、借入金などでどのくらいの資金調達をしたのか、その逆で、どのくらい借入金を返済したのかを見ます。

　ここがプラスになっている場合は、資金調達を行ったということがわかります。資金調達をした結果、現金預金の期末残高が増加していれば、翌期以降に大きな支出を予定していることがうかがえます。現金預金の残高が増加していない場合には、❶の営業活動によるキャッシュフローか、❷の投資活動によるキャッシュフローがマイナスになっているので、資金調達の理由が見えてきます。

　財務活動によるキャッシュフローがマイナスになっている場合には、借入金の返済がちゃんとできているというわけです。

キャッシュフロー計算書を知るポイント❷

- 損益計算書でわからない資金の流れをキャッシュフロー計算書で一挙に解決！
- キャッシュフロー決算書は3つに分けて考える
- 資金が足りなくなる理由はキャッシュフロー計算書で見る

● キャッシュフロー計算書はここを見る！

キャッシュフロー計算書

Ⅰ	営業活動によるキャッシュフローの計算	
	税引前当期純利益	1,300
	減価償却費	80
	貸倒引当金の増加額	6
	受取利息及び受取配当金	▲5
	支払利息	10
	有価証券売却益	▲20
	有形固定資産売却損	9
	売上債権の増減額	▲50
	棚卸資産の増減額	200
	仕入債務の増減額	700
	未払金の増加	50
	その他	▲10
	差引計	2,270
	法人税等	▲50
	（営業活動によるキャッシュフロー）	**2,220**
Ⅱ	投資活動によるキャッシュフローの計算	
	有価証券の取得による支出	▲320
	有価証券の売却による収入	120
	有形固定資産の取得による支出	▲160
	有形固定資産の売却による収入	100
	貸付金の回収による収入	▲30
	（投資活動によるキャッシュフロー）	**▲290**
Ⅲ	財務活動によるキャッシュフローの計算	
	短期借入金の借入による収入	1,000
	短期借入金の返済による支出	▲400
	長期借入金の借入による収入	100
	長期借入金の返済による支出	▲700
	社債の発行による収入	200
	社債の償還による支出	▲450
	株式の発行による収入	300
	自己株式の取得による支出	▲60
	配当金の支払額	▲20
	（財務活動によるキャッシュフロー）	**▲30**
Ⅳ	現金及び現金同等物にかかる換算差額	0
Ⅴ	現金及び現金同等物の増減額	1,900
Ⅵ	現金及び現金同等物の期首残高	100
Ⅶ	現金及び現金同等物の期末残高	2,000

税引前当期純利益をもとに加減していく

ここはとにかくプラスがいい！
❶ 営業活動で資金が増えたか

不相当な投資は資金の圧迫のもと
❷ 投資で資金を使ったか

ここはマイナスがのぞましい
❸ 借金をしたか返済したか

今期、全体で資金が増えたか減ったか
❹ 資金が増えたのか減ったのか（Ⅰ＋Ⅱ＋Ⅲ＋Ⅳ）！

期末の貸借対照表の現金預金は（Ⅴ＋Ⅵ）と一致する　　期首の貸借対照表の現金預金

03 キャッシュフロー計算書を見るポイント

キャッシュフロー計算書は全部がプラスならいいのか？

とにかく「営業活動によるキャッシュフロー」がプラスでないといけない

損益計算書は当然どの利益もプラスがいいですよね。でもキャッシュフロー計算書は違います。そのあたりが混同しやすいので、気をつけないといけません。

細かいことはわからなくても、**「営業活動によるキャッシュフロー」がプラスになっていないと、○はつけられない**ということをしっかりと押さえておきましょう。

キャッシュフロー計算書を見るポイント

右頁にキャッシュフロー計算書のパターンを一覧にしてみました。同じように○がついていても、どこがプラスかマイナスかで微妙にニュアンスが違います。その会社の状況にあった投資活動と財務活動が適切にできているのか、見分けることが大切です。

① 営業活動によるキャッシュフローはとにかくプラスがいい。万が一マイナスのときは過去と比較していつもはどうなのかを見てみましょう。

② 投資活動によるキャッシュフローは、マイナスなら未来への投資も順調に行えているのでいいことです。ですが、投資のしすぎは資金を圧迫するので、貸借対照表で流動資産と固定資産のバランスを確認しましょう。

③ 財務活動によるキャッシュフローは、マイナスになっていると借入金が順調に返済できている状態なのでいい状態なのです。ただし、ここがプラスであっても悪い状態とはかぎりません。要は営業活動によるキャッシュフローのマイナスを補うためのものでなければいいのです（つまり、営業活動によるキャッシュフローがプラスならいいということ）。

● キャッシュフロー計算書のパターンと見方

会社の状態	営業活動	投資活動	財務活動	合計	キャッシュフロー計算書を読むポイントは、プラスマイナスだけではなく、金額の大きさも確認すること
◎	＋	－	－	＋	本業は順調で、積極的な投資活動を行いつつ、借入金の返済なども順調にできていて総合的に見て理想的な状態です
○	＋	－	－	－	本業は順調で、投資活動も積極的、借入れの返済なども順調な状態ですが、投資のしすぎもしくは借入れの返済のしすぎによる資金ショートには注意が必要かもしれません
○	＋	－	＋	＋	本業は順調で、資金の借入れなどで積極的な投資活動を行って、総合的に資金面で安定している状態です
○	＋	－	＋	－	本業は順調で、資金の借入れなどを行って非常に積極的な投資活動を行っています。翌期以降のために本気で取り組んでいる姿勢がうかがえます
○	＋	＋	＋	＋	すべてがプラスということは、翌期首以降に何か積極的な投資活動や財務活動をする準備段階かもしれません
○	＋	＋	－	＋	本業は順調で、積極的な投資活動をせずに借入金の返済などを進めていて、翌期以降の財務体質を改善しようとしている状態です
○	＋	＋	－	－	本業は順調で、積極的な投資活動をせずに借入金の返済などを進めていますが、借入金の返済のしすぎの場合には、翌期以降の資金面での注意が必要になります
△	－	＋	＋	＋	営業活動がマイナスなのを、借入れを行ったり固定資産の売却を行ったりして維持している状態です
△	－	＋	＋	－	営業活動がマイナスなのを、借入れを行ったり固定資産の売却を行ったりして維持しようとしていますが、総合的に見て資金が不足している状態です
△	－	＋	－	＋	営業活動がマイナスですが、固定資産の売却などで、借入れの返済などは問題なくできている状態です。翌期以降も同じようにできるかどうかわからないので注意が必要です
△	－	＋	－	－	営業活動がマイナスですが、固定資産の売却を行ったりして資金を補っています。借入れの返済などで資金が不足した状態です
△	－	－	＋	＋	営業活動がマイナスですが、借入れで資金を補いつつ、投資活動も行っています
△	－	－	＋	－	営業活動がマイナスですが、借入れをして設備投資を行っており、なおかつ資金が不足している状態です
×	－	－	－	－	営業活動がマイナスにもかかわらず、設備投資のための支出もあり、返済も必要な厳しい状態です

「投資活動によるキャッシュフロー」が マイナスなら、未来への投資を行った証拠

　毎日の営業を地道にこなすのは大切なことです。でももっと大きく事業展開したいと思ったら投資活動は欠かせません。**継続的な投資活動は未来に利益を生み出すための必要経費**です。それが今の会計基準では経費処理できないというにすぎません。ですから計画的に投資活動を行っている会社は伸びしろがあると考えることができるのです。

　投資活動によるキャッシュフローがマイナスなのは支出が先行するという意味ではリスクであっても、先行投資を行っているのはいいことです。できれば、営業活動によるキャッシュフローの範囲内が望ましいです。

「財務活動によるキャッシュフロー」がマイナスでもやっていけるくらい「営業活動によるキャッシュフロー」がプラスかどうか

　197頁の06で取り上げるソフトバンクの例のように、戦略的に投資活動を行うために融資を受けることがあります。その反面、どんなにがんばっても利益が出せず、資金が足りなくなって金融機関から借入れを行う場合があります。営業活動によるキャッシュフローがマイナスになってしまい、補てんのために借入れをして財務活動によるキャッシュフローを増やした状態です。借入れを行ったときには、財務活動によるキャッシュフローはプラスになりますが、借入れたあとには必ず返済をしなくてはいけません。返済を行えば財務活動によるキャッシュフローはマイナスになります。**財務活動によるキャッシュフローがマイナスでもやっていけるくらいに、営業活動によるキャッシュフローがほしい**のです。

3つのキャッシュフローを合計したものが「現金及び現金同等物の増減額」

　3つの活動によるキャッシュフローを見たら、トータルでいくら現金預金が増減したのかを確認します。ここでは「営業活動によるキャッシュフ

ロー」「投資活動によるキャッシュフロー」「財務活動によるキャッシュフロー」の3つと、そのほかの調整があればあわせて、当期にどのくらい増減したのか「現金及び現金同等物の増減額」を確認します。そのあとで「現金及び現金同等物の期首残高」を加算すると、「現金及び現金同等物の期末残高」と一致するのです。

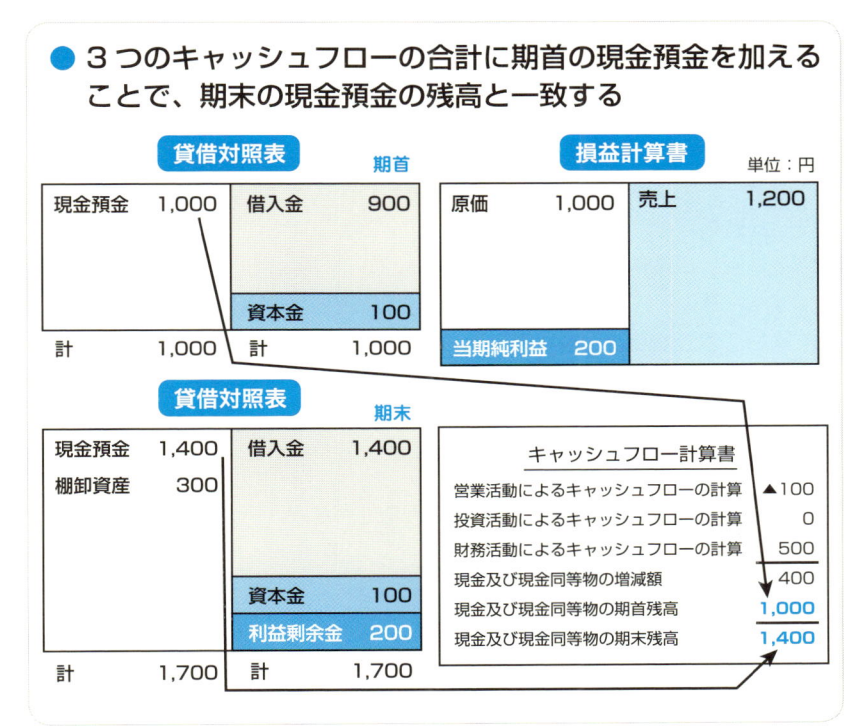

● 3つのキャッシュフローの合計に期首の現金預金を加えることで、期末の現金預金の残高と一致する

貸借対照表 期首

現金預金	1,000	借入金	900
		資本金	100
計	1,000	計	1,000

損益計算書 単位：円

原価	1,000	売上	1,200
当期純利益	200		

貸借対照表 期末

現金預金	1,400	借入金	1,400
棚卸資産	300		
		資本金	100
		利益剰余金	200
計	1,700	計	1,700

キャッシュフロー計算書

営業活動によるキャッシュフローの計算	▲100
投資活動によるキャッシュフローの計算	0
財務活動によるキャッシュフローの計算	500
現金及び現金同等物の増減額	400
現金及び現金同等物の期首残高	1,000
現金及び現金同等物の期末残高	1,400

キャッシュフロー計算書を知るポイント❸

- 営業活動によるキャッシュフローはとにかくプラスがいい
- 投資活動によるキャッシュフローはマイナスがいいが、投資のしすぎに注意
- 財務活動によるキャッシュフローはマイナスがいいが、そのほかの2つのキャッシュフローによって意味は変わる

04 利益が出ているけれど、実際に事業活動で資金は増えているの？

営業キャッシュフローが プラスであることが重要

損益計算書で利益が出ても営業キャッシュフローが マイナスだと悪循環に陥る

　損益計算書が黒字になっていたら、単純に考えれば資金がプラスになっていると思うのが普通です。本当に安心していていいかどうかは、営業キャッシュフローを見て確認しましょう。

　まれなことですが、急激な売上の伸びにキャッシュが間にあわなくなってしまうことがあります。❶利益が出て儲かる ⇒ ❷資金繰りが大変になる ⇒ ❸利益に対して税金がたくさんかかって資金繰りがますます大変になる……こんな悪循環に陥ったら大変です。

キャッシュフロー計算書は 4つに分けて理解する

　ここでは、4つの CASE を見ていきます。簡単にするために税金は無視しています。

> **CASE 1** 現金で仕入れて、現金で売った場合
> **CASE 2** 現金で仕入れて、掛けで売った場合
> **CASE 3** 掛けで仕入れて、掛けで売った場合
> **CASE 4** 掛けで仕入れて、現金で値引いて売った場合

≪ CASE 1 　現金で仕入れて、現金で売った場合

　八百屋さん❹がリンゴを現金1,000円で仕入れて、それを1,200円で現

金販売したときのキャッシュフローは、次のようになります。

キャッシュフロー計算書は、まず損益計算書の税引き前当期純利益からはじまって、この CASE ではすべて現金取引です。営業活動で資金が増加しているので、営業活動によるキャッシュフローが200円出ています。

投資活動も財務活動もしていませんからこの2つの増減はありません。営業活動によるキャッシュフローの200円がそのまま当期の現金預金の増加となっています。当期の資金の増加分に期首の貸借対照表の現金預金の残高を加えると、期末の現金預金の残高と一致します。

この CASE でわかるのは、**損益計算書の利益と同額の200円分のキャッシュが営業活動で増えてよかったということ**です。

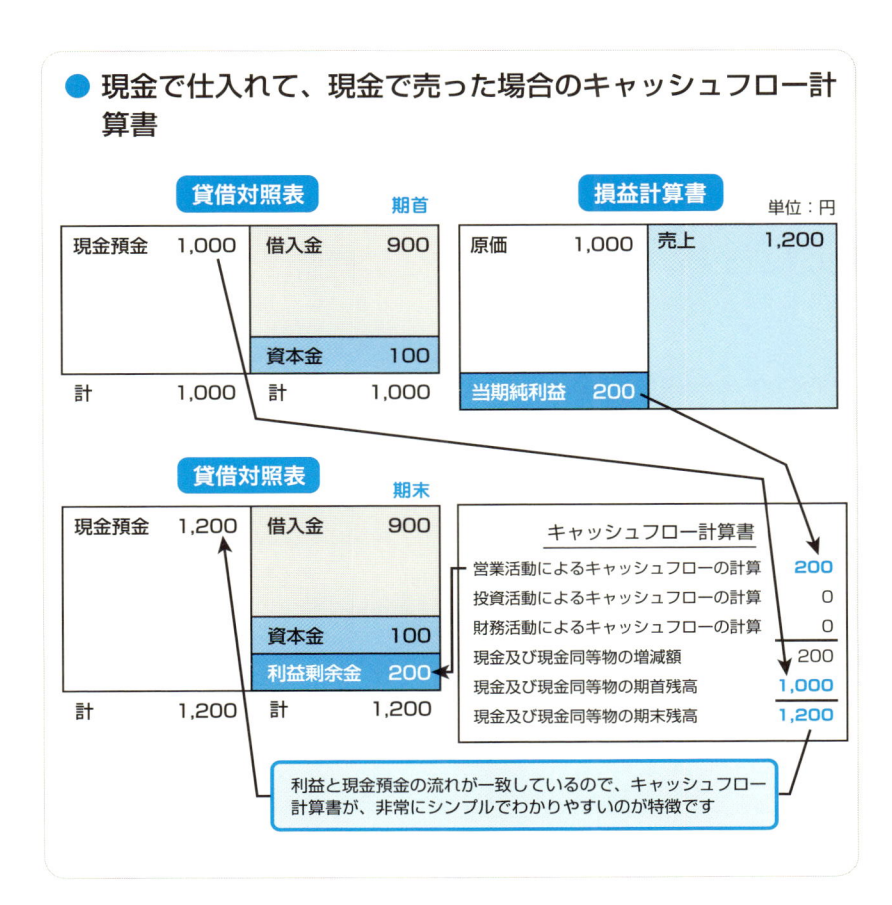

● 現金で仕入れて、現金で売った場合のキャッシュフロー計算書

貸借対照表 期首

現金預金	1,000	借入金	900
		資本金	100
計	1,000	計	1,000

損益計算書 単位：円

原価	1,000	売上	1,200
当期純利益	200		

貸借対照表 期末

現金預金	1,200	借入金	900
		資本金	100
		利益剰余金	200
計	1,200	計	1,200

キャッシュフロー計算書

営業活動によるキャッシュフローの計算	200
投資活動によるキャッシュフローの計算	0
財務活動によるキャッシュフローの計算	0
現金及び現金同等物の増減額	200
現金及び現金同等物の期首残高	1,000
現金及び現金同等物の期末残高	1,200

利益と現金預金の流れが一致しているので、キャッシュフロー計算書が、非常にシンプルでわかりやすいのが特徴です

≪ CASE 2 現金で仕入れて、掛けで売った場合

八百屋さん A がリンゴを現金1,000円で仕入れて、それを1,200円で翌月末に支払ってもらう約束で販売した場合のキャッシュフローは、次のようになります。

損益計算書で利益が出ていますが、代金の回収が行われていないので、期末には現金預金は手元には残っていません。このままだと、明日の仕入れは現金預金がないのでできなくなってしまいます。ここでも、営業キャッシュフローがプラスになることがとても重要なことがわかります。

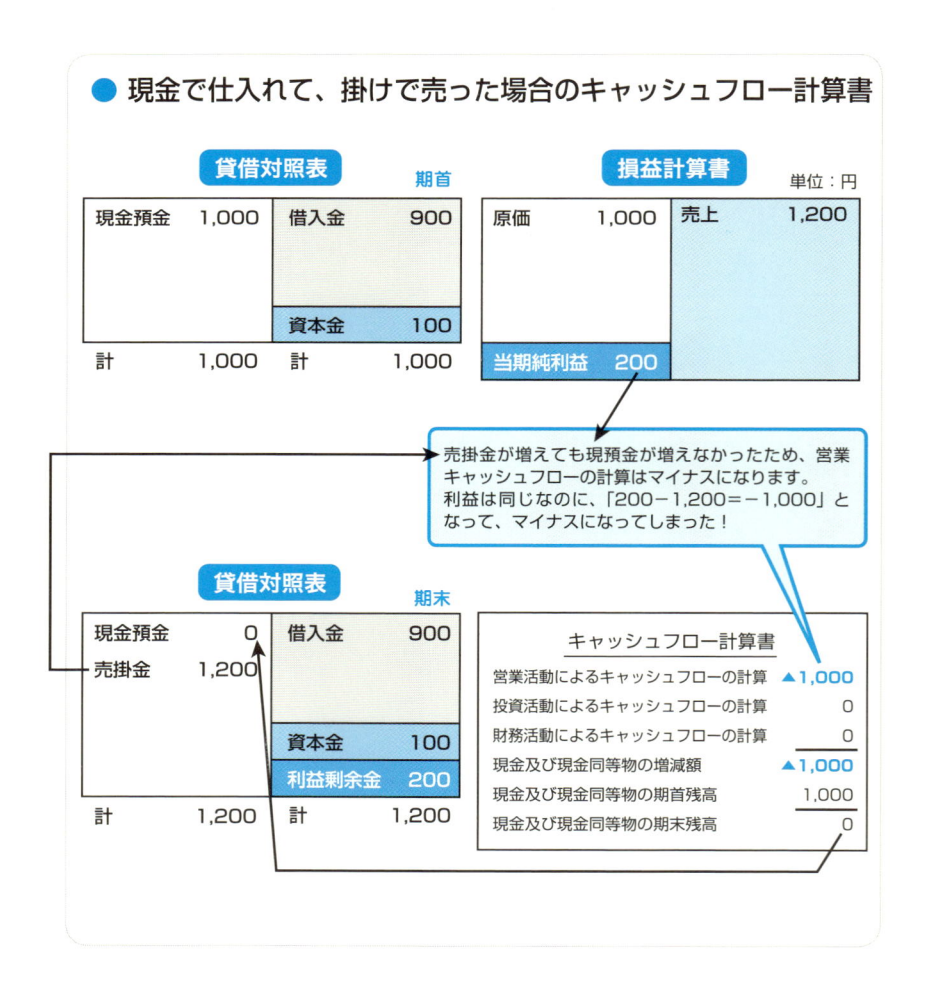

● 現金で仕入れて、掛けで売った場合のキャッシュフロー計算書

貸借対照表 期首

現金預金	1,000	借入金	900
		資本金	100
計	1,000	計	1,000

損益計算書 単位:円

原価	1,000	売上	1,200
当期純利益	200		

売掛金が増えても現預金が増えなかったため、営業キャッシュフローの計算はマイナスになります。
利益は同じなのに、「200-1,200=-1,000」となって、マイナスになってしまった!

貸借対照表 期末

現金預金	0	借入金	900
売掛金	1,200		
		資本金	100
		利益剰余金	200
計	1,200	計	1,200

キャッシュフロー計算書

営業活動によるキャッシュフローの計算	▲1,000
投資活動によるキャッシュフローの計算	0
財務活動によるキャッシュフローの計算	0
現金及び現金同等物の増減額	▲1,000
現金及び現金同等物の期首残高	1,000
現金及び現金同等物の期末残高	0

≪ CASE 3 ≫ 掛けで仕入れて、掛けで売った場合

八百屋さん Ⓐ がリンゴを1,000円翌月末に支払う約束で仕入れて、それを1,200円で翌月末に支払ってもらう約束で販売した場合のキャッシュフローは次のようになります。

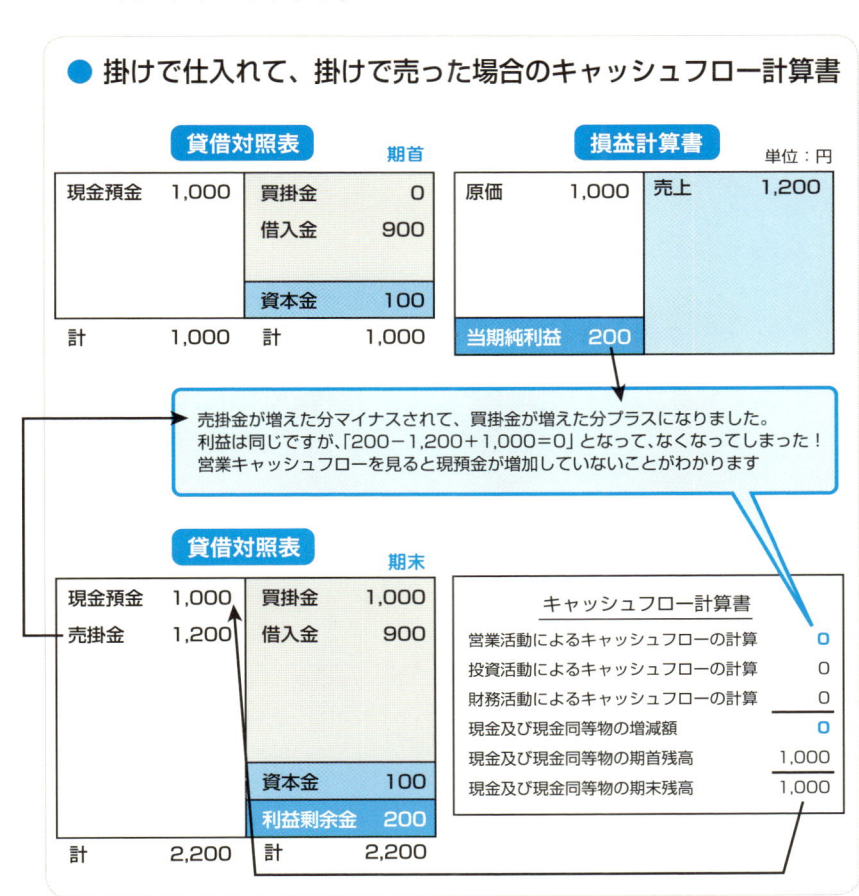

● 掛けで仕入れて、掛けで売った場合のキャッシュフロー計算書

貸借対照表 期首

現金預金	1,000	買掛金	0
		借入金	900
		資本金	100
計	1,000	計	1,000

損益計算書 単位：円

原価	1,000	売上	1,200
当期純利益	200		

売掛金が増えた分マイナスされて、買掛金が増えた分プラスになりました。
利益は同じですが、「200－1,200＋1,000＝0」となって、なくなってしまった！
営業キャッシュフローを見ると現預金が増加していないことがわかります

貸借対照表 期末

現金預金	1,000	買掛金	1,000
売掛金	1,200	借入金	900
		資本金	100
		利益剰余金	200
計	2,200	計	2,200

キャッシュフロー計算書

営業活動によるキャッシュフローの計算	0
投資活動によるキャッシュフローの計算	0
財務活動によるキャッシュフローの計算	0
現金及び現金同等物の増減額	0
現金及び現金同等物の期首残高	1,000
現金及び現金同等物の期末残高	1,000

営業キャッシュフローがプラスなら、損益計算書がマイナスでもいい？

もし仮に損益計算書で赤字になっていても、営業キャッシュフローがプラスになっていればいいのかというと、キャッシュフローがマイナスより

はいい程度のことで、あまりよい状態とはいえません。赤字なのに営業キャッシュフローがプラスということは、未来の資金が確実にショートすると考えられるので、**営業キャッシュフローがプラスで損益計算書が赤字なのも問題なこと**なのです。そんな理由があるので、金融機関が会社から提出された損益計算書を見たときに、2期連続で赤字の場合には融資を嫌がることが多いのです。

　もし仮に、キャッシュフロー計算書の営業キャッシュフローがプラスのときに、損益計算書の営業利益がマイナスで、営業損失が出ていたとしたらどうでしょうか？　もちろん営業キャッシュフローはマイナスよりプラスのほうがいいのですが、それだけでは危険です。

　損益計算書で営業利益が赤字になっているということは、すべての取引を現金取引していた場合、営業キャッシュフローはマイナスになるということです。得意先にお願いして売掛金の回収を早めたり、在庫を減らしたり、仕入れ先にお願いして買掛金の支払いを遅らせてもらうことで営業キャッシュフローは確実に改善します。ですがそれで改善できるのはあくまでも一時的なキャッシュフローです。営業利益がなければ焼け石に水とはいいませんが根本的な改善には至らないのです。

　下の表に、営業キャッシュフローと、営業利益のプラスマイナスのパターンを一覧にしてみました。営業キャッシュフローと営業利益の両方をプラスにして、△や×は2年連続にならないようにするのが基本です。

● 営業キャッシュフローと営業利益は両方プラスがいい

いいか悪いか	キャッシュフロー計算書の営業キャッシュフロー	損益計算書の営業利益
◎	＋	＋
△	＋	−
△	−	＋
×	−	−

≪ CASE 4 ≫ 掛けで仕入れて、現金で値引いて売った場合

　八百屋さん Ⓐ がリンゴ1,000円を翌月末に支払う約束で仕入れて、それを1,200円で販売したかったのですが売れなかったため、900円で現金販売した場合のキャッシュフローは次頁のようになります。

● 掛けで仕入れて、現金で値引いて売った場合のキャッシュフロー計算書

貸借対照表 期首 単位：円

現金預金	1,000	買掛金	0
		借入金	900
		資本金	100
計	1,000	計	1,000

損益計算書

原価	1,000	売上	900
		当期純損失	▲100

赤字なのに、買掛金が増えた分だけ営業キャッシュフローがプラスになって、「－100＋1,000＝900」となります。プラスになってとりあえずはよかった！

貸借対照表 期末

現金預金	1,900	買掛金	1,000
		借入金	900
		資本金	100
		利益剰余金	▲100
計	1,900	計	1,900

キャッシュフロー計算書

営業活動によるキャッシュフローの計算	900
投資活動によるキャッシュフローの計算	0
財務活動によるキャッシュフローの計算	0
現金及び現金同等物の増減額	900
現金及び現金同等物の期首残高	1,000
現金及び現金同等物の期末残高	1,900

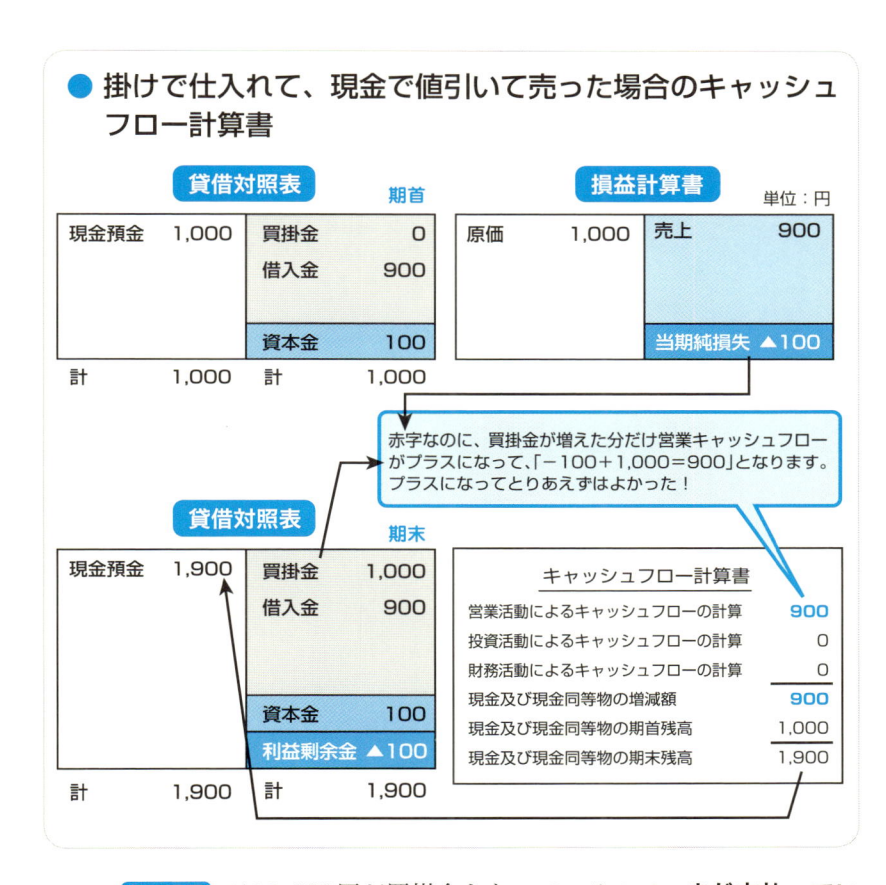

　この **CASE** では1,000円が買掛金となっているので、**まだ支払っていない買掛金の分だけ営業キャッシュフローがプラスになります。仕入先への支払いが翌月のため、営業キャッシュフローはマイナスにならずにすんだ状態ですが、赤字は赤字ですから要注意**です。

営業キャッシュフローを知るポイント

- 営業キャッシュフローがプラスなのが大切
- 代金の決済方法が重要になる
- 営業キャッシュフローがプラスなら損益計算書がマイナスでもいいというわけではない

05 赤字で倒産しなくても、支払いができずに倒産

上級者向
キャッシュフロー計算書にはこんな調整方法がある

キャッシュフロー（自由に使える現金預金）のからくり

　どんなにたくさんの利益が出ていても、代金決済のタイミングが悪いと、運転資金が足りなくなって黒字倒産することがあります。毎期の損益計算書を見ると、売上の伸びもあって黒字なのに、たくさん在庫を抱えていたり、代金の支払期限の関係で、資金が足りなくなってしまうのが原因です。つまり、必要な支払いが間にあわなくなると倒産するかもしれないのです。利益が出ていてお金がなくなるというのはおかしなことですが、現実にはよくあります。
　逆を言えば利益が出ていなくても資金の流れさえしっかりできていれば、赤字を出した時点では倒産しないですむのです。

キャッシュフロー計算書は「税引前当期純利益」を調整する

　利益が出ていても、営業活動によるキャッシュフローがマイナスになってしまってはいけません。営業活動によるキャッシュフローがマイナスになってしまったときは借入金も必要ですが、大もとにある営業活動によるキャッシュフローの改善が必要になるのです。そのあたりを理解しないで営業活動によるキャッシュフローのマイナスを放置しておくと取り返しがつかなくなります。
　ここで CASE 5 を見ていきます。簡単にするために税金は無視しています。

≪CASE 5≫ 現金で仕入れて、現金で売って一部在庫が残り、さらに融資を受けた場合

　八百屋さん🅐が1個100円のリンゴを13個、合計1,300円を現金で仕入れて、そのうち10個を1個120円で、合計1,200円を現金販売し、3個の在庫が合計300円分残りました。資金が足りなくなりそうだったので、新たに500円融資を受けたキャッシュフローは次のようになります。

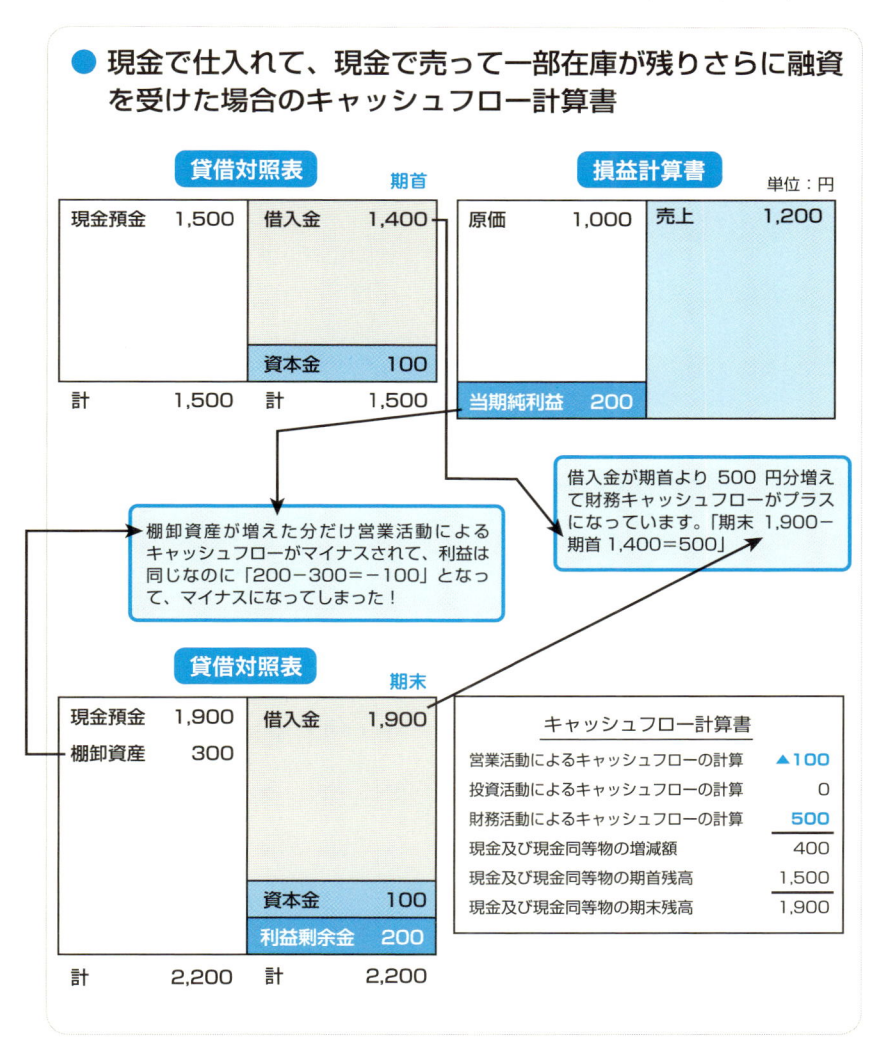

● 現金で仕入れて、現金で売って一部在庫が残りさらに融資を受けた場合のキャッシュフロー計算書

単位：円

貸借対照表（期首）

現金預金	1,500	借入金	1,400
		資本金	100
計	1,500	計	1,500

損益計算書

原価	1,000	売上	1,200
当期純利益	200		

棚卸資産が増えた分だけ営業活動によるキャッシュフローがマイナスされて、利益は同じなのに「200－300＝－100」となって、マイナスになってしまった！

借入金が期首より500円分増えて財務キャッシュフローがプラスになっています。「期末 1,900－期首 1,400＝500」

貸借対照表（期末）

現金預金	1,900	借入金	1,900
棚卸資産	300		
		資本金	100
		利益剰余金	200
計	2,200	計	2,200

キャッシュフロー計算書

営業活動によるキャッシュフローの計算	▲100
投資活動によるキャッシュフローの計算	0
財務活動によるキャッシュフローの計算	500
現金及び現金同等物の増減額	400
現金及び現金同等物の期首残高	1,500
現金及び現金同等物の期末残高	1,900

棚卸資産（在庫）が増えたために、営業キャッシュフローがマイナスになっています。それを補うために新たに500円の借入れをしているので、当期の「現金及び預金同等物の増減額」はプラスになってよかったのですが、**現金取引をしていても、在庫が増えすぎると資金繰りが立ちいかなくなる恐れがある**ということがこのキャッシュフロー計算書でわかります。

「営業活動によるキャッシュフロー」は、資産が増えたらマイナス、減ったらプラス

 CASE 5 では、棚卸資産が増えた分だけ現金預金の残高が減少しました。そのために「営業活動によるキャッシュフロー」の計算はマイナスになりました。**棚卸資産だけでなく、資産が増えるということは基本的に出費を伴うので、「営業活動によるキャッシュフロー」の計算ではマイナスになります。**このように、今期の損益計算に影響がない営業上の支出があったのでマイナスするのです。

逆に棚卸資産が減少すると現金預金の残高は増加します。資産を売却したり廃棄処分した場合、損益計算書ではマイナスになることが多いのですが、**資産を売却しても金銭の支出はないので、「営業活動によるキャッシュフロー」の計算はプラスになります。**

「営業活動によるキャッシュフロー」は、負債が増えたらプラス、減ったらマイナス

現金取引であれば支払っているはずのお金ですが、掛けで物を買った場合、まだ支払っていないために「買掛金」という負債が増えます。現金預金はまだ減っていませんから、キャッシュフローの計算ではプラスの調整をすることになります。

逆に負債が減るということは、支払いをして現金預金が減っているので、「営業活動によるキャッシュフロー」の計算ではマイナスします。

「財務活動によるキャッシュフロー」の計算でも、借入金という負債の増減があるので同様の調整をするのです。

「営業活動によるキャッシュフロー」は、減価償却費などの金銭の支出を伴わない経費はプラス

　減価償却費などの費用は、経費処理した期間には金銭の支出を伴っていない経費です。ですから、「営業活動によるキャッシュフロー」の計算ではプラスします。そのほかにも**金銭の支出を伴わない経費の計上をした場合も「営業活動によるキャッシュフロー」の計算ではプラスになります。**

　損益計算書で減価償却費が80円計上されていた場合には、「営業活動によるキャッシュフロー」の計算ではプラス80円となります（次頁参照）。

投資活動、財務活動によるものを「営業活動によるキャッシュフロー」から除外する

　キャッシュフローの計算は、税引前当期純利益からはじまっています。そのため**キャッシュフロー計算書にある投資活動による損益や財務活動による損益は、「営業活動によるキャッシュフロー」の計算から除外して、**それぞれの項目に持っていきます。

法人税等を「営業活動によるキャッシュフロー」から控除する

　最後に、「営業活動によるキャッシュフロー」に負担させるのが法人税等です。通常の営業を行っていれば、税金が発生するウエイトが高いのは営業活動であることが多いため、「営業活動によるキャッシュフロー」の計算で控除します（次頁参照）。

　こんなふうに、営業活動によるキャッシュフローは「損益計算書の税引前当期純利益」をベースに計算するので、加減して調整します。

　これが営業活動によるキャッシュフローの計算です。**こんな感じの調整が入ったあとの営業、投資、財務の3本の柱が、どのくらいプラスになっているかマイナスになっているかを確認するのが、キャッシュフロー計算書を見るということなのです。**

● キャッシュフロー計算書の調整は、税引前当期純利益からプラスマイナスする

損益計算書

単位：円

原価	5,000	売上	10,000
減価償却費	80	受取利息	10
貸倒引当金繰入額	3	有価証券売却益	40
その他の販管費	3,964	貸倒引当金戻入益	2
支払利息	30		
固定資産売却損	10		
税引前当期純利益	965		
法人税等	55		
当期未処分利益	910		

貸借対照表　期首

（資産の部）		（負債の部）	
現金預金	1,000	買掛金	200
売掛金	202	その他	1,520
貸倒引当金	▲2	短期借入金	100
棚卸資産	700	長期借入金	150
貸付金	150	（純資産の部）	
有価証券	100	資本金	200
器具備品	20		
計	2,170	計	2,170

貸借対照表　期末

（資産の部）		（負債の部）	
現金預金	1,300	買掛金	900
売掛金	303	その他	610
貸倒引当金	▲3	長期借入金	50
棚卸資産	820	社債	100
貸付金	200	（純資産の部）	
車両	200	資本金	250
		利益剰余金	910
計	2,820	計	2,820

● キャッシュフロー計算書

単位：円

			(増加)	(減少)
I	営業活動によるキャッシュフローの計算			
1	税引前当期純利益	965		
2	減価償却費	80		資産が減少したらプラス
3	貸倒引当金の増加額	1	負債が増加したらプラス	負債が減少したらマイナス
4	受取利息	▲10		営業活動への補正
5	支払利息	30		財務活動への補正
6	有価証券売却益	▲40		営業活動への補正
7	有形固定資産売却損	10		資産が減少したらプラス
8	売上債権の増減額	▲101	資産が増加したらマイナス	資産が減少したらプラス
9	たな卸資産の増減額	▲120	資産が増加したらマイナス	資産が減少したらプラス
10	仕入債務の増減額	700	負債が増加したらプラス	負債が減少したらマイナス
11	その他の資産の増減額	0	資産が増加したらマイナス	資産が減少したらプラス
12	その他の負債の増減額	▲910	負債が増加したらプラス	負債が減少したらマイナス
	差引計	605	a：1〜12の合計	
	法人税等	▲55	b：損益計算書の法人税等	
	（営業活動によるキャッシュフロー）	550	A：a−b	
II	投資活動によるキャッシュフローの計算		(増加)	(減少)
1	有価証券の取得による支出	0	資産が増加したらマイナス	
2	有価証券の売却による収入	140		（売却額をプラス）
3	有形固定資産の取得による支出	▲280	資産が増加したらマイナス	資産が減少したらプラス
4	有形固定資産の売却による収入	10		（売却額をプラス）
5	受取利息	10		
6	貸付による支出	▲50	資産が増加したらマイナス	資産が減少したらプラス
	（投資キャッシュフロー）	▲170	B：1〜6の合計	
III	財務活動によるキャッシュフローの計算		(増加)	(減少)
1	短期借入金の借入による収入	200	負債が増加したらプラス	
2	短期借入金の返済による支出	▲300		負債が減少したらマイナス
3	長期借入金の借入による収入	0	負債が増加したらプラス	
4	長期借入金の返済による支出	▲100		負債が減少したらマイナス
5	支払利息	▲30		
6	社債の発行による収入	100	負債が増加したらプラス	
7	社債の償還による支出	0		負債が減少したらマイナス
8	株式の発行による収入	100	負債が増加したらプラス	
9	自己株式の取得による支出	▲50		
10	配当金の支払額	0		
	（財務キャッシュフロー）	▲80	C：1〜10の合計	
IV	現金及び現金同等物にかかる換算差額	0	D	
V	現金及び現金同等物の増減額	300	E：A＋B＋C＋D	
VI	現金及び現金同等物の期首残高	1,000	F：期首の貸借対照表の現金預金と一致	
VII	現金及び現金同等物の期末残高	1,300	G：E＋F：期首の貸借対照表の現金預金と一致	

キャッシュフロー計算書は細かい調整を確認するのではなく、次の4つのことを確認します。

> ① 調整したあとの「営業活動によるキャッシュフロー」がどのくらいプラスか
>   ⇒ 営業活動の状態で会社の本当の姿がわかります
> ② 損益計算書の各種利益とキャッシュフロー計算書の営業活動によるキャッシュフローを見比べて、おかしな数字がないかどうか
>   ⇒ **会社の資金の流れと損益計算に矛盾があるとわかります**
> ③ 投資活動を積極的に行っているか
>   ⇒ 将来利益を出す準備をどのくらいしているのかわかります
> ④ 返済は順調か
>   ⇒ 予定どおりの返済をしたうえで、資金が不足しないくらいの営業活動ができているかどうかがわかります

キャッシュフロー計算書の調整を知るポイント

- キャッシュフロー計算書で、損益計算書ではわからない資金の流れをつかむ
- 資産が増えるということはお金を払っているということなのでキャッシュフローの計算ではマイナスする
- 減価償却などの直接支出を伴っていない費用はプラスして戻す
- 法人税等の支払いをしたあとの営業活動によるキャッシュフローの計算がプラスであることが大切

06 積極的な事業展開のために必要な支出
投資活動のキャッシュフローのマイナスが、未来の可能性を拡げてくれる

積極的な投資を行っているときはマイナス表示になる

　会社が成長する過程では、多かれ少なかれ投資活動は必要です。積極的な投資活動を行っている会社もあれば、そうでもない会社もありますが、**投資活動を積極的に行っているときは、「投資活動によるキャッシュフロー」の計算はマイナス表示になります**。不動産を購入したあとの借入金の返済がある場合は、不動産の取得に起因した支出なのでマイナスします。
　業績が悪いときに、過去に投資した資産を売却したりして運転資金に充てるために資金を増やすと、「投資活動によるキャッシュフロー」はプラスになります。

会社が投資活動をすると資産が増える

　投資活動というのは、会社が生産性を上げるためにお金をかけることです。広い意味では、従業員の教育も投資活動といえます。キャッシュフロー計算書における投資活動とは、将来生産性を上げるための支出であって、資産の部の固定資産より下に表示されているものがほとんどです。**投資活動を行うと資産が増える**のが特徴です。

「投資活動によるキャッシュフロー」はプラスがいいか？　マイナスがいいか？

　伸び盛りの会社が積極的な投資活動をしているときには、「投資活動に

よるキャッシュフローは」マイナスになっています。だからといって、「投資活動によるキャッシュフロー」がマイナスになっていないといけないかというと、必ずしもそうではありません。要は、成果を出せる投資を行っていることが大切なのです。

　固定資産（車両）と固定資産購入未払金（車両未払金）、減価償却費の計上とキャッシュフロー計算書との関係を次頁の図にしてみました。固定資産の購入を分割払いで行うと、貸借対照表の左側に固定資産、右側に負債が同時に計上され、損益計算書には固定資産が費用になった分だけ減価償却費が計上されます。**減価償却費の計上と負債の支払いが一致することはまずないので、キャッシュフローを見ないと資金がどうなっているのかわかりません。**損益計算書とキャッシュフロー計算書、期首と期末の残高と差額を表示させた貸借対照表を比べるとわかりやすくなります。

キャッシュフローはプラスとマイナスのバランスを見るもの

　損益計算書は、それぞれの利益がプラスであればあるほどいいという見方をします。それに対して、キャッシュフロー計算書はそれぞれのキャッシュフローがどんなバランス状態にあるのかを見るものです。ですから**それぞれのキャッシュフローのすべてがプラスでないとダメだというのは大きな勘違いで、どのキャッシュフローがプラスでどのキャッシュフローがマイナスだといい状態なのか理解しておくことが重要なのです**（181頁参照）。

ソフトバンクのキャッシュフロー計算書を見てみよう

　キャッシュフロー計算書を見ると面白い情報が入ってきます。少し古い資料なのですが、ソフトバンクの27期(2006年3月期)のキャッシュフロー計算書がとても特徴があるので、見てみましょう（次々頁参照）。
　ちなみにこの年の売上は2兆5,442億1,900万円です。**「投資活動によるキャッシュフロー」を見ると、なんと年商の82.4％（2兆979億3,700**

● **分割払いで購入した車両が期首にあるときのキャッシュフロー計算書**

貸借対照表

	期首	期末	差額		期首	期末	差額
現金預金	100	1,000	900	買掛金	200	900	700 ❸
売掛金	200	250	50 ❶	車両未払金	250	200	−50 ❹
棚卸資産	350	480	130 ❷	借入金	350	1,000	650 ❼
貸付金	100	50	−50 ❺	資本金	200	200	0
車両	250	220	−30	利益剰余金		200	200
投資有価証券		500	500 ❻				
計	1,000	2,500		計	1,000	2,500	

損益計算書 単位：円

原価	970	売上	1,200
減価償却費	30		
当期純利益	200		

減価償却費 30 の分だけ固定資産が 30 減少している

営業活動によるキャッシュフロー
当期純利益　　200
減価償却費　　　30
売掛金増加　　−50 ❶
棚卸資産増　−130 ❷
買掛金増加　　700 ❸

キャッシュフロー計算書

営業活動によるキャッシュフローの計算	750
投資活動によるキャッシュフローの計算	−500
財務活動によるキャッシュフローの計算	650
現金及び現金同等物の増減額	900
現金及び現金同等物の期首残高	100
現金及び現金同等物の期末残高	1,000

投資活動によるキャッシュフロー
車両購入未払金支払　−50 ❹
貸付金減少　　　　　　50 ❺
投資有価証券の増加　−500 ❻

財務活動によるキャッシュフロー
借入金増加　　650 ❼

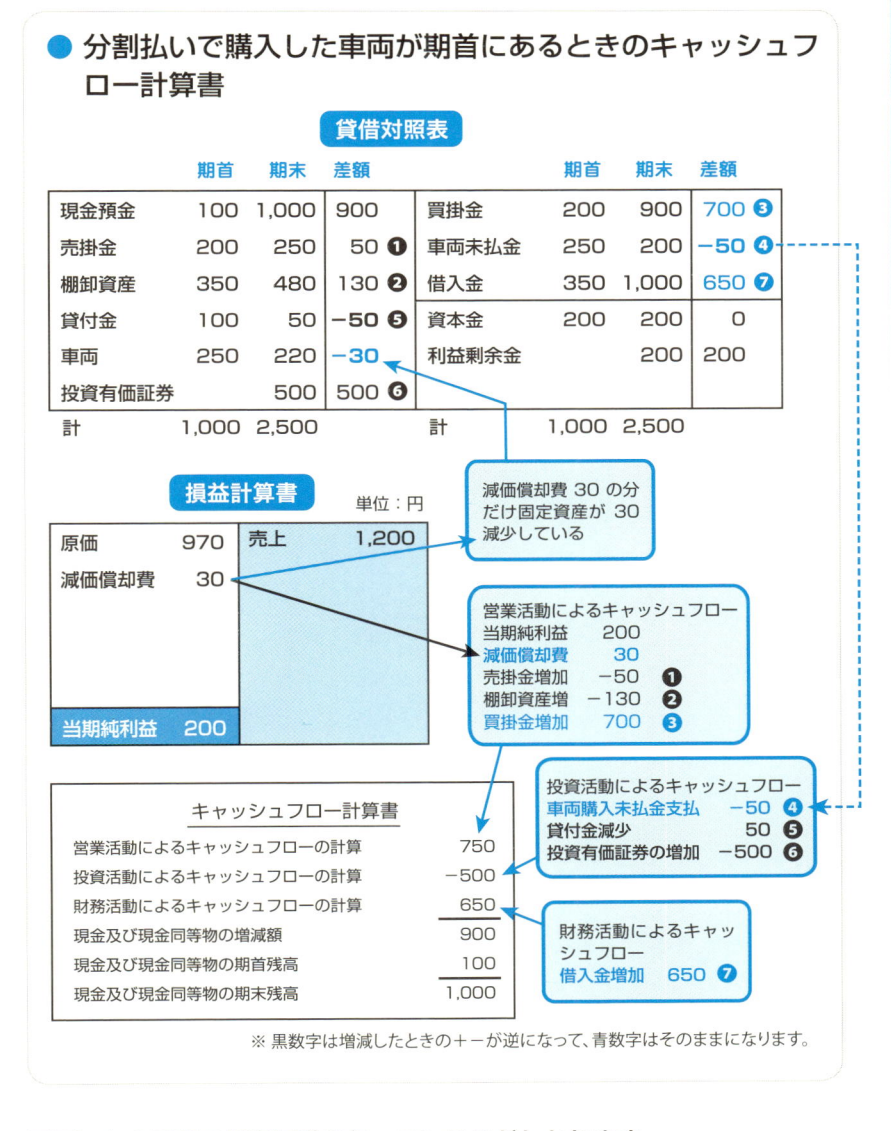

※ 黒数字は増減したときの＋－が逆になって、青数字はそのままになります。

万円）もの巨額の投資活動を行っているのがわかります。

　それ以上に驚くのが年商の67.5％（1兆7,183億8,400万円）もの金額が「財務活動によるキャッシュフロー」でプラスになっていることです。「財務活動のキャッシュフロー」は融資を受けただけの金額ではないにし

● ソフトバンクの27期のキャッシュフロー計算書

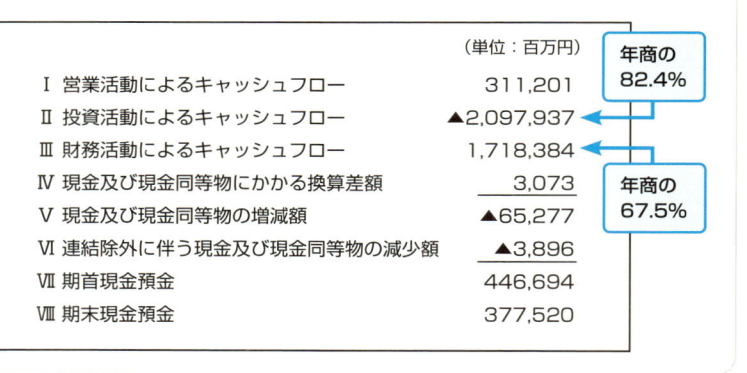

（単位：百万円）

Ⅰ 営業活動によるキャッシュフロー	311,201
Ⅱ 投資活動によるキャッシュフロー	▲2,097,937
Ⅲ 財務活動によるキャッシュフロー	1,718,384
Ⅳ 現金及び現金同等物にかかる換算差額	3,073
Ⅴ 現金及び現金同等物の増減額	▲65,277
Ⅵ 連結除外に伴う現金及び現金同等物の減少額	▲3,896
Ⅶ 期首現金預金	446,694
Ⅷ 期末現金預金	377,520

（Ⅱ：年商の82.4％、Ⅲ：年商の67.5％）

ても、これだけ巨額の資金を集めるためには相当苦労したと思います。

投資活動の内容は、主に子会社株式を取得するためのものですが、それにしても桁違いな金額の投資です。翌期首28期の2006年の4月にボーダーフォンの買収を行ったのですが、その後29期からは財務活動によるキャッシュフローもマイナスとなり、順調に借入金も減らしていきました。その後も毎期売上高の10％以上の積極的な投資活動を続けています。

この27期の決算の時点で、将来の成長のために大勝負に出たことが、損益計算書や貸借対照表を読まなくても、キャッシュフロー計算書を見ただけでわかるのです。

投資活動によるキャッシュフローを知るポイント

- 損益計算書はそれぞれの利益がプラスであればあるほどいいのですが、キャッシュフロー計算書の投資活動や財務活動はマイナスがいい状態なのです
- 投資活動をしっかりするということは、将来プラスになる可能性が高くなるということです
- 投資活動のマイナスが大きければリスクは高くなりますが、未来の可能性は増えます
- 大きな投資活動はリスクを伴うものです

第6章 押さえておきたいそのほかの会社の指標

　キャッシュフロー計算書まで見ることができたら、もう「会社の数字が読めない」とはいえません。この章では、あと少しだけ知っていると役に立ちそうな指標をピックアップしています。会社の数字の指標はとてもたくさんあるので、一部を紹介します。この章の目標は次の2つです。

● この章の目標

❶ 常識の範囲で知っておきたい会社の指標を理解すること
❷ 使いたい指標を知ること

　会社を取り巻く指標にはどんなものがあるのか、それがどう使われているかを知っているかどうかで、判断できることが変わってきます。ここで紹介する指標のすべてを使わなくてもかまいません。まずは1つ、自分で使いやすそうな指標を使ってみることからはじめましょう。

● 会社の指標で見たいもの

❶ 棚卸資産回転率 ❷ 棚卸資産回転期間	在庫が適正かどうか
❸ 固定長期適合率	身の丈にあった投資ができているか
❹ 有利子負債月商比率 ❺ 債務償還年数 ❻ 有利子負債依存度	返済能力を判断する指標
❼ PBR（資産価値） ❽ PER（収益力）	株価が割安かどうか

01 会社の指標はいろいろあるけれど
棚卸資産回転率 を使って在庫が適正かどうか考えます

バッターがたくさん塁に出ている試合では打席がたくさん回ってくる

　野球の試合では9人の選手が順番にバッターボックスに入って攻撃をします。バッターが3人アウトになると攻撃権を失って1回の攻撃が終了します。これが9回まで続いてすべての選手が1度も塁に出なかったとすると、相手に1点でも得点があれば、打席が3回、回ってきたところで試合は終了します。得点がたくさん入る試合では、打席が何回も何回も回ってきます。ということは、得点と打席が回ってくる回数には何か関係がありそうです。

適正在庫の目安はどのくらい？

　これまで**棚卸資産（在庫）は持ちすぎると運転資金を圧迫する**というお話しをしてきました。棚卸資産が多すぎるのは危険だといっても、具体的にどの数字を見たらいいのかわかりません。棚卸資産が多すぎないかどうかを確認するためには、何のどこを見たらいいのでしょうか？　また、何か指標はあるのでしょうか？　もしくは目安があるのでしょうか？
　そんな疑問を持ったら、「**棚卸資産回転率**」を見てみましょう。

棚卸資産が回転する割合って？

　また妙な名前の指標が出てきました。棚卸資産が回転するとはどういうことでしょうか？　回転率については第4章 11 の「総資本回転率で見る会社の力量」（149頁参照）で使う「回転」と同じ意味です。
　貸借対照表の棚卸資産は、まだ売れていない在庫のことです。在庫が売

れたら損益計算書の原価になります。期末に所有している在庫を1としたとき、当期の原価が期末在庫の何倍なのか、言い換えると**「原価が期末在庫を何回仕入れたものに相当するのか」**を、棚卸資産回転率を使って見るのです。

棚卸資産回転率は原価を棚卸資産で割る

では、「棚卸資産回転率」はどうやって計算するのかというと、損益計算書の「原価」を貸借対照表の「棚卸資産」で割って計算します。分子が総資本回転率のときと同じになるように、売上を棚卸資産で割って計算する方法もありますが、本書では理解しやすい原価を使ってお話しします。

● 棚卸資産回転率の求め方

$$棚卸資産回転率 = \frac{原価}{棚卸資産}$$

八百屋さんの例で棚卸資産回転率を理解しよう

≪ CASE 1 ≫ 日々の在庫分が毎日売れたら365回転

4月1日の期首に、1個100円のリンゴが1つ在庫としてあります。その後、毎日リンゴを1個ずつ仕入れて、翌日1個120円で販売しています。

リンゴは1年で365個売れることになるので、売上と原価は次のようになります。

1年分の売上は、120円 × 365個 = 4万3,800円
1年分の原価は、100円 × 365個 = 3万6,500円

翌年の3月31日の在庫は1個100円のリンゴが1つです。この八百屋さ

んの棚卸資産回転率はどうなっているかというと、次のようになります。

$$棚卸資産回転率 = \frac{原価（3万6,500円）}{棚卸資産（期末の在庫：100円）} = 365（回転）$$

1年間でリンゴが、期末の在庫の365回分売れたというわけです。

● 棚卸資産が365回売れた

貸借対照表 単位：円

現金預金	7,540	借入金	240
棚卸資産	100		
		資本金	100
		利益剰余金	7,300
計	7,640	計	7,640

損益計算書 単位：円

原価	36,500	売上	43,800
365回転			
当期純利益 7,300			

≪CASE 2≫ 期末在庫が倍になったら棚卸資産回転率は半分

棚卸資産回転率は回転が多ければ多いほど大きい数字になりますが、期末にリンゴがもう1つ売れ残って在庫が2個になっていたら、次のようになります。

> 1年分の売上は、120円 × 364個 = 4万3,680円
> 1年分の原価は、100円 × 364個 = 3万6,400円

翌年の3月31日の在庫は2個なので、リンゴ200円分になります。

$$棚卸資産回転率 = \frac{原価（3万6,400円）}{棚卸資産（期末の在庫：200円）} = 182（回転）$$

期末在庫が倍になったら、回転率が半分になってしまいました。

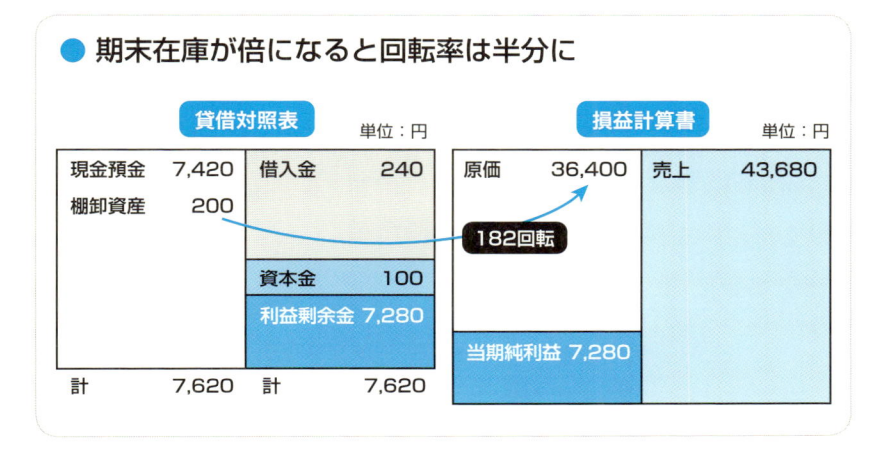

● 期末在庫が倍になると回転率は半分に

貸借対照表 （単位：円）

現金預金	7,420	借入金	240
棚卸資産	200		
		資本金	100
		利益剰余金	7,280
計	7,620	計	7,620

損益計算書 （単位：円）

原価	36,400	売上	43,680
当期純利益	7,280		

182回転

≪CASE 3≫ 期末在庫が10倍になると棚卸資産回転率は10分の1

では、期末にリンゴが10個売れ残ったらどうなるのでしょうか。

1年分の売上は、120円 × 355個 = 4万2,600円
1年分の原価は、100円 × 355個 = 3万5,500円

翌年の3月31日の在庫は10個で、リンゴ1,000円分になります。

$$棚卸資産回転率 = \frac{原価（3万5,500円）}{棚卸資産（期末在庫：1,000円）} = 35.5（回転）$$

どうでしょうか？ 1個の在庫のときに365回転だった棚卸資産回転率は、在庫が倍になると半減して182回転となり、10倍になると、約10分の1の35.5回転になりました。

棚卸資産回転率を見ると、在庫が増えたことが一目瞭然ですね。**期末在庫と棚卸資産回転率は反比例しているのです。そのため適正在庫を知りたいときに棚卸資産回転率を見る**のです。

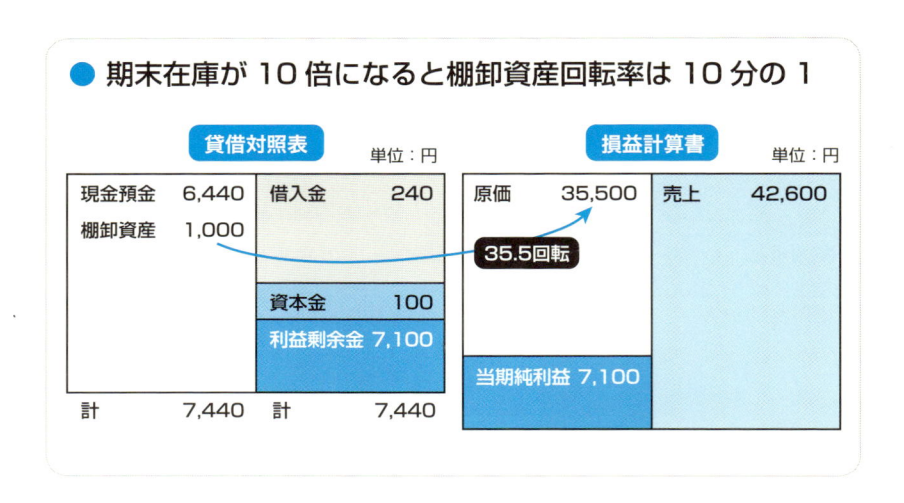

● 期末在庫が10倍になると棚卸資産回転率は10分の1

貸借対照表 単位：円

現金預金	6,440	借入金	240
棚卸資産	1,000		
		資本金	100
		利益剰余金	7,100
計	7,440	計	7,440

損益計算書 単位：円

原価	35,500	売上	42,600
当期純利益	7,100		

35.5回転

在庫に問題があると、棚卸資産の回転率は低くなる

　期末の在庫が多くなると棚卸資産回転率は下がります。在庫を増やすと会社の資金繰りが悪化するので、どの会社でも在庫は持ちすぎないように工夫するのが常識のようになっています。そのため何か特別なことがないかぎり、棚卸資産回転率は通常大きく低下しません。

　ですから**棚卸資産回転率が低下したときは、在庫に関して何か問題があるかもしれないので、あたりをつけて原因を探ってみることが、正しい判断につながります。**

　経済産業省の商工業実態基本調査によると、棚卸資産回転率は製造業全体では11.1回、小売業では全体で11.4回、卸売業全体ではもっと回転率が多く19.9回、となっています。会社の規模や取引形態にもよりますが、このあたりの数字を目安にするといいですね。

　在庫が多すぎるのも問題ですが、少なすぎると品切れなどのリスクも増えることになるので、注意が必要です。

● 正しい判断をするために棚卸資産回転率を利用する

棚卸資産回転率の低下 → 問題があるかもしれない → 原因追及 → 正しい判断

期末在庫が少なくなれば棚卸資産回転率は上がります。では、極端なくらい棚卸資産を持たないようにすれば、棚卸資産回転率はものすごく上がって優良になるのでしょうか？ それだと、在庫が少なすぎて販売機会を逃してしまいます。棚卸資産回転率は高すぎてもいけないのです。

それでは、次の例で利益と棚卸資産回転率の関係を見てみましょう。

≪CASE 4≫ 期末在庫が4個あるとき

りんご10個を1個あたり100円、合計1,000円で購入し、6個を660円で販売できたら、原価は6個分ですから600円になります。期末在庫は残っている4個分の400円になります。

● 在庫に問題がないケース

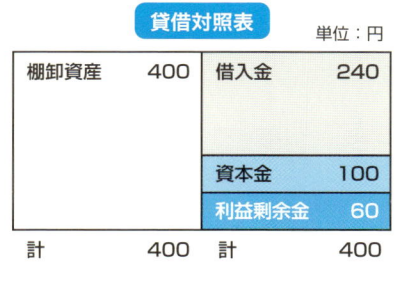

貸借対照表 単位：円

棚卸資産	400	借入金	240
		資本金	100
		利益剰余金	60
計	400	計	400

損益計算書 単位：円

原価	600	売上	660
当期純利益	60		

$$棚卸資産回転率 = \frac{600}{400} = 1.5$$

≪CASE 5≫ 期末在庫のうち1個が腐って評価損を計上した場合

CASE 4 の期末在庫の4個のリンゴは400円（棚卸資産）となっていますが、本当に400円分の価値があるのかどうかは貸借対照表を見てもわかりません。もし仮に1個が腐ってしまって販売できなくなっていたら、棚卸資産として計上できるのは3個分の300円となり、**1個分の100円は、当期の損益計算書の原価の内訳科目に「棚卸資産評価損」が計上されます。**場合によっては特別損失として計上することもありますが、特別な理由がなく販売できなかったものも原価を構成します。

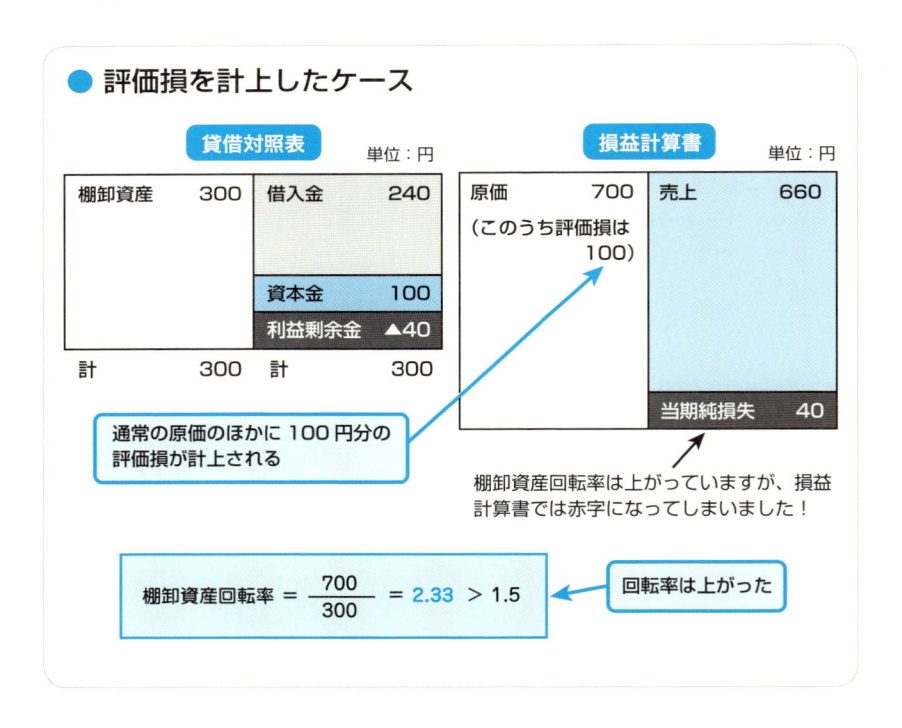

● 評価損を計上したケース

貸借対照表　単位：円

棚卸資産	300	借入金	240
		資本金	100
		利益剰余金	▲40
計	300	計	300

通常の原価のほかに100円分の評価損が計上される

損益計算書　単位：円

原価	700	売上	660
（このうち評価損は100）			
		当期純損失	40

棚卸資産回転率は上がっていますが、損益計算書では赤字になってしまいました！

$$棚卸資産回転率 = \frac{700}{300} = 2.33 > 1.5$$

回転率は上がった

CASE 5 では、評価損の計上によって赤字になりましたが、それが原因で棚卸資産回転率が下がることはなく、むしろ上がりました。

正しく評価損を計上すると当期の損益計算書は赤字になってしまいますが、正しく評価損を計上しないと翌期以降が大変なことになります。このあと、正しく評価損を計上しなかった **CASE** を見てみましょう。

≪CASE 6≫ 評価損を計上しなかった年はどうなるか

　通常であればCASE 5のように赤字になりますが、棚卸をきちんとしていなくて、腐ったリンゴに気づかずに棚卸資産評価損を計上しなかったとしたら、どうなるのでしょうか？　貸借対照表には4個分の在庫が400円計上され、粗利も下がらないので、当期の決算書は何事もなくよかったように見えます。

　CASE 4と同じになるので、棚卸資産回転率も下がりません。ところが貸借対照表に棚卸資産として4個分400円計上されていても、実際には1個廃棄するので、3個で300円しか在庫がないということが起きます。実際の残高と貸借対照表の残高に食い違いが生じるにもかかわらず、怖いことですが、この時点で決算書を見て異変に気づくことはまずありません。

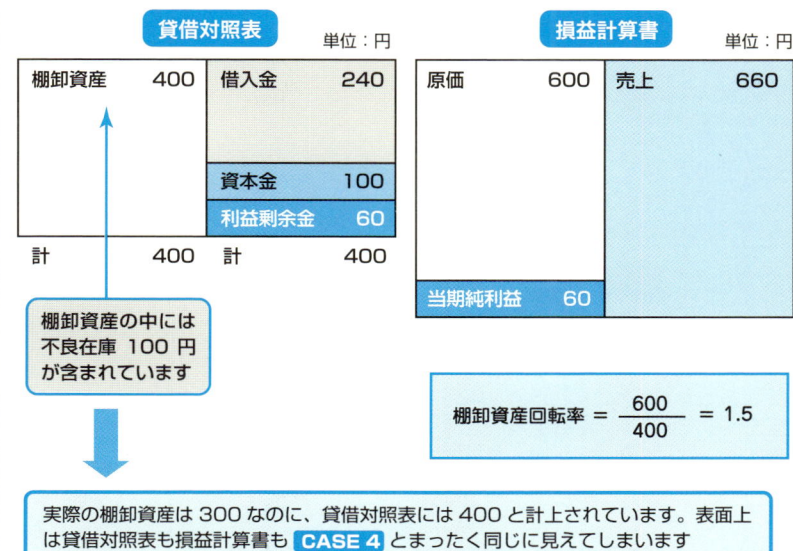

● 評価損を計上しなかったケース

貸借対照表　単位：円

棚卸資産	400	借入金	240
		資本金	100
		利益剰余金	60
計	400	計	400

棚卸資産の中には不良在庫100円が含まれています

損益計算書　単位：円

原価	600	売上	660
当期純利益	60		

$$\text{棚卸資産回転率} = \frac{600}{400} = 1.5$$

実際の棚卸資産は300なのに、貸借対照表には400と計上されています。表面上は貸借対照表も損益計算書もCASE 4とまったく同じに見えてしまいます

この時点では、何が起こったかを決算書から読むことは難しい

≪CASE 7≫ 5年間、評価損を計上しなかったらどうなる

ではその後、毎年損益がまったく同じ状況が続き、1個ずつ腐って廃棄したにもかかわらず評価損を計上しないまま5年経ったとします。5年後にないはずの在庫が5個余分に計上されていたとしたらどうなるのでしょうか？　不良在庫（破棄したリンゴ）を含んだ在庫が貸借対照表に計上されていても、表面上はわかりません。でもおかしいなと気づく場所があります。それが棚卸資産回転率の低下なのです。

この CASE 7 では、**在庫が増えて棚卸資産回転率が下がったら、何かがあるかもしれない**ということを覚えておいてください。

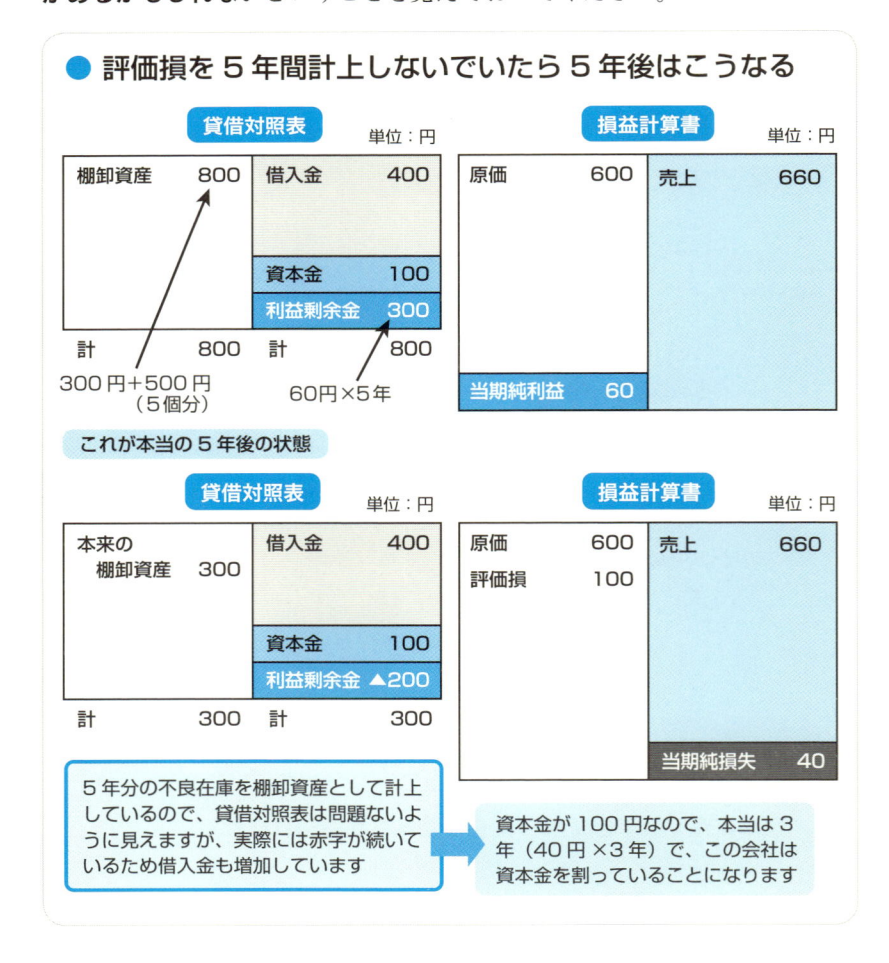

● 評価損を5年間計上しないでいたら5年後はこうなる

貸借対照表　単位：円

棚卸資産	800	借入金	400
		資本金	100
		利益剰余金	300
計	800	計	800

300円+500円（5個分）　60円×5年

損益計算書　単位：円

原価	600	売上	660
当期純利益	60		

これが本当の5年後の状態

貸借対照表　単位：円

本来の棚卸資産	300	借入金	400
		資本金	100
		利益剰余金	▲200
計	300	計	300

損益計算書　単位：円

原価	600	売上	660
評価損	100		
		当期純損失	40

5年分の不良在庫を棚卸資産として計上しているので、貸借対照表は問題ないように見えますが、実際には赤字が続いているため借入金も増加しています

資本金が100円なので、本当は3年（40円×3年）で、この会社は資本金を割っていることになります

● 5年経たなくても棚卸資産回転率は異常値が出るのでわかる

	原価	棚卸資産	棚卸資産回転率
初年度	600	400	1.5
2年目	600	500	1.2
3年目	600	600	1
4年目	600	700	0.86
5年目	600	800	0.75

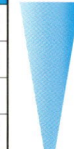

棚卸資産回転率は年々減少する！

間違った決算をすると資産が過大に計上されやすい

　わざと損失を計上しないとすると、それは粉飾決算になります。**粉飾決算というのは、損益計算書を操作して、実際以上にたくさんの利益が出ているように社内外の関係者をだます行為**です。損益計算書だけ見たら何も問題ないので、金融機関をだまして過剰に融資を受けたり、投資家をだまして株価が下がらないようにしたいときに、使われる違法テクニックです。

　粉飾決算をして利益がたくさん出たように見せかけると、いずれその残骸が貸借対照表に計上されます。その中でも、**左側の資産の部の中の棚卸資産をはじめとする科目に計上されやすいということを理解しておくことで、異常を察知することが可能になる**わけです。そんなふうに貸借対照表の行間を読むのです。

棚卸資産回転率を知るポイント

● 棚卸資産回転率を見て適正な在庫を考えよう
● 棚卸資産回転率が下がったら何かあるかもしれません
● 期末在庫が増えると棚卸資産回転率は低下する

02 在庫は早く販売できたほうが効率的

手元の在庫は何日で販売できるのか、棚卸資産回転期間で確認する

打席が回ってくるのが何回に1回か

　野球の試合では、なかなか塁に出られない試合の場合、2度目の打席は4回の攻撃のときに回ってきます。そして9回中3度の打席が回ってきておしまいです。3回に1度の割合です。でも大勢が塁に出て得点する試合なら、1回に1度、打席が回ってくるかもしれません。打席が回ってくるのが、1回に1度なのか、2回に1度なのか、3回に1度なのか、打席が回ってくるスパンが長いか短いかでチームの勢いがわかると思いませんか？

棚卸資産回転期間とは

　棚卸資産が適正かどうかを見る指標の1つに「**棚卸資産回転期間**」というのがあります。**商品を仕入れてから売れるまでに、何日くらいかかるのかを見る指標**です。この指標をうまく使って在庫の管理をしていきます。
　「棚卸資産回転期間」の計算は簡単で、「棚卸資産」を1日あたり（もしくはひと月あたり）の「売上」で割って計算します。1日あたりの売上は年間の売上を365日で割って出します。

● 1日あたりの棚卸資産回転期間の求め方

$$棚卸資産回転期間（日） = \frac{棚卸資産}{1日あたりの売上^※}$$

※ 1日あたりの売上 ＝ 年間売上 ÷ 365（日）

ひと月あたりの売上を使う場合は、年間の売上を12カ月で割って計算します。

● **ひと月あたりの棚卸資産回転期間の求め方**

$$棚卸資産回転期間（月） = \frac{棚卸資産}{ひと月あたりの売上^{※}}$$

※ ひと月あたりの売上 ＝ 年間売上 ÷ 12（月）

棚卸資産回転期間は日数で見たほうがわかりやすい

比較する指標によって、日単位で表示されているものと月単位で表示されているものがありますが、日単位なのか月単位なのかで、計算するときの分母が異なります。

月単位で出ている場合には、日単位に換算し直したほうが見やすくなります。

● **月単位の棚卸資産回転期間を日単位に換算する方法**

$$棚卸資産回転期間（日） = \frac{棚卸資産回転期間（月）}{12（月）} \times 365（日）$$

製造業の棚卸資産回転期間は18日が目安

2017年10月に日本政策金融公庫総合研究所が公表した中小企業の経営指標調査の結果を見ると、製造業で「黒字かつ自己資本プラス企業平均」（製造業を営んでいて、損益計算書で当期に黒字が出ている会社のうち、貸借対照表で資本金を超える累積赤字になっていない会社）の棚卸資産回転期間は、月換算で0.7カ月分となっています。

これを上記の式にあてはめて月ベースを日ベースに換算し直すと、0.7

（月）÷ 12（月）× 365（日）= 21.291日となります。つまり**黒字の製造業平均で見ると、棚卸資産を18日程度で販売している**ということになります。製造業の場合はこれを目安にするといいわけです。

棚卸資産回転期間も同業他社との比較が有効

　商品が陳列棚になかったら販売できません。通信販売でも、納品が遅くなるというだけで敬遠されることもあります。そのようなことのないように、**業績を上げるために多すぎず少なすぎない範囲で在庫がどのくらいあるのがいいか把握しておくことが大切**です。そのためには、同業他社の棚卸資産回転期間を比較することが有効になります。

棚卸の重要性

　在庫を持つ業界では、毎月、棚卸を適正に行いましょう。小さな会社では、どうしても在庫の管理がルーズになりがちですが、在庫の管理を効率的に時間をかけずに正確に行うことで、資金繰りは安定し、経営も明瞭になります。

棚卸資産回転期間を知るポイント

- 棚卸資産回転期間は月で計算するものと日で計算するものがある
- 棚卸資産回転期間は日に直したほうが見やすくなる
- 適正在庫を維持するために定期的に棚卸をする

03 会社の身の丈にあった投資をする基準は？
固定資産を購入するかどうかは 固定長期適合率 で判断する

自社社屋を持っている会社はかっこいい？

「毎月家賃を払うのがもったいないから倉庫を建設してしまおう！」「毎月家賃を支払っていても自分のものになるわけではないし、もったいない」

そんなふうに考えて、土地や建物を購入しようと張り切ってる八百屋さんがいます。でもちょっと待って考えてみましょう。

今の会社の規模で、それだけの固定資産を持つのは負担になりませんか？自社社屋を持つかどうかは、貸借対照表の数字を使った「固定長期適合率」でシミュレーションしてからでも遅くありません。

固定資産の適正な比率を把握する

「**固定長期適合率**」という指標を聞いたことがありますか？ この指標は**固定資産が長期の資金でまかなわれている割合を見る指標**です。なぜそんな指標を使うのかというと、固定資産は長期にわたって使っていくものですから、相当な金額の支出をしています。木造倉庫用の建物であれば15年の耐用年数にわたって使います。この倉庫を建築する資金を借入金でまかなっていた場合に、3年で返済しなければならなかったとしたら月々の返済が多すぎてしまい、その結果資金がショートしてしまいます。

● 固定長期適合率の求め方

$$\text{固定長期適合率（\%）} = \frac{\text{固定資産}}{\text{固定負債} + \text{自己資本}} \times 100 \, (\%)$$

固定長期適合率は低いほうがいい

　たとえば、15年間使う予定の倉庫を建築するための資金を調達するときに、長期借入金を使わずに1年以内に返済する短期借入金で調達すると、貸借対照表の資産の部の固定資産に「**建物**」が、負債の部の流動負債には「**短期借入金**」が増加します。短期借入金は流動負債なので固定負債は増えません。固定資産と流動負債の増加となるため、固定長期適合率は高くなってしまいます。使った分を減価償却費として計上するよりも返済が大きくなってしまいます。そんなことにならないように、**固定長期適合率は高くても80％に抑えて、できれば50％程度になるようにしたい**ものです。

≪ CASE 1　固定長期適合率は70％なら安全か？

　毎月200円の家賃がもったいないので、3,000円借金して、1,500円で土地を購入して、工場を1,500円で建てました。この3,000円の借金は、15年間で毎月200円ずつ返済しようと思っています。ちなみに資本金は1,000円です。

　この土地建物を取得したときの固定長期適合率は、次のようになります。

$$固定長期適合率 = \frac{3{,}000円}{3{,}000円 + 1{,}000円} \times 100\,(\%)$$

$$= 75\,(\%)$$

　固定長期適合率は75％ですから、何とか建設当初は返済していけそうに見えますが、はたして本当に15年間ずっと問題はないのでしょうか？

長期的に見て安全かどうか確認する方法

≪ CASE 2　15年間の固定長期適合率を見てみる

　この会社は土地の上に倉庫を建設しています。倉庫は減価償却することで費用にできますが、土地は売却するまで費用になりません。15年間資金がショートしないかどうか、固定長期適合率を見てみます。

● 10年後の固定長期適合率

$$固定長期適合率 = \frac{1,500円 + 500円}{1,000円 + 1,000円} \times 100 (\%)$$

- 1,500円：土地の簿価
- 500円：建物の減価償却後の簿価※
- 1,000円：借入残
- 1,000円：資本金

= 100（%）

※ 毎月100円、10年で1,000円減価償却をするものと仮定しました。

● 15年間の固定長期適合率のシミュレーション

※ 利益がゼロだと固定長期適合率は上がり続けます。

	土地の簿価	建物の減価償却後の簿価	資本金	借入金	固定長期適合率			
					毎年利益ゼロの場合	毎年50円ずつ利益を出した場合	毎年100円ずつ利益を出した場合	毎年200円ずつ利益を出した場合
購入時	1,500	1,500	1,000	3,000	75%	75%	75%	75%
1年後	1,500	1,400	1,000	2,800	76%	75%	74%	73%
2年後	1,500	1,300	1,000	2,600	78%	76%	74%	70%
3年後	1,500	1,200	1,000	2,400	79%	76%	73%	68%
4年後	1,500	1,100	1,000	2,200	81%	76%	72%	65%
5年後	1,500	1,000	1,000	2,000	83%	77%	71%	63%
6年後	1,500	900	1,000	1,800	86%	77%	71%	60%
7年後	1,500	800	1,000	1,600	88%	78%	70%	58%
8年後	1,500	700	1,000	1,400	92%	79%	69%	55%
9年後	1,500	600	1,000	1,200	95%	79%	68%	53%
10年後	1,500	500	1,000	1,000	100%	80%	67%	50%
11年後	1,500	400	1,000	800	106%	81%	66%	48%
12年後	1,500	300	1,000	600	113%	82%	64%	45%
13年後	1,500	200	1,000	400	121%	83%	63%	43%
14年後	1,500	100	1,000	200	133%	84%	62%	40%
15年後	1,500	0	1,000	0	150%	86%	60%	38%

利益を出せれば問題はない

利益の出ない年が続いた場合、固定長期適合率は4年後には80％を超えて、10年後には100％になっています。毎年100円ずつ利益を出していけばまったく問題ありませんが、この会社が固定資産を取得したあと、万が一業績不振で赤字を出したら、その途端に厳しい状態になるかもしれないのです。その場合、固定資産を取得した資金を完済するのは年々厳しくなります。

　倉庫の建設工事をしようと思ったら、毎年最低でも50円から100円の当期純利益を出せないと危険だということがわかります。最低でも完済時まで固定長期適合率が80％を超えないようにしないと、資金繰りが厳しくなってしまいます。

不動産を購入してしまった場合には、手当の方法を考えているかが問題

　ですから、**長期的なことをあまり考えずに慌てて不動産を借金で購入して、後々資金がショートしてしまうケースが多い**のです。土地建物を取得したあとでも、固定長期適合率が高くなってしまうようなら、早い段階で売却を検討すべきかもしれません。不動産は売却したくてもすぐに売れるものではありません。処分できずに厄介なお荷物になることもあるので注意が必要です。

　固定長期適合率が高くなると返済資金がショートしやすくなるので、追加融資が必要になると認識して、早めに対応することも必要になります。

固定長期適合率を知るポイント

● 固定長期適合率を使ったシミュレーションが有効
● 固定長期適合率は低いほうがいい
● 固定長期適合率は80％以内に抑えたい

04 売上が伸びている会社は融資が通りやすい
返済能力を判断する ❶
有利子負債月商比率

売上は、融資を受ける際のひとつの判断材料になる

　たくさんヒットを打っていれば、いつかは得点に結びつくと期待できますが、三者凡退が続いていたら得点になることは絶対にありません。会社も同じで、商品やサービスが売れてさえいれば何とかやっていける可能性もありますが、売上がゼロでは絶対に利益は出ないのです。

　売上が増えれば、その分必要になるのが運転資金です。金融機関の担当者は「有利子負債の残高」と「月商の比率」を見て、融資をするときの判断の1つにしています。

売上と融資の関係

　「売上が増えないと融資は難しい」と、金融機関の担当者に言われることがあります。

　これは逆にいえば、「売上が増えていると資金繰りが困難になるので、融資できる可能性がある」ということです。

　では、売上と融資はどんな関係があるのでしょうか？　**売上と融資は直接的な関係はありませんが、業績が伸びて売上が増えているときは、「業績がよくても運転資金が不足しているでしょうから、融資が必要ならお貸しします」という意味**です。

　また借入の返済は、会社の営業キャッシュフローから行うのが理想なので、売上とは直接関係ありません。**売上が増加していて利益率が同じだとすれば返済できる資金が増えていることになるので、金融機関は融資が可能になる**ということです。

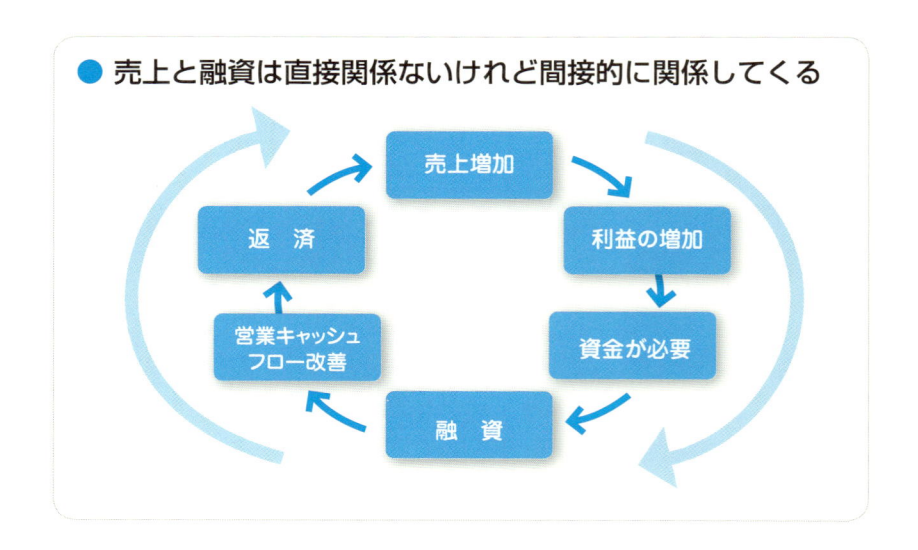

● 売上と融資は直接関係ないけれど間接的に関係してくる

売上増加 → 利益の増加 → 資金が必要 → 融資 → 営業キャッシュフロー改善 → 返済 → 売上増加

融資の際に、金融機関が知りたいのは返済能力

　金融機関は会社に融資するのが仕事ですから、本当は融資をしたいのです。とはいっても、返してもらえないリスクの高い会社に貸したくはありません。ですから融資をする前に、返済能力があるのかないのか判断するのです。そのとき、いくつもの指標を使って調べます。

　その指標のひとつに、**月商と借入金の比率がどうなっているかを見る「有利子負債月商比率」**があります。

有利子負債とは

　有利子負債とは、そのほとんどが**「会社が金融機関からの融資を受けている借入金」**です。社債を発行している会社は「社債も有利子負債」になります。相手が金融機関なのか投資家なのかという差はありますが、いずれも**金利を支払って借りている他人資本を「有利子負債」**といいます。

　「有利子負債月商比率」とは、有利子負債が1カ月の売上に対してどのくらいの割合なのかを見る指標です。有利子負債月商比率から、借入できる可能性がどのくらいあるのかを見ていきます。

「有利子負債月商比率」は、「すべての有利子負債の合計」を「1カ月の売上」で割って計算します。

● 有利子負債月商比率の求め方

$$有利子負債月商比率 = \frac{短期借入金 + 長期借入金 + 社債}{売上 \div 12カ月}$$

≪CASE 1≫ **月商の6カ月分の借入金がある場合**

短期借入金が1,000円、長期借入金が3,000円あって年商8,000円の会社の場合、有利子負債月商比率は次のようになります。

$$有利子負債月商比率 = \frac{1,000円 + 3,000円}{8,000円 \div 12カ月}$$
$$= 6カ月分$$

式から、月商の6カ月分の借入れをしていることがわかります。**小さな会社が運転資金で融資が受けられるのは、業種にもよりますが、6カ月分くらいまでがマックス**といわれています。ことによると、今の月商では金融機関から追加融資を受けにくいかもしれません。

≪CASE 2≫ **月商の4.5カ月分の借入金になった場合**

それから5カ月で短期借入金は完済しましたが、まだ融資を受けにくいかどうか有利子負債月商比率を見てみましょう。

$$有利子負債月商比率 = \frac{3,000円}{8,000円 \div 12カ月}$$
$$= 4.5カ月分$$

計算すると、月商の4.5カ月分の借入れを行っていることがわかります。ここでも**業種によっては、月商の2～3カ月分が融資の限度**といわれることもあります。そうなると、追加融資はまだ難しいかもしれません。

≪ CASE 3　CASE 2 で年商が増えた場合

　CASE 2 で、年商が1万5,000円に増えていたら、有利子負債月商比率はどうなるでしょうか？

$$有利子負債月商比率 = \frac{3,000円}{15,000円 \div 12カ月}$$
$$= 2.4カ月分$$

　有利子負債月商比率は、月商の2.4カ月分になりました。同じ融資残高でも、売上が増えると、有利子負債月商比率は一気に少なくなります。月商の3カ月未満となったので、これなら必要なときに融資を受けられそうです。

金融機関から借り入れを受ける目安は月商の何カ月分？

　よく、金融機関から融資を受ける際に月商の3カ月分くらいとか6カ月までとかいわれることがあります。

　何カ月分かは、業種によって決まってきます。**サービス業は原価がないので3カ月分、建設業なら長期の工事をするために資金が必要になるので、月商の6カ月分が目安だといわれています。**毎月の返済は減価償却前の利益の中から行うので、借入金がたくさんあると資金繰りが困窮してくるのです。月商の3カ月分くらいで収まるようになっているのが理想です。

有利子負債月商比率を知るポイント

- 売上と融資は直接関係ないけれど、月商の何カ月分かが目安になる
- 有利子負債月商比率で、月商の何カ月分の借入残があるか知っておこう
- 有利子負債は月商の3カ月分くらいで収めるようにしたい

05 返済能力を判断する ❷ 債務償還年数

今の業績で、全力で借入金を返済したら何年かかるでしょうか

勝ち越しまであと何試合？

　どうしても勝てない試合。あっという間の連敗記録。それでもあきらめずに1試合ずつこなしていくうちに風向きが変わってきました。こうなると勢いが俄然違います。もしこの勢いが続いたら、あと何試合で勝ち越すことができるのでしょうか？　1試合終わるたびにカウントダウンしたくなります。
　今年の業績をもって全力で借金を返済し続けたら、あと何年で完済できるのか考えるのとよく似ています。

今の借金を何年で返す力があるか？

　特別な場合を除いて、金融機関から融資を受ける期間は5〜7年以内です。どんなに長くても10年で、それを超えることはまずありません。毎年会社の業績は変化します。利益が出すぎたかと思えばひどい赤字になることもあります。どちらにしても資金がショートしたら危険です。今の会社の実力で、何年あれば借金の完済が可能なのか考えてみましょう。

金融機関も返済能力を見ています

　有利子負債の返済は、営業キャッシュフローの中からまかなわれます。どうしても資金が足りないときは投資キャッシュフローからまかなうこともありますが、営業キャッシュフローの中から返済するのが基本です。今の会社の返済能力なら何年で借金を完済できるのか、決算書から返済能力もわかります。返済能力は金融機関にも見られています。日頃からチェックしておけば、いざというときの追加融資の可能性も判断できます。

● **営業活動によるキャッシュフローは投資活動と財務活動の支払いに充てられる**

キャッシュフロー計算書	
営業活動によるキャッシュフローの計算	200
投資活動によるキャッシュフローの計算	−50
財務活動によるキャッシュフローの計算	−100
現金および現金同等物の増減額	50
現金および現金同等物の期首残高	1,000
現金および現金同等物の期末残高	1,050

営業活動によるキャッシュフロー200の中から当期は100の返済をしている状態

「債務償還年数」で返済能力を見てみよう

　有利子負債の返済可能期間を見るには、債務償還年数という指標を使います。有利子負債は営業活動によるキャッシュフローの中から返済していくので、**貸借対照表の「有利子負債」をキャッシュフロー計算書の「営業活動によるキャッシュフロー」で割ると何年で返済が可能なのかがわかる**のです。

● **債務償還年数の求め方**

$$債務償還年数 = \frac{有利子負債}{営業活動によるキャッシュフロー※}$$

※ キャッシュフロー計算書をつくっていないと営業キャッシュフローがすぐにわからないので、代わりに営業利益を使って計算する方法もあります。

債務償還年数は7年以内がベスト

　債務償還年数は5〜7年くらいまでが理想で、10年以上になってしまうと完済が厳しい状態になります。仮に、今年業績が悪くて債務償還年数が10年を超えてしまった場合であっても、翌期に営業活動によるキャッシュフローが改善すれば債務償還年数は短くなります。なるべく7年以内、できれば5年以内になるようにしたいものです。

営業キャッシュフローと償還期間の関係

　有利子負債の残高を一定にして、営業活動によるキャッシュフローを変動させ、債務償還年数から見て、営業活動によるキャッシュフローが有利子負債残高の何％以上あるのが理想的なのか、確認する表を作成しました。

　下表を見ると、営業活動によるキャッシュフローが増えれば増えるほど、債務償還年数は短くなるのがわかります。そして、**目安になる債務償還年数の5年に到達するのが、営業活動によるキャッシュフローが有利子負債残高の20％になる地点なのです。つまり有利子負債残高の20％以上の営業活動によるキャッシュフローを目標にすることが大切**なのです。

　あたりまえのことですが、営業活動によるキャッシュフローが同じでも、有利子負債が減少すれば債務償還年数は短くなります。

● 債務償還年数と有利子負債、営業活動によるキャッシュフローの関係

債務償還年数	有利子負債	営業活動によるキャッシュフロー	営業活動によるキャッシュフロー／有利子負債
30.0 年	3,000	100	3%
15.0 年	3,000	200	7%
10.0 年	3,000	300	10%
7.0 年	3,000	430	14%
6.0 年	3,000	500	17%
5.0 年	3,000	600	20%
4.0 年	3,000	750	25%
3.0 年	3,000	1,000	33%
2.5 年	3,000	1,200	40%
2.0 年	3,000	1,500	50%

有利子負債残高の20％くらいの営業キャッシュフローが返済期間5年の目安

債務償還年数を知るポイント

- 返済能力は債務償還年数を見て判断する
- 債務償還年数は5〜7年くらいまでが理想
- 有利子負債残高の20％くらいの営業活動によるキャッシュフローが目安

06 どのくらいの割合で借金に依存しているのか
返済能力を判断する ❸
有利子負債依存度

借入れはサプリメントで栄養を補うこと

　ここだけは絶対に負けたくない大切な試合の日に、体調を崩してしまったら大変です。体調管理を万全にするために、栄養が偏っているなと感じたときには、サプリメントで補うことがあります。いつも食事に気を遣っている人が、ピンポイントで足りない栄養素を補うためにサプリメントを使うのはいいとしても、サプリメントから摂取する栄養素の比率が高くなりすぎたら体を壊してしまいます。

　それと同様のことが会社でも起こります。資金を借入れで補うことは悪いことではありませんが、比率が高くなりすぎて体を壊さないようにバランスを取ることが大切です。

レバレッジを掛けるのはいいけれど、有利子負債は多すぎると危険です

　第4章でお話ししたROEの中の3要素のひとつ、レバレッジ比率のところで、借金のレバレッジ効果の話をしました。**レバレッジを掛けるメリットは、利益体質の会社ならより利益を出しやすくなる**ところにあります。とはいっても、いいところばかりではありません。借金をしすぎた結果、総資産の中に占める借入金の割合が多くなりすぎると、返済が困難になり大変危険な局面を迎えます。金融期間も融資先の有利子負債の割合をチェックしています。多すぎるといざというときに融資を受けにくくなるので、有利子負債依存度が上がりすぎないように定期的に確認しましょう。

総資産に対する借入金の割合は多くなるほど危険

　下図の貸借対照表を見てください。総資産（資産の部の合計）と有利子負債（借入金）の残高が同じになると、会社の貸借対照表はこんなふうになります。負債の部が有利子負債だけということはありませんから、累積赤字が資本金を超えて純資産の部が大きくマイナスになってしまいます。**総資産に対する借入金の割合は多くなればなるほど危険**なのです。

● **貸借対照表の総資産と借入金が同じ場合は、財務状況が非常に危険！**

	貸借対照表	単位：円
資産の部計　1,000	負債の部計	2,000
	買掛金	500
	借入金	1,000
	他	500
	純資産の部計	−1,000
資産の部計　1,000	計	1,000

　総資産と借入金が同じということは、純資産の部がマイナスの「欠損会社」になっている！

　総資産の中に有利子負債がどのくらいの割合で入っているのか、「有利子負債依存度」で見てみましょう。**「有利子負債依存度」は、「有利子負債残高」を「総資産」で割って計算します。**

● **有利子負債依存度の求め方**

$$\text{有利子負債依存度（\%）} = \frac{\text{有利子負債残高}}{\text{総資産}} \times 100\,(\%)$$

有利子負債依存度の目安

　資本金1,000万円以下の会社の有利子負債依存度はどうしても高くなり

がちです。一概に20％ならよくて50％だからダメということでもなく、業種業態によってもさまざまですが、有利子負債依存度が高くなると、金融機関から融資を受けられなくなります。**高くなったときでも40％くらいまでが理想**です。

ソースネクストの有利子負債依存度のV字回復から学ぶ業績改善

それでは、特打シリーズで有名なソースネクストの2008年3月期から2013年3月期までの6年間の有利子負債依存度の推移を見てみましょう。2008年3月期の有利子負債依存度は26％と好調でした。ところがその翌年の平成21年3月期に、家電量販店などが急激な在庫圧縮を進めた結果、出荷が伸び悩み最終損益で27億円という巨額の赤字を計上しました。痛手は相当なものです。現金預金と売掛金が著しく減少し、資金がショート

● ソースネクストの有利子負債依存度の回復

ソースネクスト（単独）	総資産	有利子負債	有利子負債依存度	期末資本金
2008年3月期	8,144	2,140	26％	1,330
2009年3月期	5,889	3,332	57％	1,330
2010年3月期	4,188	2,094	50％	1,771
2011年3月期	2,942	1,741	59％	1,771
2012年3月期	3,044	1,484	49％	1,771
2013年3月期	3,437	982	29％	1,771

有利子負債依存度の回復！

新株の発行

しないように有利子負債を増やして対処した結果、有利子負債依存度は一気に57％まで悪化してしまい、危険な状態に陥ってしまいました。

見習いたいのはその後の業績回復です。まず2009年3月期に増資をしています。粗利の大幅な改善、家賃をはじめとした固定費の削減を行って、販管費を60％近く大幅に削減しました。資産を減らして有利子負債を返済していった結果、4年後の平成25年3月期の決算では、有利子負債依存度は29％まで鮮やかに回復したのです。

有利子負債依存度を知るポイント

- 有利子負債依存度が多すぎると危険
- 金融機関から有利子負債依存度はチェックされている
- 経営努力で有利子負債依存度の回復は可能

単位：百万円

売上	粗利	粗利率	販管費	当期純利益
13,250	7,242	55%	6,276	766
9,630	4,119	43%	6,576	−2,776
6,428	3,486	54%	4,325	−1,065
3,995	2,456	61%	2,859	154
5,287	2,991	57%	2,690	421
5,156	3,489	68%	2,717	804

UP

販管費の大幅圧縮

27億円の赤字

07 会社の株価が高いか安いか貸借対照表で判断する
PBR で会社の純資産に比べて株価が割安かどうかを見る

リンゴも株も割安に買いたい

いつも150円で売っているりんごが、台風で収穫高が激減したあと300円に値上がります。逆に豊作の年には立派なりんごが100円で売られることもあります。

豊作の年はおいしいりんごを割安に買うことができます。上場会社の株価も変動しているので、会社の実質的な価値よりも割安なときがあるのです。

株式投資の基本は安く買って高く売ること

どんな取引をするときでも、**利益を出す基本はかかった費用以上に収入があること**です。それが株式投資なら、安く買って高く売るということになります。安く買って高く売るために、**その株式が、今割安なのか割高なのかの判断ができると有利です。そんな判断をするために使う指標のひとつが「PBR」**です。PBRはPrice Book-Value Ratioの略で、日本語では「**株価純資産倍率**」といいます。投資する会社のPBRを見ることで、その会社の価値と株価を相対的に判断することができるのです。

本来は株式の価格と会社の価値は一致している

会社を設立するときは、投資家は会社に出資をします。投資家は会社に出資してその会社の株式を取得します。出資してもらった資金は、会社の貸借対照表の右下にある純資産の部の資本金と資本準備金を構成します。

5万円で株式を発行したときの資本金は5万円です。こんなふうに、本来は株式の価格と企業の価値は一致しているのです。

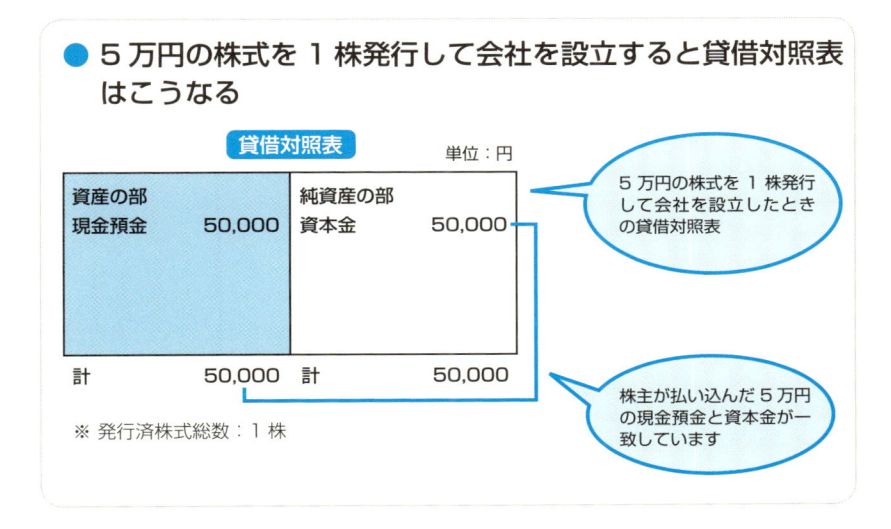

● 5万円の株式を1株発行して会社を設立すると貸借対照表はこうなる

貸借対照表 単位：円

資産の部		純資産の部	
現金預金	50,000	資本金	50,000
計	50,000	計	50,000

※ 発行済株式総数：1株

> 5万円の株式を1株発行して会社を設立したときの貸借対照表

> 株主が払い込んだ5万円の現金預金と資本金が一致しています

株価と会社の価値が一致しない理由

ではなぜこの2つが一致しなくなるのでしょうか？ 理由は2つです。

≪❶ 上場している会社の株価は常に変動する

上場している会社の株式は、その株式を買いたいと思っている人と売りたいと思っている人との需要と供給に基づいて価格が決まります。ですから会社の本当の価値以上の値段がつくこともあれば、その逆に会社の価値よりも低い値段で取引されていることもあるのです。

≪❷ 会社の純資産の部は常に変動する

会社は経営に伴って利益（または損失）を出していきますが、その利益（または損失）は純資産の部に蓄積されていきます。そのため純資産の部は常に変化します。この純資産の部を見ると会社の価値がわかります。

会社が今解散したら出資した資金がいくらになって返ってくるのかを、

貸借対照表の純資産の部で見ることができます。純資産の部の金額は、会社が発行しているすべての株式に対しての金額ですから、1株あたりの純資産価額を見るとわかりやすくなります。**1株あたりの純資産価額というのは、会社が所有している資産を貸借対照表に記載されている値段で処分できるものと仮定して、株主が解散したときに返してもらえる1株あたりの金額になります。**

PBRは株価を1株あたりの純資産価額で割る

❶株価が、❷純資産価額と比べて、どのくらいに評価された値段なのかをPBRで判断します。会社の純資産の部を発行済み株式総数で割ると、1株あたりの純資産価額が出ます。株価は1株単位で市場価格がついているので、「**株価**」を「**1株あたりの純資産価額**」で割ると「**PBR**」になります。

● PBRの求め方

$$PBR = \frac{株価}{純資産価額 \div (発行済み株式総数 - 自己株式数^{※})}$$

※ 自己株式というのは、自分の会社の株式を会社が買い取ったもののことです。一時的であっても、自己株式を会社が所有しているという状態は、実質的に資本金がない状態ですから、純資産の中からすでに控除されています。そのため発行済み株式数から自己株式数を引きます。

株価と純資産価額が一致しているときにPBRは「1」になる

PBRが「1」というのは、もしも会社が解散して、会社の資産が帳簿価額で処分できたとしたら、株価と同じ金額を返してもらえる状態です。そう考えると、リスクは少ないということになります。ですから**PBRが「1」を下回っているときは割安で、「1」を超えていると割高**だと考えることもできます。PBRが低いから必ず割安だと決まっているわけではありません

が、魅力的なビジネス展開が期待できる会社のPBRが1を下回っている状態だったら将来株価が高騰することも十分考えられるので、買い時と見ることができるわけです。

PBRは会社の帳簿に載っている資産の価額をもとに計算しています。たとえば、会社が所有している土地を処分したら実際にいくらで売れるのかわからないので、PBRだけで株式の売買を判断するのは、いうまでもありませんが危険です。

仮に純資産の部が1,000円の会社の発行済み株式総数が100株だとすると、1株あたりの純資産価額は1,000円 ÷ 100株 ＝ 10円となり、そのときの株価が10円ならPBRは10円 ÷ 10円 ＝ 1となります。

● 純資産の部を発行済み株式総数で割ると1株あたりの純資産価額になる

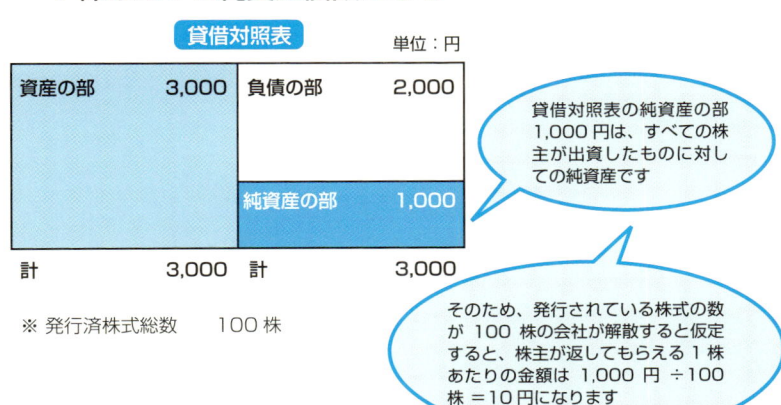

貸借対照表 単位：円

資産の部	3,000	負債の部	2,000
		純資産の部	1,000
計	3,000	計	3,000

※ 発行済株式総数　100株

> 貸借対照表の純資産の部1,000円は、すべての株主が出資したものに対しての純資産です

> そのため、発行されている株式の数が100株の会社が解散すると仮定すると、株主が返してもらえる1株あたりの金額は、1,000円 ÷ 100株 ＝ 10円になります

PBRで会社を知るポイント

- 株式投資の基本は安く買って高く売ること
- 株式の額面と株価と会社の価値は一致しない
- PBRが「1」のとき、株価と純資産価額は一致する

08 同じ株価なら、利益を出す力が大きい会社がいい
PERで利益をたくさん出す力のある会社かどうか見る

同じ株価なら、PERを見て利益をたくさん出せる会社を選ぶ

株が割安なのか割高なのかを、ひとつの指標だけを見て判断すると情報が足りません。ですから多角的に割安か割高かを見ることが大切です。PBRで貸借対照表から割安か割高かを見たあと、損益計算書の利益を見たらどうでしょうか？

損益計算書の当期純利益と株価の関係を見る指標が「**PER**」です。PERはPrice Earnings Ratioの略で、日本語では「**株価収益率**」といいます。**株価が1株あたりの当期純利益の何倍の価値として評価されているのか見ます。**

PERは、株価を1株あたりの税引き後の当期純利益で割る

❶株価が、❷税引き後の当期純利益の何倍の値段なのかを判断するのが「PER」です。会社が1年間営業して出た当期純利益を、発行済み株式数で割ると、1株あたりの当期純利益が出ます。**「1株あたりの当期純利益」で「株価」を割って計算したものが「PER」です。**

● PERの求め方

$$PER = \frac{株価}{当期純利益 \div (発行済み株式総数 - 自己株式数^{※})}$$

※ 会社が自己株式を所有している場合、会社の利益は最終的に自己株式以外の株式の所有者が分配を受けることになります。そのため自己株式数は除いて計算します。

PERは小さければ小さいほど割安

　損益計算書の当期純利益と株価の関係を表すPERですが、PERが「1」というのはどういうことを意味しているのでしょうか？ **「PERが1のときには、1年間で出る利益と同じ金額で株式が売買されている」**という意味です。すごくお得な感じがしませんか？　銀行に定期預金しても1％の金利すらつかない時代です。100円出資したら1年後には100円利益が出ていて、投資した金額と同じだけ会社の価値が増えているということです。

　ちなみに株価が100円でPERが「2」の会社に出資したら、1年後には50円の利益を出すということが予想できるので、**PERは小さければ小さいほど割安**なのです。

　たとえば当期純利益が300円の会社の発行済み株式総数が100株だとすると、1株あたり当期純利益は300円÷100株＝3円となります。この会社の株式の価格が1株あたり3円だとすると、3円÷3円＝1となり、出資した金額と同じだけ1年で利益が出る収益力が高い会社だということになります。

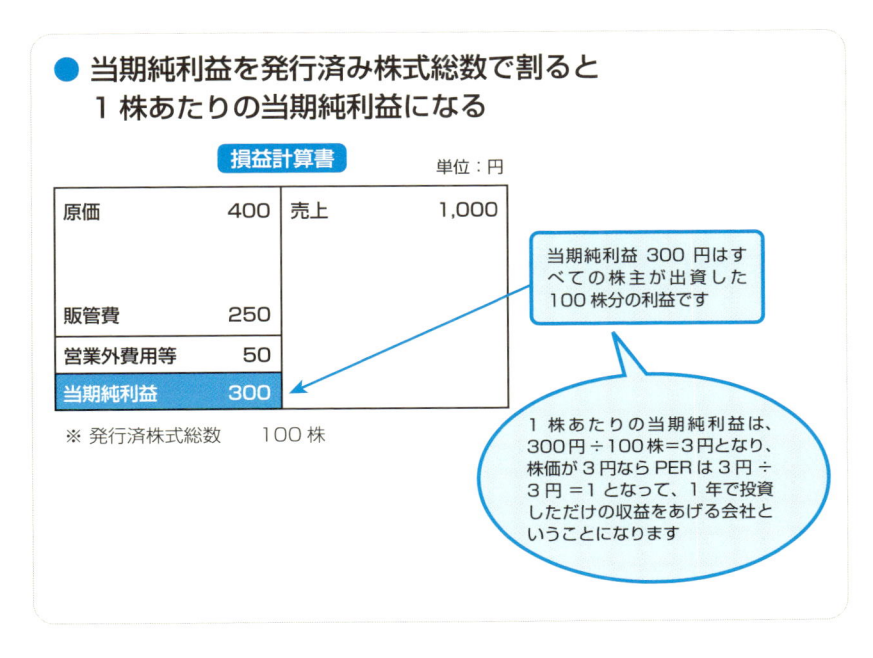

● **当期純利益を発行済み株式総数で割ると1株あたりの当期純利益になる**

損益計算書　　　単位：円

原価	400	売上	1,000
販管費	250		
営業外費用等	50		
当期純利益	300		

※ 発行済株式総数　100株

当期純利益 300 円はすべての株主が出資した100株分の利益です

1株あたりの当期純利益は、300円÷100株＝3円となり、株価が3円ならPERは3円÷3円＝1となって、1年で投資しただけの収益をあげる会社ということになります

PERが低いからいい買い物に
なるというわけでもない

　一般的な傾向として、**成長性が期待できるような銘柄の株式はPERが高くなります**。成長している会社に投資したい人が集まるのはあたりまえですよね。投資したい人が増えれば株価は上がり、株価が上がればPERは高くなります。そこを判断することになるので、**PERが極端に低いから安くていい買い物というわけでもない**のです。

　PERが低い値になっていて割安感がある場合に考えたいのは、なぜこんなに割安なのかということです。PERの低い株は、投資家が見てあまり魅力的ではない危険性があります。自分が知らなくても悪いニュースが流れているかもしれません。PERが上がらない原因、別の言い方をすると株価が上がらない原因がどこにあるのかをよく考えて、投資の検討をするのが妥当です。PER以外にも会社の情報はたくさんあります。投資をする場合には、必ず複数の指標を見ることが必須です。同じPERの会社を見つけて比較するのも面白いかもしれません。

PERだけで判断するのは大変危険

　PERは会社の税引き後の当期純利益をもとに計算されます。この数字は経常的な損益だけではなく、当期かぎりの特別なものも含まれています。そのため、単年度のPERだけを使って判断するのは大変危険です。**4～5年分のPERを比較したり、同業他社と比べて、指標ごとの特徴を生かして総合的に判断するのがベスト**です。

利益によって大きく変動するPER

　次頁の表は、東京証券取引所「統計資料」より抜粋した2018年3月末のPERとPBRです。市場別に見ると、マザーズの銘柄は東証1部2部の銘柄と比べてPER、PBRともに高くなっていて、会社の成長の期待値が高いということがわかります。**業種別に見ても、月ごとに見ても変動があるので、調査したい会社のデータと業種別のデータを、月ごとに何が影響しているか考えながら比較してみると判断しやすくなります。**

● 市場別、業種別、月別で大きく異なる PER と PBR

● 市場別

市場別	会社数	PER(倍)	PBR(倍)
東証1部	2,074	20.2	1.4
東証2部	511	17.2	0.9
マザーズ	234	111.4	6.7

市場による差は激しい

● 業種別

東証1部業種別	会社数	PER(倍)	PBR(倍)
鉄鋼	32	16.8	0.7
情報・通信業	190	25.2	2.4
卸売業	171	16.7	1.1
小売業	196	28.9	2.1
銀行業	82	11.1	0.5
不動産業	65	14.2	1.6
サービス業	186	27.5	2.5

極端に高いPERは要チェック

● 月別

東証1部業種別	会社数	PER(倍)	PBR(倍)
2018年3月	2,074	20.2	1.4
2018年2月	2,059	21.1	1.4
2018年1月	2,058	21.9	1.5
2017年12月	2,052	21.7	1.4
2017年11月	2,035	21.3	1.4
2017年10月	2,030	21.1	1.4
2017年9月	2,027	20.1	1.3
2017年8月	2,019	19.2	1.3
2017年7月	2,016	18.8	1.2
2017年6月	2,013	18.5	1.2
2017年5月	2,007	20.7	1.2
2017年4月	2,005	20.0	1.2

月ごとに見ても変動がある

三越伊勢丹のPERから学ぶ投資のタイミング

　デパート業界でトップの三越伊勢丹のPERとPBRを見てみましょう（次頁参照）。赤字が出た年と翌年黒字に戻った年のPERの動きに特徴があります。赤字が出た2010年3月期のPERはマイナスになっていますが、注目したいのが、その翌年のPERです。

　赤字のあとに、わずかな利益が出ている関係で、PERは2010年3月期の▲6.2から2011年3月期では111.9と大幅に上昇しています。PBRは数値的にはそこまで大きく影響を受けませんが、赤字を出したあとの回復期に、PERが上がるという動きは、この会社にかぎったものではありません（2011年3月期）。

　利益が出ずに赤字の場合、PERはマイナス表示になりますが、利益がほんの少しの場合にはPERは非常に大きな値になるのです。PERを計算するときの分母（1株あたり当期純利益）がプラスで、ゼロに近くなればなるほどPER値は高くなるわけです。**回復期には利益が大きく出ないことも多く、ほんの少しだけ利益が出た場合には、株価の下落があってもPERは異常な高値を示すことがあります。**これを回復期の一種のシグナルと見るかどうかは投資家の判断となります。その2年後の2013年3月期には株価は1.81倍に跳ね上がりました。

　PERだけで判断するのは危険ですが、終わったあとで見てみると2011年3月に株価が下がってPERが高騰したときの三越伊勢丹は買いどきだったということがわかります。

決算の指標は前期実績を使っていることも多い

　PER、PBRのように決算の発表があるまで、当期の正確な値が出せない指標はたくさんあります。決算発表があるまでは証券会社などが予測する値か、前期実績が記載されているので、見ている値が予測値なのか前期実績なのかも必ず確認しましょう。

● 三越伊勢丹の 2010 年 3 月期から 2013 年 3 月期の 4 期比較表

単位：百万円／連結

項目　　　　　年度 （貸借対照表）	2010 年 3 月期	2011 年 3 月期	2012 年 3 月期	2013 年 3 月期	同業種平均
資産合計	1,238,006	1,237,775	1,227,947	1,223,677	653,979
負債合計	812,884	819,622	759,467	718,550	446,605
株主資本合計　❺	413,862	406,501	456,585	491,003	174,942
（損益計算書）					
売上	1,291,617	1,220,772	1,239,921	1,236,333	690,882
原価	930,932	878,767	892,133	888,923	468,700
粗利	360,685	342,005	347,788	347,410	222,182
販管費	356,508	331,012	323,954	320,771	204,483
営業外損益収支	15,553	16,101	14,619	7,578	640
経常利益	19,730	27,093	38,452	34,217	18,339
特別損益収支	▲59,455	▲20,520	▲12,790	▲11,666	▲3,393
税引前当期純利益	▲39,723	6,573	25,662	22,551	14,947
当期純利益　❻	▲63,521	2,640	58,891	25,292	6,993
（指標）					
売上営業利益率	0.30%	0.90%	1.90%	2.20%	2.30%
売上当期純利益率	▲4.90%	0.20%	4.80%	2.10%	1.10%
ROE	▲14.30%	0.60%	13.70%	5.30%	5.00%
ROA	0.50%	1.00%	2.10%	2.30%	2.90%
自己資本比率	33.40%	32.80%	37.20%	40.10%	31.20%
発行済み株式数　❶ （単位：株）	394,584,474	394,630,834	394,751,494	394,787,494	
自己株式数　❷ （単位：株）	89,621	200,163	250,439	261,557	
差引　❸ ＝❶－❷（単位：株）	394,494,853	394,430,671	394,501,055	394,525,937	
期中平均株式数 （単位：株）　❹	390,882,163	394,503,878	394,497,700	394,506,019	
1 株あたり純資産 （単位：円）	1,049.09	1,030.6	1,157.37	1,244.54	
1 株あたり当期純利益 （単位：円）	▲162.51	6.69	149.28	64.11	
潜在株式調整後		6.69	149.03	63.95	
期末株価　❼	1005	749	972	1,358	
1 株あたり純資産 ❽＝❸／❺	1,049.09	1,030.60	1,157.37	1,244.54	
1 株あたり当期純利益 ❾＝❹／❻	▲162.51	6.69	149.28	64.11	
PBR 倍率　❼／❽	1.0	0.7	0.8	1.1	
PER 倍率　❼／❾	▲6.2	111.9	6.5	21.2	

株価が暴落

株価が回復

PER が大きな値に！

その後業績回復が見込まれれば株式は割安なので買いどきの可能性が高い！

239

PERで会社を知るポイント

- 損益計算書の当期純利益と株価の関係を表すPER
- PERは小さいほうが割安
- PERは利益で大きく変動する
- 自社のPERの動きを時系列で追ってみると、見えてくるものがある

Column

PERとPBRのPはプライスのP

　株の値段は会社の数字だけでなく、株主がその会社の期待が織り込まれて動くこともあります。四半期ごとの決算発表直後に株価が大きく変動するのはそのためです。

　この会社はこれから利益が減っていくと株主が判断したら株は売り込まれて、その結果PERとPBRは下がります。もちろん、その逆もあります。

　会社の指標は高いほうがいいものと、低いほうがいいものがありますが、これを一つずつ覚えていくのは大変なことです。

　PERとPBRのPはプライス（株の値段）のPです。何を買うにも値段は安いほうがいいですよね。ということは株を安く買って高く売りたいと思ったら、この二つの指数は低いほうが割安でお得だということです。これがイメージできると非常に楽に判断できます。

　では、値下がりしている株をいつ買うのかという問題が発生します。ストンと下がったPERとPBRを見て、「よし、買うぞ！」と勇んで投資したけれど、それからまだまだ下げてしまったなんていうこともあります。

　新型コロナの影響で株価が下がったのを機に、株式投資を始めようとネット証券での口座開設が増えたようです。投資は欲張らずコツコツとやっていきたいものです。

第7章 上場企業の決算書をのぞいてみよう

　会社の数字が読めるようになってきたら、上場企業の決算書を眺めてみましょう。どうやったら上場企業の決算書を見ることができるのでしょうか。知っている人はどこにどんな情報があるのか知っていますが、存在自体を知らなければ見つけることすらできません。

　この章では、実際にホームページを見ながら会社の決算書がどんなふうに発表されているのかお話ししていきます。この章の目標は次の2つです。

● この章の目標

> ❶ 上場企業の決算書はホームページで発表している会社が多いことを知る
> ❷ ホームページで発表されている会社の数字を加工して、使うことができるようになること

　決算書を意識するとホームページの見方が変わってきます。今まで商品の情報しか見ていなかった会社そのものの情報が、ホームページを見るとわかるようになるのです。

● 上場企業の決算書ののぞき方

> ❶ 決算短信がどこにあるのかを探し出す
> ❷ 決算短信のポイントを読む
> ❸ Excelで加工して、簡単なグラフをつくってみる

01 決算書を見たいと思ったらどうしたらいいの？
ユニクロの決算書を見てみよう

決算書を見たいと思ったらどこを探したらいいの？

　上場企業に株式投資したいと思ったときに、1番最初に見ておきたいのが決算書です。株式投資をしない人でも、取引先の会社がどんな状態にあるのか決算書を見ればわかるので、リスクを減らすことができます。

　会社情報がいっぱい詰まっているのが「決算書」です。決算書を見るとその会社がどんな状態なのか、取引していい相手なのかどうかの判断ができます。営業するときも情報があれば、ニーズがわかるかもしれません。

　では、会社の情報ってどこにあるのでしょうか？

　知りたい会社が上場企業であれば、決算書はかなりの確率でホームページに掲載されているので、簡単に見ることができます。

決算公告について

　上場企業の決算書はホームページで見ることができますが、日本の会社の99％以上は中小企業です。中小企業の決算書を実際に見る機会は実はほとんどありません。

　日本国内の法人は、決算書を開示する義務があります。貸借対照表（資本金5億円または負債合計200億円以上の会社は損益計算書も）を、官報か日刊新聞もしくはインターネット上で電子公告することになっています。

　公告を怠ると100万円以下の過料という罰金がかかることになっていますが（会社法）、実際に過料がかかったという話は耳にしません。そのため、**上場していない会社のほとんどが決算書を公告していないのが現状**です。

　決算公告は、自社のホームページであれば掲載に料金はかかりませんが、

官報や日刊新聞に掲載するには、その都度料金がかかります。そのほかに、インターネット決算公告サービスといった、決算公告スペースを有料で提供するサービスもあります。こちらは官報や日刊新聞ほど高額な料金体系ではありません。

決算の情報ってどうしたら見られるの？

　ということで、**決算書を見たいと思ったら、まずはインターネットで検索してみましょう。上場企業の情報はホームページに掲載されていることが多い**ので、誰でも簡単に見ることができます。ホームページに掲載されていなければ、上場企業であればロイターや証券会社のホームページでも調べることができます。

　上場していない会社の決算書を簡単に調べたいのであれば、東京商工リサーチや帝国データバンクなどの調査機関を使うこともできます。ただし民間の調査会社のデータを使うことになるので、調査手数料がかかります。ですから、何はともあれホームページで決算情報を探してみることです。決算書がある場所を簡単に見つけることができれば決算書を見るハードルが確実に1つ下がります。

　ここでは、ユニクロのIR情報をのぞいてみましょう。IR情報のIRというのは英語で、Investor Relations（インベスターリレーションズ）といい、企業が株主や投資家に対して提供する「投資の判断に必要な財務状況等の情報」のことです。

ユニクロの決算情報を検索してみよう

　上場企業の決算情報は、普通にGoogleやYahoo!といった検索エンジンを使って、「会社名」と「IR」などのキーワードでおおむね検索することができます。もしくは、その会社のホームページに、「**企業情報**」とか「**投資家情報**」「**決算情報**」「**IR情報**」といった単語で見つけることができます。最初は決算書を見つけるだけでも大変なわけですから、なるべく簡単に見つける方法を知っておきましょう。

　ではGoogleで「ユニクロ」と検索してみましょう。次頁のような検索結果が表示されます。

243

● Googleで「ユニクロ」と検索した結果

「UNIQLO ユニクロ：ユニクロトップ」と書いてあるページをクリックすると、ユニクロのトップページに飛びます。

● ユニクロのトップページ

パッと見たかぎりでは、投資家が見るような情報は見つかりません。スクロールして画面の下のほうを見てみましょう。

● ユニクロのトップページの最下部

トップページの最下部に「企業情報」というのがあります。ここをクリックしてみます。

≪パッと特定の文字を検索する方法

　ホームページを見てすぐに探したい文字が見つかるといいのですが、たくさんの情報が書いてあると目的の単語にたどり着くまでに苦労することがあります。そんなときは、調べたい単語（この場合は"IR"）がページの中にあるかどうかショートカットキーを使って探しましょう。検索したいページを開いたら、Ctrl キーを押しながら F（Macの場合は ⌘ ＋ F）を押すと、ブラウザーの右上に検索の窓が表示されます。そこに探したい文言を入れて（今回はIRと入れます）検索すると「IR」という単語がオレンジ色に反転してページ内にいくつあるか表示されます。Enter キーを押すとページ内にある別の「IR」の文字が反転します。こういう探し方をすると、必要な情報に楽に早くたどり着くことができます。

　このショートカットは、PDFファイルでもExcelでも使えます。有価証券報告や、決算報告の資料は100ページ以上にわたるPDFファイルになっていることも多いので、たくさんあるページの中で検索したい文字（たとえば現金）を入力すると、目で追うよりも簡単で間違いなく検索できるので、楽に決算書を読みたいときは、ぜひ使ってみてください。

● ユニクロの「企業情報」のページ

Ctrl + F で検索窓が表示されます

IRを検索

3つ見つかった

IRがオレンジ色に反転しています

ここをクリック

それでは検索されて出てきた左側にある「投資家向け情報(IR)」をクリックします。

● ユニクロの「投資家向け情報（IR）」のページ

どちらかをクリック

大きく「投資家向け情報（IR）」とあるので、クリックします。

店舗の名前と会社の名前とが違う会社も たくさんある

　「ファーストリテイリング」という会社に飛びました。実は「ユニクロ」は「ファーストリテイリング」という会社のグループ会社です。普通に生活していると気がつかないのですが、店舗の名前と会社の名前が違う会社はたくさんあります。
　それでは、左の「IRライブラリー」をクリックして、さらに次の「IRライブラリー」の中から「決算短信」をクリックします。

● ユニクロの「IR情報」のページ

● ユニクロの「IRライブラリー」のページ

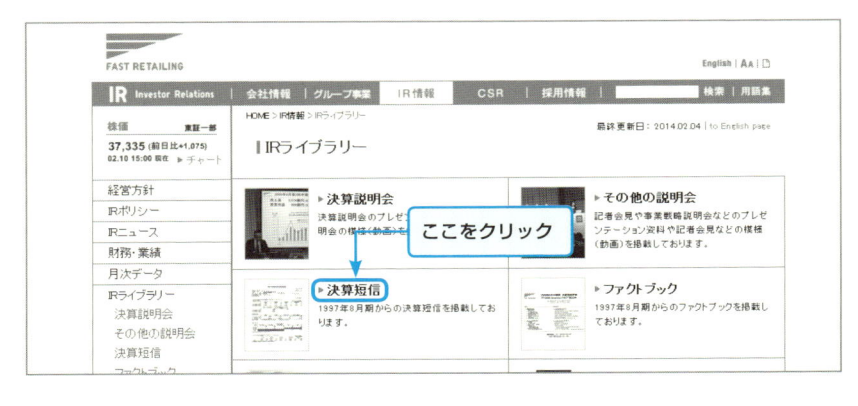

● ユニクロの「決算短信」のページ

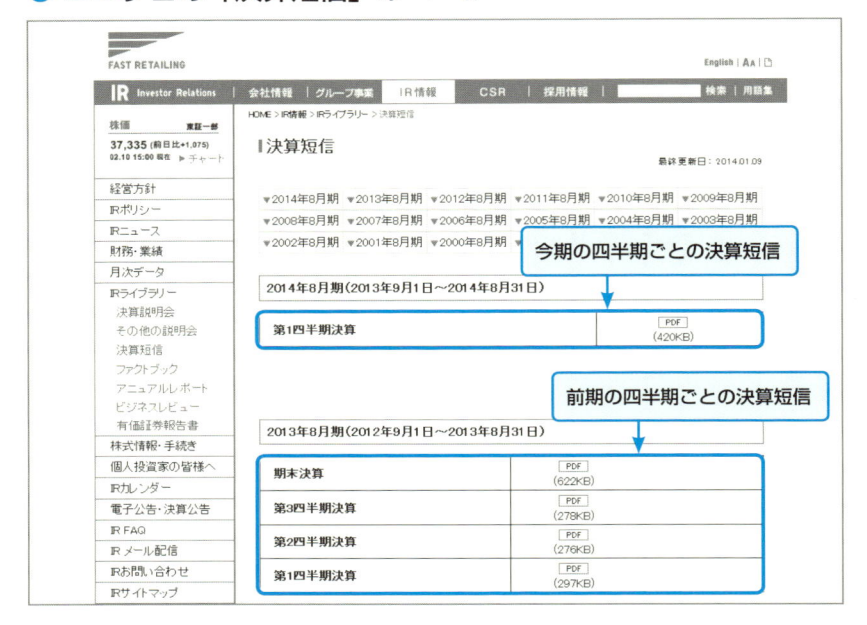

「決算短信」が出てきました。1年間の決算期を3カ月ごとに4つに分けて、第1四半期～第4四半期ごとに簡単にまとめた決算の情報が掲載されています。投資家のために発信している情報ですが、投資家以外の人も見ることができるので大いに活用しましょう。有名な会社だと、イメージばかりが先行してしまいがちですが、きちんと決算書を見て判断しましょう。

決算短信とは

上場企業の決算日から有価証券報告書が発表されるまで、3カ月近くかかります。有価証券報告書が発表されるのを待っていると、投資家はその会社のことを判断できなくて困ります。そのため、決算の内容を簡単にして早く発表することにしました。その書類が決算短信です。**決算短信は、1年を3カ月ごとに区切った第1四半期から第4四半期のそれぞれの計算期間が終わってから40日前後で発表される、証券取引所の作成要領に基づいて作成される書類**です。

決算短信のポイントを拾って読む

「ファーストリテイリング」の有価証券報告書は、2013年8月期では118ページにもなります。自分の財産を投資する先の会社の状態をしっかりと把握することはとても大切なことですが、これをすべて読むのはプロのアナリストでも時間がかかる作業です。ですから**まずは簡略化されている決算短信を見て、ポイントを拾って読む**ようにします。

決算短信は簡略化されているといっても、「ファーストリテイリング」の2013年8月期期末決算だけで42ページもあるので、すみずみまで見ることは難しいです。**まずは損益計算書と貸借対照表とキャッシュフロー計算書を見てから、その会社の見るべきポイントにあたりをつけて読む**と楽です。

当期と前期を比較する形で、決算書が掲載されています。子会社を含めた連結財務諸表と子会社を含まない単独財務諸表が掲載されています。**有価証券報告書や決算短信はフォームが決まっているので、どこの会社のものを見ても同じように見ることができます。**

決算短信を見てみよう

決算短信の1番上の表題には、「**平成25年8月期 決算短信[日本基準](連結)**」と書かれています。これは平成24年9月1日から平成25年8月31日までの決算期で、日本の会計基準にのっとって作成した連結の決算短信ということです。

連結というのは親子関係、支配従属関係にあるグループ企業すべてを含めた決算書で、連結を見ることによって企業グループ全体の実力がわかります。株式会社ユニクロをはじめとした98社の連結子会社などを含めた連結決算を報告する決算短信なので、途中のページに株式会社ファーストリテイリング単独のものも記載されています。

1番目の連結業績のところには、2期分の決算書が要約されたものが記載されています。ここだけ見ても十分に役に立つ情報です。

❶ 連結経営成績 ⇒ 連結の損益計算書を2期分要約しています
❷ 連結財政状態 ⇒ 連結の貸借対照表の2期分を要約しています
❸ 連結キャッシュフロー計算書 ⇒ 2期分のキャッシュフロー計算書を要約したものです

● ファーストリテイリング2013年8月期期末決算短信

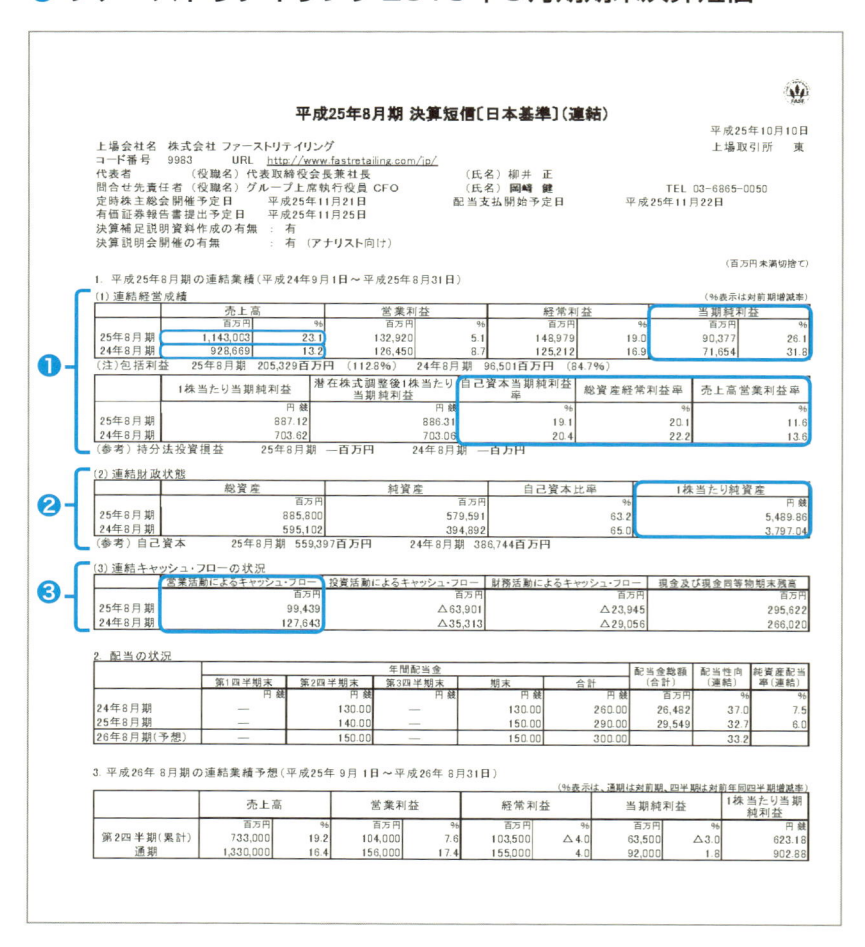

≪❶＋❷から連結業績を見てみよう

売上が前年と比べて23.1％増加していて好調ではあるものの、**当期純利益率**は前年が31.8％なのに今期は26.1％となっていて、利幅が圧縮傾向にあります。**自己資本当期純利益率（ROE）、総資産経常利益率（ROA）、売上高営業利益率**も、前期と比べて減少傾向にあります。それでも売上が増加しているおかげで、**1株あたり当期純利益率**は前年よりも改善している状態になっています。

≪❸から連結キャッシュフローを見てみよう

「営業活動によるキャッシュ・フロー」が前年が1,276億4,300万円で今年が994億3,900万円となっていて、前年よりも減少しています。

≪翌期の連結業績予想をしてみよう

今期の決算と同じような傾向（売上が増加、利益率は減少）となったうえで、通期では当期純利益が増加するという予測を立てていて、増収増益ではあるものの厳しい状況をうかがうことができます。

もっとも、翌期の予測はどこの会社でもある程度厳しめに見る傾向にあります。期の途中で通期業績予測を下方修正するよりも、上昇修正したいからです。 そんなことも視野に入れて見ていきましょう。

このように、決算短信を使って2年間の会社の状態と翌期の予測を使って会社の傾向を見ると会社の状態がわかるようになります。

計算書を知るポイント ❶

- 決算書を見るためにまずその会社のホームページから探してみる
- 決算短信はポイントを拾って読む
- 決算短信では前期と当期と来期の予測を使って傾向を読む

02 張りつけてグラフにして楽に見る
5期分の決算書を見やすく加工してみよう

Excelを活用して決算書を比較分析しよう

　決算書は最低でも2期分を並べて見ないとわからないため、有価証券報告書や決算短信は2期分が表示されています。あたりまえのことですが、2期分で見ることができる過去の業績は、前年との比較だけです。去年と比べて改善していても、去年が特別な状態であった場合もあるので、それまでと比べてどうなのか、ここ数年（5期分）の会社の傾向を見るとわかりやすくなります。

数値を比較するだけではなくグラフにして見てみよう

≪CASE 1≫　2期比較すると売上が下がっている場合

　たとえば去年の売上が1,000円、今年の売上が800円で、2期比較すると売上が減少している会社があったとします。

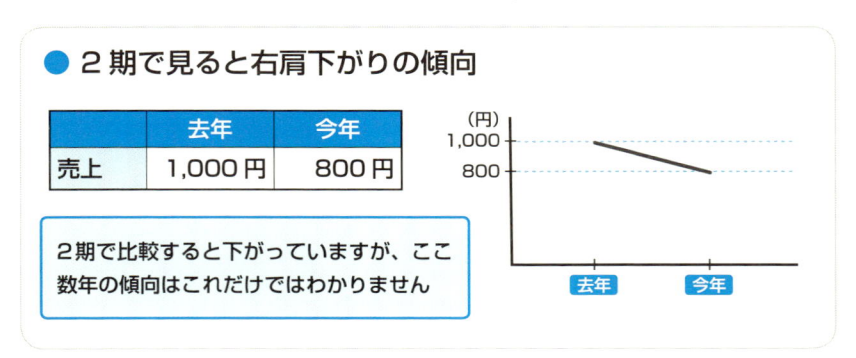

● 2期で見ると右肩下がりの傾向

	去年	今年
売上	1,000円	800円

2期で比較すると下がっていますが、ここ数年の傾向はこれだけではわかりません

≪CASE 2≫ 5期分で見てみる ❶

CASE 1 の会社の売上を5期見てみると、1期目300円、2期目400円3期目600円、4期目1,000円、5期目800円となっています。全体の傾向として売上が右肩上がりに増加している傾向は変わりなく、4期目が特別によかったのではないかと推測できます。

●5期で見ると右肩上がりの傾向

	1期目	2期目	3期目	4期目	5期目
売上	300円	400円	600円	1,000円	800円

2期を比較してみると下がっていますが、5期分で比較すると上向きなのがわかります

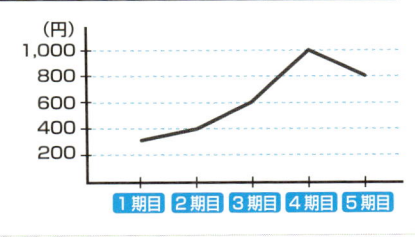

≪CASE 3≫ 5期分で見てみる ❷

これがもし5期比較したときの売上が1期目5,000円、2期目4,000円、3期目2,000円、4期目1,000円、5期目800円だとすると、売上が年々減少しているのがわかります。

●5期で見ると右肩下がりの傾向

	1期目	2期目	3期目	4期目	5期目
売上	5,000円	4,000円	2,000円	1,000円	800円

この場合、2期で見るよりも5期で見たほうが、ずっと下がり続けている感じがわかります。グラフを使ってみると、数字で見たときよりも具体的にイメージがわきます

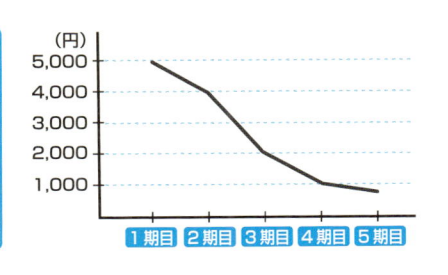

このように、過年度と比較することで会社の傾向をつかむことができるのです。

ユニクロの財務諸表を5年間分見よう

ユニクロでは、決算短信、有価証券報告書のほかに、会社法にのっとった5年分の決算書を発表しています。前節で見た下図のページにある「財務・業績」の中の「財務諸表（5年間）」に、5年間分の決算書がまとまっているものがあるので、そちらを開いて見てみましょう。

● 5年間分の財務諸表はここにある ❶

5年間の決算書が表示されました。5期比較の財務諸表を使うと判断がしやすくなります。

上場企業がホームページで発表している内容は、情報の宝庫です。有価証券報告書や決算短信以外の株主向けの情報、そのほか会社ごとに別途発表している資料も閲覧することができます。

● 5年間分の財務諸表はここにある ❷

連結貸借対照表	2009/8期	2010/8期	2011/8期	2012/8期	2013/8期
流動資産	298,171	345,625	369,971	424,516	640,109
(内訳)現金及び預金	43,876	62,466	64,386	132,238	147,429
(内訳)有価証券	125,875	139,472	137,728	133,789	148,215
(内訳)たな卸資産	74,580	74,079	92,750	98,953	166,654
固定資産	165,114	161,662	163,806	170,586	245,690
資産合計	463,285	507,287	533,777	595,102	885,800
流動負債	175,602	202,618	182,846	173,378	253,966
固定負債	26,269	16,681	31,020	26,831	52,243
負債合計	201,871	219,300	213,866	200,210	306,209
少数株主持分				7,392	19,024
純資産の部	261,413	287,987	319,911	394,892	579,591
負債及び純資産合計	463,285	507,287	533,777	595,102	885,800
連結損益計算書					
売上高	685,043	814,811	820,349	928,669	1,143,003
売上総利益	341,528	420,881	425,767	475,467	564,011
販売費および一般管理費	232,888	288,503	309,401	349,016	431,091
営業利益	108,639	132,378	116,365	126,451	132,920
経常利益	101,308	125,755	107,090	125,212	148,979
税金等調整前当期純利益	95,487	116,967	93,881	123,390	141,525
法人税、住民税及び事業税	44,939	54,363	41,906	45,879	54,486

ここをクリック

決算書を比較すると情報は生きてくる

　ユニクロは、会社法にのっとった5年分の決算公告をホームページに掲載しています。今回はこの5年分の決算書を見ていきます。2期分ずつ掲載されている決算短信や有価証券報告書からも同じ情報を集めることはできますが、数字を拾うのに手間がかかります。ユニクロのように、わかりやすくまとめて比較できる形で公告している会社も多いので、調べたい会社のホームページをあたってみることをお勧めします。

決算書をExcelで加工してみる

　ユニクロの決算書は5期分まとまっていて、そのままでも見やすくなっています。ですから時間がないときはホームページに掲載されている情報を見るだけでも相当役に立ちます。でもせっかくデータが用意されているので、少しExcelで加工してみましょう。

数字を加工して簡単なグラフにするだけで、気づくポイントが増えるので、やらない手はありません。本書では、Excel2013を使って説明しています。

❶ まずはコピー&ペースト

ホームページに掲載された状態の決算書や印刷した資料は、そのままではデータとして使うことができませんが、データ化すると強い味方になります。

まずは先ほどの「財務諸表（5年間）」の表の部分を選択、コピーして、新しいExcelのシート（右頁の例ではSheet4にコピーしています）にペーストします。

≪Excel One Point もしもデータが1つの列に入ってしまったら

インターネット上のデータをコピーすると、きれいにデータが貼りつかないで、1つの列（たとえばA列）に全部入ってしまうことがあります。そんなときはあきらめないで、データが入ってしまった列を選択している間に、次の手順で「区切り位置」の機能を試してみましょう。

手順1　「データ」タブのプルダウンメニューから「区切り位置」を選択します。

手順2　「区切り記号付き」にチェックを入れて「次へ」をクリックします。

手順3　「タブ」「コンマ」「スペース」などにチェックを入れたり消したりしながらプレビューを確認して、思ったような区切り位置で区切ることができたら「次へ」「完了」をクリックします。

❷ 貼りつけたシートを加工する

Excelに貼りつけたデータの書式が「数字」になっていないと、文字列になってしまうため、データとして使えないことがあります。そんなときは、書式を「数字」に変更する必要があります。今回のデータは▲マークの入ったセル以外はすべて数字で取り込めているので、▲マークをマイナスマーク（-）に置き換える作業が必要です。

● 財務諸表データをExcelにコピーして加工する

```
B4  =IF(LEFT(Sheet4!B4,1)="▲",VALUE(SUBSTITUTE("-"&MID(Sheet4!B4,2,10),",","")),Sheet4!B4)
```

	A	B	C	D	E	F
1		会計年度(単位:百万円)				
2		2009/8期	2010/8期	2011/8期	2012/8期	2013/8期
3	連結貸借対照表					
4	流動資産	298,171	345,625	369,971	424,516	640,109
5	(内数)現金及び預金	43,876	62,466	64,386	132,238	147,429
6	(内数)有価証券	125,875	139,472	137,728	133,788	148,215
7	(内数)たな卸資産	74,580	74,079	92,750	98,963	166,654
8	固定資産	165,114	161,662	163,806	170,586	245,690
9	資産合計	463,285	507,287	533,777	595,102	885,800
10	流動負債	175,602	202,618	182,846	173,378	253,966
11	固定負債	26,269	16,681	31,020	26,831	52,243
12	負債合計	201,871	219,300	213,866	200,210	306,209
13	少数株主持分	-	-	-	7,392	19,024
14	純資産の部	261,413	287,987	319,911	394,892	579,591
15	負債及び純資産合計	463,285	507,287	533,777	595,102	885,800
16	連結損益計算書					
17	売上高	685,043	814,811	820,349	928,669	1,143,003
18	売上総利益	341,528	420,881	425,767	475,467	564,011
19	販売費および一般管理費	232,888	288,503	309,401	349,016	431,091
20	営業利益	108,639	132,378	116,365	126,451	132,920
21	経常利益	101,308	123,755	107,090	125,212	148,979
22	税金等調整前当期純利益	95,487	116,867	93,881	123,390	141,525
23	法人税、住民税及び事業税	44,939	54,363	41,906	45,879	54,486
24	法人税等調整額	493	−147	−4336	3,084	−6218
25	少数株主利益	257	971	1,956	2,771	2,879
26	当期純利益	49,797	61,681	54,354	71,654	90,377
27	連結キャッシュ・フロー計算書					
28	営業活動によるキャッシュ・フロー	59,214	88,623	57,158	127,643	99,439

　加工のしかたは、まずSheet4をそのままSheet5にコピーします（Sheet4をオリジナルのままとっておくため）。IF関数、MID関数、SUBSTITUTE関数、VALUE関数を使ってSheet4にあるデータを加工するか、数個のデータなら手作業で修正してもいいでしょう。

　まずは一番左端に関数を入れたいセルにカーソルを移動します。ここではセルB4です。B4に次の式を入力します。

　「=IF(LEFT(Sheet4!B4,1)="▲",（もしSheet4のB4のセルの一番左が▲だったら）"-"&MID(Sheet4!B4,2,10)（マイナスをつけて2文字目から、

次は適当に10文字と仮定して）SUBSTITUTE（,",""）（カンマを取り除いたものを）VALUE()（数字として扱う）」

これで、先頭に▲のついたセルの文字列を数字で扱うようにして、それ以外の場合は元の数値（例ではSheet4にあります)が入るようになります。

セル（B4）にベースになる算式が入ったら、セル（B4）を選択したまま、マウスをセル（B4）の右下の角に持っていくと「+」が表示されるので、ダブルクリックするか、下まで（ここではセルB15まで）ドラッグ＆ドロップしてコピーします。ただし、このままではセルの設定までコピーされてしまうので、コピー直後に右下に現れるオートフィル（四角いアイコン）をクリックして「書式なしコピー」を選びます。

その後、セルB4からB15まで選択されている状態で、もう1度セルB15の右下の角にカーソルを持っていくと「+」が表示されるので、そこを右にドラッグ＆ドロップしてセルF15までコピーすると、セルB4からB15まで算式が複写されます。セルB17からB26まで、セルB28からB32まで、同様の作業で複写が完了します。

≪ Excel One Point 行の幅を調整する

文字が狭くて2行に折り返しているところとそうでないところがあります。A列の幅を今回は160ピクセルくらいに設定しました。サイズは画面の大きさにあわせて見やすい大きさに調整します。

❸ スパークライン機能を使って図で感じとる

データが数値として認識されたら、加工できるようになります。まずは5期分の数字が増えているか減っているかスパークライン機能を使って見てみましょう。数字を選択すると右下にオートフィル（四角いアイコン）が表示されるので、クリックします。

書式、グラフ、合計、テーブルの右側にある「スパークライン」を選択します。「スパークライン」の中から好きなものを選んでみましょう。ここでは「折れ線」を選んでいます。

数字の右側に折れ線グラフができました。

● スパークライン機能の使い方

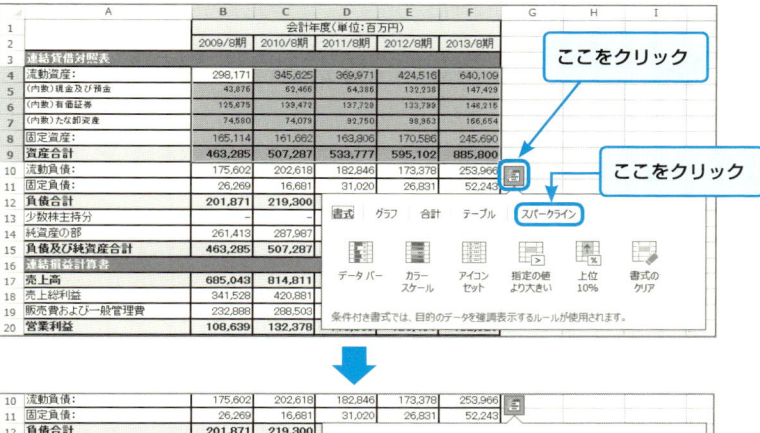

ここをクリック

ここをクリック

ここをクリック

スパークラインを使うことで、5期分の数字が増えているか減っているか視覚的にわかるようになります。折れ線グラフを見ると、全体的に右肩上がりに増加している様子が一瞬でわかります。スパークラインの中のどのグラフを使うかは、データの内容によって変えてみましょう。数字を選択したままであれば、スパークラインの種類は「折れ線」⇒「縦棒」⇒「勝敗」⇒「折れ線」というように一瞬で変えることができます。

❹ データバーでより視覚化してみる

せっかく数字を選択したので、選択ついでに書式の中にあるデータバーを選んでみましょう。

どうでしょうか。増えたのか減ったのかすぐに視覚的にわかるようになります。データバー以外もぜひ試してみてください。

❺ 算式を使って利益率、ROEなどをパーセント表示で見てみよう

せっかく文字列を数字に置き換えたので、もう少し手を加えてみたい指標の算式を入れてみましょう。次の各指標で「％」となっているところは、

セルの書式設定で見やすいように書式を設定してください（書式 → セル → パーセンテージ）。計算式は、それぞれの指標に書いてある式を入れます。計算式をB列に入れたら、最後にドラッグアンドドロップでF列までコピーすると5期比較できるようになります。ここにもスパークラインとデータバーをつくっておきます。

≪各種利益率（％）

粗利率、営業利益率、経常利益率、当期純利益率を必ず確認しましょう。

粗利率は「粗利 ÷ 売上」、営業利益率は「営業利益 ÷ 売上」、経常利益率は「経常利益 ÷ 売上」で求めます。B34に「＝B18／B$17×100」と入れて、B34のデータをB35、B36にコピーします。

264頁の表の34行目の粗利率について年を追って見ていくと、それまで50％以上あった粗利率が2013年8月期に50％を割ったのが気になるので判定欄に△をつけました。2014年8月期に粗利率が戻るかどうかが翌期のチェックポイントになります。

≪手元資金の流動性（月）

手元資金の流動性は「現金及び預金」と「有価証券」の残高を「1カ月の売上高」で割ります。B37に「＝（B5＋B6）／（B17／12）」と入れます。

手元資金は売上高の1カ月分以上あるのが上場企業の目安ですが、物品販売業の場合それ以上多めに持っていたほうがいいのですが、3カ月以上あるので安心です（264頁の表の37行目）。

≪流動比率（％）

流動比率は「流動資産」を「流動負債」で割ります。B38に「＝B4／B10×100」と入れます。

流動比率は120％以上を目安にしますが、年々上がっていてとてもいい状態です（264頁の表の38行目）。

≪自己資本比率（％）

自己資本比率は「純資産の部」を「負債及び純資産合計」で割ります。

B39に「= B14 / B15 × 100」と入れます。

　自己資本比率は20％以上が目安です。こちらもよくなってきていますね（264頁の表の39行目）。

≪ROE（％）

　ROEは「当期純利益」を「純資産の部」で割ります。B40に「= B26 / B14 × 100」と入れます。

　悪くはないのですが、ROEは少し下がり気味になっています（264頁の表の40行目）。

≪ROA（％）

　ROAは「当期純利益」を「負債および純資産合計」で割ります。B41に「= B26 / B15 × 100」と入れます。

　ROAは5年間上がったり下がったりしています（264頁の表の41行目）。

≪レバレッジ比率（％）

　レバレッジ比率は「負債および純資産合計」を「純資産の部」で割ります。B42に「= B15 / B14」と入れます。

　少しずつレバレッジ比率が下がってきているのはいい状態です（264頁の表の42行目）。

≪総資本回転率（％）

　総資本回転率は「売上」を「総資本」で割って何回転しているか計算します。B43に「= B17 / B15 × 100」と入れます。

　総資本回転率が2013年8月期に下がっているのが気になります。総資本の割に売上の伸びが少ないようです（264頁の表の43行目）。

≪当期純利益率（％）

　当期純利益率は「当期純利益」を「売上」で割った率でした。B44に「= B26 / B$17 × 100」と入れます。

　当期純利益率は7～8％で安定しています（264頁の表の44行目）。

必ず自分なりの判断をするのが大切

　順調に成長していて安定感のある会社ですが、ひとつだけ気になることがあります。それは2013年8月期に、在庫が急激に増加していることです。在庫の急増によって、営業活動によるキャッシュフローが前年よりも下がっています。

　それと同時に、同年の粗利が下がっているのが気になります。あくまで推測ですが、売れ残りの商品が過剰にあって、粗利を2％近く下げるような在庫処分セールをしても残ってしまったのかもしれません。

　とはいえ、今の決算書を見ただけで過剰在庫であると言い切れるものでもありません。**スパークラインの右側に判定欄を設けて、自分なりに推測しながら見ていくことが大切**です（265頁の表の下部一番右側）。推測が正しいかどうか考えながらそのほかの決算資料をあたってみると、意外な発見があるかもしれません。エクセルを動かしながら自分の目で見て判断しましょう。

1度つくったExcelは使い回す

　簡単な操作の繰り返しとはいえ、作業が面倒だと感じることも多いのがExcelです。1度つくった表に翌期のデータを付け加えていき、何期も使い込みましょう。確実に楽に状況判断するシンプルなツールとして使うと、新たな発見をもたらしてくれるのです。

計算書を知るポイント ❷

- 決算データをExcelに張りつけて、加工して判断する
- 確認したい指標は算式を使って判断する
- 1度つくった表を使い回す

● Excel を使って、複数年の決算書のデータをもとに会社の状況を判断する

		会計年度（単位：百万円）		
		2009/8 期	2010/8 期	2011/8 期
	連結貸借対照表			
4	流動資産	298,171	345,625	369,971
5	（内数）現金及び預金	43,876	62,466	64,386
6	（内数）有価証券	125,875	139,472	137,728
7	（内数）棚卸資産	74,580	74,079	92,750
8	固定資産	165,114	161,662	163,806
9	資産合計	463,285	507,287	533,777
10	流動負債	175,602	202,618	182,846
11	固定負債	26,269	16,681	31,020
12	負債合計	201,871	219,300	213,866
13	少数株主持分	―	―	―
14	純資産の部	261,413	287,987	319,911
15	負債及び純資産合計	463,285	507,287	533,777
	連結損益計算書			
17	売上	685,043	814,811	820,349
18	粗利	341,528	420,881	425,767
19	販管費（販売費及び一般管理費）	232,888	288,503	309,401
20	営業利益	108,639	132,378	116,365
21	経常利益	101,308	123,755	107,090
22	税金等調整前当期純利益	95,487	116,867	93,881
23	法人税、住民税及び事業税	44,939	54,363	41,906
24	法人税等調整額	493	−147	−4,336
25	少数株主利益	257	971	1,956
26	当期純利益	49,797	61,681	54,354
	連結キャッシュフロー計算書			
28	営業活動によるキャッシュフロー	59,214	88,623	57,158
29	投資活動によるキャッシュフロー	−34,273	−23,389	−26,643
30	財務活動によるキャッシュフロー	−16,847	−28,897	−26,156
31	現金及び現金同等物の増減額	−396	30,887	1,215
32	現金及び現金同等物の期末残高	169,574	200,462	202,104

34	粗利率	50%	52%	52%
35	営業利益率	16%	16%	14%
36	経常利益率	15%	15%	13%
37	手元資金の流動性	3.0 カ月	3.0 カ月	3.0 カ月
38	流動比率	170%	171%	202%
39	自己資本比率	56%	57%	60%
40	ROE	19%	21%	17%
41	ROA	11%	12%	10%
42	レバレッジ比率	177%	176%	167%
43	総資本回転率	148%	161%	154%
44	当期純利益率	7%	8%	7%

2012/8期	2013/8期	スパークライン	判定欄
424,516	640,109		
132,238	147,429		
133,788	148,215		
98,963	166,654		△
170,586	245,690		
595,102	885,800		
173,378	253,966		
26,831	52,243		
200,210	306,209		
7,392	19,024		
394,892	579,591		
595,102	885,800		
928,669	1,143,003		
475,467	564,011		
349,016	431,091		
126,451	132,920		
125,212	148,979		
123,390	141,525		
45,879	54,486		
3,084	−6,218		
2,771	2,879		
71,654	90,377		
127,643	99,439		△
−35,313	−63,901		○
−29,056	−23,945		○
63,341	29,600		○
266,020	295,622		◎
51%	49%		△ 粗利の減少
14%	12%		△ 営業利益率の低下
13%	13%		○
3.4カ月	3.1カ月		◎ 1カ月以上が目安
245%	252%		◎ 120%以上が目安
66%	65%		◎ 20%以上が目安
18%	16%		○
12%	10%		○
151%	153%		◎ 減ってきている
156%	129%		○
8%	8%		○

棚卸資産が急に増えています

棚卸資産が急に増えているために営業キャッシュフローが下がってしまっています

レバレッジ比率が下がっていても当期純利益率を維持しているのは◎

自分なりの考察欄をつくって推測してみましょう

粗利の低下は気になります

265

索　引

数字

5期分の決算書を見やすく加工..............252
15年間の固定長期適合率の
　シミュレーション...............................217

アルファベット

Excel 252
PBR..230
PBR の求め方..232
PER..234
PER の求め方..234
ROA..158, 163
ROE..140, 145
ROE の３要素....................143, 145, 149
ROE の求め方.......................................140

あ行

後入先出法..62
粗利 55
粗利の求め方..55
粗利率..80, 84
粗利率（売上総利益率）の求め方...........81
１日あたりの棚卸資産回転期間の求め方
....212
一般管理費..68
売上...51

売上総利益率....................................80, 84
売上総利益率の求め方............................81
売上を増やす...164
営業外費用..76
営業外利益..77
営業活動によるキャッシュフロー
....171, 177
営業キャッシュフロー...........................184
営業キャッシュフローと償還期間の関係
....225
営業利益..67
営業利益の求め方....................................67
営業利益率..88
営業利益率の求め方................................89
お客様...19
おこづかい帳..40

か行

会社の数字..16
会社の投資効率を見るための要素.........137
会社を取り巻く関係図............................17
株価が高いか安いか..............................230
株式投資..34
株主 17, 34
監査役...26
企業の格付け..31
期末在庫の数量の求め方........................60
期末在庫の単価の求め方........................61

期末棚卸高の求め方 60
キャッシュフロー計算書 38, 168, 179
キャッシュフロー計算書の
　パターンと見方 181
キャッシュフロー計算書は
　3つに分けて考える 174
キャッシュフロー計算書は
　4つに分けて理解する 184
キャッシュフロー計算書を
　見るポイント 171
業績把握 43
経営者 25
経常利益 75
経常利益の求め方 76
経常利益率 92
経常利益率の求め方 92
経理業務のルール 42
決算公告 242
決算書 37
決算書をExcelで加工してみる 255
決算短信 248
決算の期間 114
決算の情報 243
原価 55
減価償却費 70
原価の計算 58
原価率 80
原価率の求め方 81
現金販売 54
顧客 17, 19
固定長期適合率 215
固定長期適合率のシミュレーション 217
固定長期適合率の求め方 215

個別法 66

さ行

債権者 17, 31
在庫に問題 206
最終仕入原価法 66
財務活動によるキャッシュフロー 171, 178
債務償還年数 223, 224
債務償還年数と有利子負債、
　営業キャッシュフローの関係 225
債務償還年数の求め方 224
先入先出法 62
算式 260
仕入先 17, 22
資金の流れ 169
自己資本比率 124, 128
自己資本比率の求め方 124
自己資本比率を上げる方法 128
資産の部 107
資産の持ち方 163
実際の原価 58
資本金別に見た自己資本比率 127
従業員 17, 28
純資産に比べて株価が割安か 230
純資産の部 107
スパークライン機能 258
総資産に対する借入金の割合 227
総資本回転率 149
総資本回転率の求め方 150
総資本回転率を上げる工夫 163
損益計算書 38, 46

た行

代金回収 53
代金引き換え 54
代金前払 54
貸借対照表 38, 100, 105, 110
棚卸資産回転期間 212
棚卸資産回転期間の求め方 212
棚卸資産回転率 202
棚卸資産回転率の求め方 203
小さな会社のリスクマネージメント 98
長期的に見て安全かどうか
　確認する方法 216
月単位の棚卸資産回転期間を
　日単位に換算する方法 213
定額法 72
定率法 72
データバー 260
手元資金の流動性 115
手元資金の流動性の求め方 115
当期純利益率 96, 153
当期純利益率の求め方 96, 153
当期純利益率を上げる 164
投資活動によるキャッシュフロー
　.. 171, 177, 197
投資効率 136
投資する会社の数字を見るポイント 169
特定の文字を検索する方法 245

な行

年商 52

は行

売価還元法 66
販管費 67
販売費 68
販売費及び一般管理費 67
ひと月あたりの棚卸資産
　回転期間の求め方 213
負債の部 107
平均法 62
返済能力 219
簿記 40

や行

役員 17, 25
有利子負債 220
有利子負債依存度 226
有利子負債依存度の求め方 227
有利子負債月商比率 219
有利子負債月商比率の求め方 221

ら行

流動比率 119
流動比率の求め方 119
レバレッジ比率 145
レバレッジ比率の求め方 146

MEMO

MEMO

MEMO

ダンゼン得する 知りたいことがパッとわかる
会社の数字がよくわかる本

2014年 6月30日 初版第1刷発行
2020年 6月30日 初版第5刷発行

著　者　　平井孝代
発行人　　柳澤淳一
編集人　　久保田賢二
発行所　　株式会社 ソーテック社
　　　　　〒102-0072 東京都千代田区飯田橋4-9-5　スギタビル4F
　　　　　電話：注文専用 03-3262-5320
　　　　　FAX：　　　　 03-3262-5326
印刷所　　図書印刷株式会社

本書の全部または一部を、株式会社ソーテック社および著者の承諾を得ずに無断で
複写（コピー）することは、著作権法上での例外を除き禁じられています。
製本には十分注意をしておりますが、万一、乱丁・落丁などの不良品がございました
ら「販売部」宛にお送りください。送料は小社負担にてお取り替えいたします。

©YUKIYO HIRAI 2014, Printed in Japan
ISBN978-4-8007-2010-8